中华文脉
SINIC CONTEXT

从 中 原 到 中 国

王战营 / 主编

U0115614

中华文脉
SINIC CONTEXT

从 中 原 到 中 国

王战营 / 主编

行走天下

中 国 行 旅 文 化

魏向东 著

中原出版传媒集团
中原传媒股份公司

河南电子音像出版社
· 郑州 ·

图书在版编目（CIP）数据

行走天下：中国行旅文化 / 魏向东著. —— 郑州：河南电子音像出版社，2023.9（2024.6重印）

（中华文脉：从中原到中国）

ISBN 978-7-83009-527-7

Ⅰ．①行… Ⅱ．①魏… Ⅲ．①旅游文化－文化研究－中国 Ⅳ．①F592

中国国家版本馆CIP数据核字(2023)第147458号

行走天下：中国行旅文化

魏向东　著

出 版 人：张　煜

选题策划：杨秦予

责任编辑：刘会敏　敖敬华

责任校对：李晓杰

装帧设计：石保顺

出版发行：河南电子音像出版社

地　　址：郑州市郑东新区祥盛街27号　邮政编码　450016

电　　话：(0371) 53610155　53610176

网　　址：www.hndzyx.com

经　　销：全国新华书店

印　　刷：河南新华印刷集团有限公司

开　　本：720 mm×1020 mm　1/16　**印　张**：20.25　**字　数**：275千字

版　　次：2023年9月第1版

印　　次：2024年6月第3次印刷

定　　价：88.00元

如发现印装质量问题，请联系印刷厂调换。

地址：郑州市经五路12号　电话：(0371) 65957865　53610156

序一

　　苏州大学社会学院旅游系教授魏向东所著的《行走天下：中国行旅文化》一书，作为河南省委宣传部"中华文脉：从中原到中国"系列丛书中的一种，经由河南电子音像出版社精心编校，终于呈现在读者面前。魏向东曾是我的博士研究生，主攻历史文化地理。读博期间，我根据他的工作经历与知识结构，布置他进行明代旅游地理的研究，经过四年时间的努力钻研，其博士论文《晚明旅游地理研究（1567—1644）》得到了答辩委员会的一致好评，经修改之后于2011年由天津古籍出版社出版。魏向东在苏州大学长期从事旅游文化的研究，他在长期积累的基础上，经过精心梳理，构建了行路难、行路客、游之道三大主题，以河南作为典型的研究对象，由点及面，系统阐释了中国行旅文化的历史和文化脉络。本书通过对旅游基础设施、旅游者群体、不同时期旅游发展的特点以及旅游相关观念的探讨，展现了中国旅游文化层累叠加、日臻丰富的历史进程，揭示了中国古代旅游文化的丰富内容与文化特征。

　　该书有四个方面的特点可以展开说说。

　　首先要说的一个特点是，作者系统总结了中国旅游文化的优秀传统，从两个角度提炼了儒家的旅游观念。第一个角度，对于不同人等，儒家的旅游观念是不一样的。对专制君主，儒家从节省民力、施行仁政的角度，要求君主不淫于游，控制自己的欲望；对承担治国平天下职责的士大夫，则鼓励其知行合一，读万卷书，行万里路，以提升自己的道德修养与见识能力；对于底层社会的民众，则既从农业经济的角度提倡其遵从安土重迁的传统，又从伦理道德的高度倡导其守孝道，父母在，不远游，以维持稳定静态的社会秩序。第二个角度，在对旅游的功能价值认知上，充分体现了向善、审美、求真的价值导向。其一，旅游向善。儒家倡导的山水比德旅游观，赋予自然山水以仁、智等道德秉性，以期通过自然环境的人格化，来涵育人们优良的道德修养。其二，进退有度。进则治国平天下，退则保持操守，优游林泉以修身养性，在山水之中发现美的真谛，实现个体生命的终极价值，由此启发了中国旅游文化传统中的审美倾向。其三，知行合一。人们在登山临水之时，需要仔细地观照自然，发现和把握自然界、人类社会的发展规律。一切的知识须在实践中才能体现出固有的价值，由此启发了中国旅游文化中的求真倾向。书中提及的郦道元、王士性、徐霞客等，正是其中最杰出的人物。

　　第二个要说的特点是，作者通过对九州、五岳、天下等概念的剖析，论证了中华文明五方一体、血肉相连的空间特征。人们的世界观，总是随着人们探索远行的足迹而不断丰满，大禹治水而定九州，秦汉一统而定五岳。通过五岳五行的配合，人们逐渐构筑出一个地有五方的天下模式，由五岳统领的五方空间共同构成了整个中国的文化疆域，形成了中国人的天下观。这种大一统的空间意识，在此后的岁月中不断强化，尤其是旅游活动的兴起，人们探索外部世界的兴趣日益浓厚，走出家门以认知世界，不断吟诗作文，将自然的山水转化成人化的山水，经由世代不间断的文化传播，使中华儿女对自己的世界充满了亲切与认同，中华文明的统一大空间即由此成形并固化。历代文化精英的行旅活动，如白居易行吟天下、王士性五岳游草等，都是在为中华文明的空间体系添砖加瓦。尤其是在华夏文化环境中成长起来的士大夫们，一批一批地走向边疆地区，用中华文明的同一视角，标识并阐释边疆风貌迥异的山丘河川，使之成为中华文明山水空间的有机构成。正是在这一意义上，唐代的边塞诗派、明代的徐霞客等旅游家，将北国风光、大漠孤烟、西南岩溶都收入笔下，成为中华文明的经典之作。异域风景也是家国河山，这对于全民形成中华民族共同家园的世界观有着莫大的作用。

第三个要说的特点是，走在路上的人各色各样，不仅有上层社会的精英，也有底层社会的草根，作者不偏不倚、平分笔墨，对他们的旅游活动都进行了论述。以往的历史记载多侧重于帝王将相的丰功伟绩，而对由全体社会成员共同参与的社会活动，尤其是对底层民众的参与情形往往语焉不详。就以交通旅行为例，不少的历史著作都对制度、设施等浓墨重彩，对风流人物的趣闻轶事也不惜笔墨，但对交通运行的具体情况以及底层民众的行旅现状绝少记录，常见的"交通通畅"等泛泛而谈，其实并无太大的意义。本书目光向下，拓展了历史资料的来源，不仅从正史记录中，更注重从反映全社会成员情况的商书、日用书以及同一时代的小说中撷取资料，如本书通过引用《歧路灯》《醒世姻缘传》以及"三言""二拍"等书中关于底层民众通行道路、上山进香的具体记载，真实而全面地描绘了当时交通的实际情况：上层社会通行无碍，底层社会阻力重重。在官本位的传统社会，政治强制往往会影响到各类资源使用的公平，这在行旅生活中同样如此。

第四个要说的特点是，本书结构完整、内容丰富，运用大量生动的人物故事来讲述不同历史时期的制度与事实。在选用的众多人物中，突出展示了郦道元、白居易、陈第、王士性、徐霞客等文化精英的事迹，客观评述了他们的文化贡献，并借此说明了：中国古代文化，正是在众多文化先贤的共同努力下，为世界文明的进步与发展，为科学体系的建立与完善，做出了不可磨灭的贡献。如王士性在人文地理学上的贡献、徐霞客在自然地理学上的贡献，该书都做了比较详细的分析。

本书立足中原，放眼全国，由点及面，层层深入，图文并茂，文字雅驯，在很多方面都有自己的独立见解，是一本既有学术原创性，又有较强可读性的学术著作。

仅以为序。

复旦大学历史地理研究中心

周振鹤

序二

自 20 世纪 80 年代以来，我就在南京师范大学地理科学学院从事旅游管理的教学与研究工作，并与苏州大学社会学院旅游系魏向东教授相识。此后，我们与江苏省内其他高校的旅游教育及研究机构共同组建了江苏省旅游学会，魏向东教授一直担任学会的副会长。作为专业同行和工作伙伴，在长期的交往过程中，我们对各自所从事的研究方向有着较为深入的了解，也结下了深厚的友谊。

数日前，魏向东教授将他即将在河南电子音像出版社出版的《行走天下：中国行旅文化》的三校稿发给了我，征求我的意见，并请我代作小序。我在认真拜读之后，既有满满的学术收益，又深感各自研究的学术领域有所差异，对中国古代旅游文化了解不深，深恐有负所托，故而仅能从旅游学研究的角度，谈一点自己的看法。

旅游作为人类的一项活动，古已有之，但在中国旅游学的研究中，中国古代旅游的研究一直较为薄弱，已经出版的一些有关中国古代旅游史和中国古代旅游文化的研究著作，虽然都有自己的长处和优点，但大多停留在现象的描述上，能够深究其理、把握特征的学术成果并不多见。魏向东教授的这本著作，在这个方面取得了一些成就，可供我们细细品味。

在这本书中，从人类社会发展的初始阶段所经历的三次社会大分工的角度，提出了旅游兴起的内在的深刻社会原因，并指出了商人阶层在旅游产生过程中的重要催化作用，同时明确地论述了有闲阶层的产生才是旅游者得以形成的根本原因。有了从事旅游活动的旅游主体，一项成规模的人类活动方才得以出现。这个观点的重要价值在于：旅游并不是凭空产生的无因之果，而是社会和人发展到一定文明阶段之后的必然成果，社会文明水平的高低，决定了旅游发展的规模与水平。透过现象直见本质，这是旅游研究中应该提倡的学风。

该书按照历史发展的时间序列叙述了中国古代旅游发展的大致进程，并总结提炼了各个历史时期旅游发展的阶段特点。如先秦畋猎，秦汉游学，魏晋之后中国古代旅游进入第一个高峰期。此后，隋唐科举制建立，官吏宦游，士子壮游。宋代注重格物致知，在观照自然的同时求索天理；同时，城市旅游兴起，城市不仅是旅游的客源地，也逐步成为旅游的目的地。晚明时期中国古代旅游进入第二个高峰期，不仅旅游者的阶层与规模不断扩大，从精英的旅游逐步走向全社会的旅游，而且旅游的相关理论与审美水平都有了极大的提升，文人士大夫乐山水、好清幽，商人市民阶层则偏重世俗的快乐，在旅游偏好上呈现出分化的迹象。晚明旅游观念的多元化，带来了更为丰硕的旅游文化成果。作者在这些内容的叙述中，隐含着科举教育制度变迁对旅游影响的探讨，这是一个比较有意思也值得进一步深化研究的课题。

作者对传统社会中人们旅游动机的探讨饶有趣味。通过大量历史资料的比对，作者总结出五种动机类型，分别是：教育经历，文化动因；山水探胜，回归自然；人际交往，获取声望；朝山进香，不约而同；逃避日常，说走就走。对旅游动机的分析，向来是旅游研究中难以把握的问题，更何况是分析历史时期的旅游者的动机。作者通过对游记的整理，将众多旅游者在游记中所表达出来的出游动因分门别类，条分缕析，从而为分析不同阶层旅游者的行为特征奠定了比较坚实的基础。这些研究的工作量非常大，需要具有认真而严谨的学术态度，方能够得到相应的成果。

通过对旅游文化的回溯与整理，作者对河南省一直在打造的"老家河南"旅游形象，提供了别具一格的历史解读。作者以洛阳城的兴起与繁盛为研究对象，论述了这样一个事实：唐宋之前洛阳处于中国文化的中心地位，大量的文化创造从洛阳走向全国，养成了人们在文化上对洛阳城的仰望与向往。一个凝聚了众多文化意象的城市，往往会成为人们情感上的故乡，唐宋之际大量的文人骚客，不断撰写出怀乡的诗篇华章，这些诗作流布全国，形成全社会共同的文化想象，洛阳由此成为家国情感的寄托之所，这便是人们的心之所安。南宋爱国诗人陆游的反复咏叹，印证了洛阳，乃至位处中原的整个河南，其实便是当时中国人文化意义上的故国家园。

作者在本书中通过大量的人物与历史故事，探讨了中国传统旅游观念的变化与演进，尤其是对在中国文化话语体系中拥有最大发言权的儒家的旅游观，做了清楚的归纳与演绎，总结出向善、审美、求真三大优秀旅游文化传统，并各立专章进行了比较深入的阐释。这在以往的旅游文化著作中鲜有提及，是作者在熟读深思大量历史资料的基础上提炼出来的。作者提炼出来的三大优秀旅游文化传统，对于今天弘扬中华优秀传统文化、增强民族自信、推动文明旅游及开展旅游教育，都具有特别重要的现实意义。像这类具有自己独立思考的学术观点在书中并不罕见，说明作者对中国传统旅游文化研究既有深入的理论探索，又有很强的学术原创性。本书作为"中华文脉：从中原到中国"系列丛书的重要成果之一，既是一部精彩呈现中国行旅文化的代表性学术专著，又是一本具有"专业话题、大众表达"特点的精品大众读本，非常值得向读者朋友们推荐。

　　当然，我对中国古代旅游文化并无深入的研究，以上浅见，并不一定正确，仅供读者朋友们参考。

南京师范大学地理科学学院旅游系教授、博士生导师

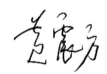

目录

下篇：游之道

引言：士不可以不弘毅，任重而道远

在《论语·泰伯篇》中，曾子说过："士不可以不弘毅，任重而道远。仁以为己任，不亦重乎？死而后已，不亦远乎？"从这段话中我们可以看出，作为士，个人品性上需要刚强坚韧，为了天下归仁，哪怕任务艰巨而又道路遥远，也应该不辞辛劳，日夜行进在追逐真理的道路上，死而后已。通过行路以修炼品性，传播人类的理想之光，可见在中国文化的语境中，行旅并不单纯是行走与旅游，更是修身养性、齐家治国的修炼之路。

孔子是开启行旅之路的先行者。司马迁在《史记·孔子世家》中记录了孔子的行旅故事——"孔子适周"。鲁君资助了孔子出行的车马，孔子到周王廷后向老子"问礼"，拓展了自己的视野，尤其在教书育人上有了新的心得。

适周之后的孔子尝到了行旅带来的甜头，回国后几乎达到了个人政治生涯的巅峰，被鲁定公任命为鲁国的大司寇，掌管鲁国的司法诉讼。据说在孔子的治理下，鲁国出现了路不拾遗、夜不闭户的安定景象。在外交上，孔子也很卖力，帮助鲁国在夹谷之会上提升了威望，迫使齐景公归还了鲁国的城池。一时之间，孔子似乎风光无比。正当他踌躇满志时，一场磨难悄悄降临。齐国人惧怕孔子，就给鲁定公送去了美女、良马，鲁定公都收下了，从此不理朝政，对孔子的谏言日渐反感。孔子尚不自知，不停规劝鲁定公，终于引火上身。在鲁国一次隆重的郊祭大典之后，身为大司寇的孔子居然没有分到祭肉，知趣的他突然意识到自己在鲁国的政治生涯已经终结，一时黯然无语。从此，鲁国少了一位高官，而孔子则开启了他一生中最长的一段行旅征程。

这是一次空间广远、时间连续的行旅历程。从空间上来看，孔子由鲁国出发，大致经过了卫国、曹国、宋国、齐国、郑国、晋国、陈国、蔡国、楚国等地，现今大致路线是曲阜—濮阳—长垣—商丘—夏邑—淮阳—周口—上蔡—罗山，大致从今天的山东出发，绕着河南走了一圈又回到山东。从时间上来看，自鲁定公十三年（公元前497年）到鲁哀公十一年（公元前484年），前后历时达14年之久。14年中，为了心中的理想和儒家肩负的使命，孔子远走他乡，颠沛流离，仡仡而行。在周游列国期间，孔子虽屡遭不测，却始终不改其志。《论语》中对这段传奇的历程做了最好的诠释："士不可以不弘毅，任重而道远。"

孔子在某种程度上可以说是中国行旅文化筚路蓝缕的开辟者。由于儒家思想在我国传统文化中一直占据主流地位，千百年来始终拥有着极大的影响力，它所形成的强大思维惯性，直至今天都影响着旅游者的审美取向，使他们欣赏景物之美的眼光会不自觉地带上或强烈或淡薄的儒家色彩。

儒家学派相当重视对自然景物、人文景观的欣赏，孔子对宇宙人生的大量深切感悟，便是在游览美景时抒发的。"子在川上曰：'逝者如斯夫！不舍昼夜。'"（《论语·子罕篇》）这就是他游赏奔流不息的河川时发出的浩叹。《孔子家语》中有一段相关的阐发：

> 孔子观于东流之水。子贡问曰："君子所见大水必观焉，何也？"孔子对曰："以其不息，且遍与诸生而不为也，夫水似乎德；其流也，则卑下倨邑必循其理，此似义；浩浩乎无屈尽之期，此似道；

流行赴百仞之嵊而不惧，此似勇；至量必平之，此似法；盛而不求概，此似正；绰约微达，此似察；发源必东，此似志；以出以入，万物就以化絜，此似善化也。水之德有若此，是故君子见必观焉。"

（《孔子家语·三恕第九》）

子贡对孔子逢水必观深有疑惑，孔子在答疑解惑中说出了这么一番道理：因为它不停地奔流，不加歧视地平等对待各种生灵，而不有意地去干预改变什么，这便似德；大水漫行，逢低洼的地方就流淌过去，有阻碍的地方就拐弯过去，遵循自然之理，这便似义；大水浩荡，长流不息，没有枯竭的时候，这便似道；大水奔流，面前即便是百丈深渊也毫不畏惧，这便似勇；把水倒进任何容器，都一律以平示人，这便似法；容器装满了就不再贪求更多，这便似正；水流无孔不入，这便似察；大水发源东流，百折不回，这便似志；水能洁净万物，出入之间便焕然一新，这便似善于教化。大水有如此多的美德，这便是君子见水必观的原因啊。

在这段论述中，孔子以奔腾的河水呈现出的不同景观面貌，直接比附德、义、勇、正等种种美好品质，将这次观水之游变成了一次感悟提升道德修养的净化之旅。在此，旅游审美主体的儒家视角尽显无遗，这个视角就是"观"——将美好的景观视为某种美德的化身，深入地观察、游览和欣赏，来寻求其内部蕴藏的人格修养和道德行为规范。

这种"观"的游览方式，可远溯到儒家经典《周易》中："古者包牺氏之王天下也，仰则观象于天，俯则观法于地，观鸟兽之文与地之宜，近取诸身，远取诸物，于是始作八卦，以通神明之德，以类万物之情。"在儒家思想中，天地之美是宇宙本质规律最形象的显现，因此值得每一个人去细致入微地观察、欣赏和思考。古圣伏羲便是从"观"的审美视角出发，远游于天地之间，欣赏鸟兽的鲜活、草木的绚烂、人物的姿采，全面深刻地把握宇宙天地的玄微奥义。

由此可以看出，在"观"的审美视角之下，旅游者永远是自然景物、人文景观的主人，他们在壮美秀丽的景物中积极寻觅着审美的妙韵、道德的启示、人生的真谛和天地的真理。旅游者始终掌握审美欣赏的主动权，带着明晰的理智、丰富的感情，以自身的文化底蕴观察天地万物，把握美的规律，这便是儒家视角之"观"的独特力量。

由孔子周游天下的经历及其不断获得的感悟，儒家学派逐渐形成了对旅游行为的基本认知。从其积极的角度，可以看出有这么几个要义。一是君子比德。通过旅游过程中对山川等美好物象的观照，可以品味出大自然的道德品性，所谓"仁者乐山，智者乐水"。高山仰止，可以使人厚重而坚韧，大爱而无言；万川入海，可以使人包容而智慧，百折而不回。由此，启发了中国旅游文化传统中旅游向善的道德力量。二是进退有度。所谓"达则兼济天下，穷则独善其身"，进则治国平天下，退则保持操守，优游林泉以修身养性，在山水之中发现美的真谛，提升个体的生命质量，实现个体生命的终极价值。由此，启发了中国旅游文化传统中的审美倾向。三是知行合一。正如荀子在其著作《劝学》中所说："不登高山，不知天之高也；不临深溪，不知地之厚也。"人们在登山临水之时，需要仔细地观照自然，发现和探求自然界的运转之奇，需要周到地关爱他人，顺应和把握人类社会的发展规律。一切的知识须在实践之中才能体现出固有的价值，由此启发了中国旅游文化中的求真倾向。

由于儒家在中国传统文化体系中的主导地位，儒家对旅游的解读，也成为中国传统旅游文化中的主流观念，对中国社会影响巨大。从古至今，求真向善，知行合一，追求美好，顺应自然，规范着很多中国人的旅游选择与旅游行为，塑造着每一个中国人的文化人格，也铸就了中国山山水水的文化品格，使得东方的土地，充满了文化的力量。

上篇

行路难

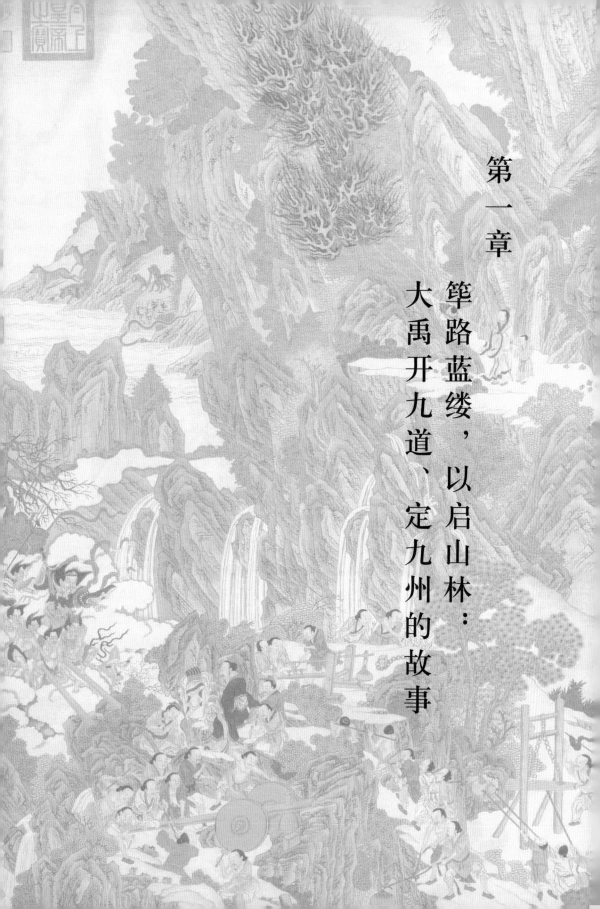

第一章

筚路蓝缕，以启山林：
大禹开九道、定九州的故事

　　鲁迅先生在《故乡》一文的文末，说了这么一句意味深长的话："其实地上本没有路，走的人多了，也便成了路。"鲁迅先生在文中表达的本意是：坐船离开故乡时虽然心怀失望，但并不因此悲观，展望未来，希望寄托在下一代的身上。而把这一句话放到人类社会前进的道路上，却也是非常合适的。原来的地球，在人类出现的初期，本是一块蛮荒的土地，正是由于人们不断出猎、采集和迁徙，行行复行行，足迹覆盖足迹，通往外界

世上本无路（魏向东 摄）

的道路就这么出现了。正如《左传·宣公十二年》中所言，"筚路蓝缕，以启山林"。原始先民对外界不断探索，驾着简陋的柴车，穿着破烂的衣服，从崇山峻岭的原始林野中开辟道路，不断拓展着人类活动的空间范围，从此走上了进步与发展的道路。

　　人类对外部世界的探索与认知，均来自亲身的实践与发现。有行方有知，知行才合一。所谓"蒹葭苍苍，白露为霜。所谓伊人，在水一方"，要认识这一美丽的女子，就必须不怕"道阻且长"，"溯洄从之"。虽然道路险峻且漫长，但只要努力前行，终究能一窥芳颜。道路的远近，限定着人类活动空间范围的大小，所谓的世界，便是人类能到达并活动的地方。人类在不断远行探索、开阔视野的同时，逐步加深了对地球的认知。远古时期的中国人，他们的世界是"九

州"，"九州"正是在中国先民不断探索世界的过程中形成的华夏民族的活动舞台。"九州"之中，则是豫州。

一、栉风沐雨，参身洪流

说到"九州"，必提大禹。大禹是中国第一个奴隶制王朝的开创者，他的主要功绩，是在洪水时代组织部落民众开展了惊天地、泣鬼神的治水工程，为华夏民族赢得了生存之机。他治水的足迹所到之处，则成为华夏族的主要活动空间，也是中国古代经典《尚书·禹贡》划定"九州"的主要依据。

禹州大禹像（禹州市委组织部提供）

大约4000多年前，中国的黄河流域洪水为患，威胁着部落民众的生命安全。当时的首领尧，命令一个叫鲧的人领导治水工作。鲧采取水来土挡的策略治水，难以遏止滔天的洪水。鲧治水失败，其子禹担起治水大任。根据传说，大禹治水13年，"三过家门而不入"，一直战斗在治水第一线。他在考察中原的主要山脉、河流后，吸取了父亲采用堵截方法治水的教训，深刻认识到堵不如疏的道理，制定了高处凿通、低处疏导的治水策略，疏通水道，使得大水顺利地东流入海。他在考察时发现，山西河津县与陕西韩城交界的龙门山挡住黄河河水，形成倒流。大禹集中人力，在龙门山拓宽峡口河道，又在下游的中条山与崤山相接之处，新挖 3 条河道，分别称为"人门""鬼门"和"神门"，黄河洪水由此得以东泄。出三门峡后则是地势平缓的平原地区，洪水四处漫溢，大禹又开挖了 9 条河道，引导河水东入大海，这样就基本消除了黄河中下游地区的洪水灾害。大禹以人为本、因势利导的治水理念，艰苦奋斗、公而忘私的治水精神，奠定了中华民族矗立于世的文化基因。后人感念大禹的丰功伟绩，为他修庙筑殿，尊他为"禹神"，中国也被称为"禹域"。

禹州古钧台（禹州市委组织部提供）

今天的禹州，在夏的时候称为阳翟，是夏的都城，至今流传着众多的大禹神话传说，如大禹出生、大禹劝父治水、大禹继父治水、大禹娶妻、三过家门而不入、禹凿龙门、禹王捉蛟、禹王锁蛟等；也有丰富的大禹遗迹，如诸侯山、汗沟、禹妃庙、禹王庙、禹王山、禹王村、禹王锁蛟井等，与神话传说相互印证。矗立在该市南关环岛处的大禹雕像气势雄浑，头戴草帽的大禹手持治水用的末，目视东方，仿佛一直注视着东流入海的滚滚黄河。城区古钧台街东侧有一座起脊挑檐的亭子，亭内粉壁彩屏，绘有 24 幅大禹治水的图画，亭内塑着一尊大禹泥像，大禹像前有一口深井，井旁立一石柱，石柱上穿一铁索垂于井中，一青石雕刻的蛟龙头部浅露于井底水面，这便是禹王锁蛟井。顺着古钧台街向西走则是禹王庙，禹王庙的山门是著名的大禹遗迹古钧台。古钧台于清康熙年间由禹州知州于国璧移建，1991 年重修，为下洞上阁式。洞门两侧嵌有砖刻，刻有对联"得名始于夏，怀古几登台"。洞门上嵌有石刻"古钧台"三个大字。台上阁楼为宫殿式，透花门窗，周围 24 根朱红明柱，支撑双重檐顶，上覆赭黄琉璃瓦。阁楼周边有石栏 20 块，刻画历史典故、风景文物等，彰显出禹州厚重的历史文化底蕴。

禹州城西有一个村庄叫康城村（即少康城），村中尚存部分古城遗址。城东高阜处有一座明代所立的"禹王功德碑"，俗称"禹王碑"。"禹王碑"又叫"岣嵝碑"，被称为中国八大"天书"之一，相传为夏禹时所刻。该碑原刻石在湖南衡山，碑上有字 9 行，总共 77 字，字

岣嵝碑（禹州市委组织部提供）

体古怪奇异，极难辨识。直到明代时，著名学者杨慎方对这 77 字作了辨识译注，才知碑文叙述了禹接受尧帝治水命令，"参身洪流"，治平洪水的丰功伟绩。

作为夏人活动的中心地区，禹州留下了众多先民的活动遗迹。禹州境内已经发现的新石器时代文化遗址达 25 处之多，尤其重要的是瓦店遗址。这一遗址位于禹州市区西约 6.5 公里的瓦店村，距今约 4000

瓦店夏文化遗址（禹州市委组织部提供）

余年，是一处龙山文化聚落遗址，暴露出的夏文化层约 3 米，出土有鼎、鼓腹罐、折腹盆、高领壶、碗和盘等陶制品。其中工艺精美的高柄陶器和凤头红陶，具有非常高的科学研究价值。

登封太室阙

登封少室阙

除了禹州外，河南还有不少地方保存着有关大禹的遗迹。1977 年春，河南省博物馆、中国历史博物馆和登封县文物保护所等相关部门，在登封告成镇附近发现了夏王朝的遗址——阳城遗址。相传轩辕山是大禹化身黄熊开山所在，嵩山万岁峰下有启母石，太室、少室二山的太室阙、少室阙，分别为纪念大禹的妻妾而建。洛阳龙门石窟景区内伊水岸边有禹王泉，泉水涌出处有高约 3 米的禹石，据传是大禹治理伊水的镇水之石。三门峡相传是大禹治水所开，大禹凿山时杀死一条恶龙，斩龙剑落在河中，化作通天巨石，称为中流砥柱峰。开封市区有禹王台。作为夏王朝的中心区域，河南处处留下了大禹的神迹。

二、茫茫禹迹，划为九州

据《尚书·禹贡》记载，大禹治水的时候，根据山川地理情况，将天下分为"九州"，即冀州、青州、徐州、兖州、扬州、梁州、豫州、雍州、荆州。《史记·夏本纪》更为详细地记载了大禹划分九州的过程：大禹跋山涉水，披荆斩棘，左手提着准绳，右手拿着矩尺，勘察地形，根据山川河流的自然走向与分界，划定了九州，并开通了联系九州的9条道路。《尚书·禹贡》所叙述的九州的范围，北至燕山山脉、渤海湾和辽东，南至南海，西至甘肃接西域，东至东海。

大禹走遍各地，神话中说大禹东行到达了太阳升起的地方，那儿有高耸入云的奇树，插入云霄的高山，珍禽异兽出没的山谷，盛产九尾狐的青丘之乡，还有怪异的黑齿之国；向南到达了交趾等地，那儿有沸水漂漂的九阳之山，有衣着鸟兽毛皮的羽人之国，有不着寸缕的裸民之国以及不死之乡；向西到达了王母所居的三危山和积金山；向北到达了人正之国，去过夏海之穷等地。大禹一路行来，不断考察山川地理形势，在蛮荒大地上开通了连通九州的"九道"。

虽然一些古文献所记九州的名称并不一致，也有不少人怀疑大禹划分九州的说法只是一个传说，但据学者们的研究，《尚书·禹贡》所划的范围基本上囊括了战国时期华夏民族的活动空间，同时也反映了人们对统一国家空间疆域的一种政治期待。故而可以说，九州就是当时人们的天下观，在此后也一直代指华夏民族的固有空间。

天下九州，豫州位居九州之中，其空间范围，按《尚书·禹贡》的说法是"荆河惟豫州"，指南至汉水、北到黄河的广大空间，即今

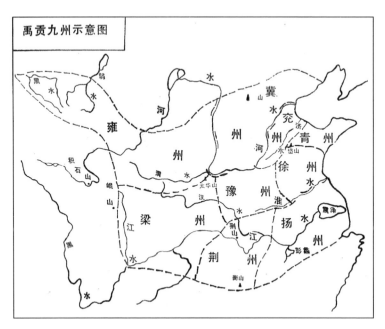

禹贡九州示意图（引自杨正泰《中国历史地理要籍介绍》）

天的汉江中下游与黄河中游之间的地域。故豫州是以河南为中心，东接山东、安徽，北接河北、山西，西连陕西，南临湖北的一片空间，这一地区正是当时华夏先民活动的中心舞台。远古时期，黄河中下游地区河流纵横，森林茂密，野象众多，随处可见大象漫步的景象，故而被形象地描述为人牵象之地，这就是象形字"豫"的来源，也是河南简称"豫"的由来。现今河南大部分地区属九州正中的豫州，故又有"中原""中州"之称。

殷墟妇好墓出土的玉雕象

今天的河南省，位于我国中部、黄河中下游，因大部分地区位于黄河以南，故称河南。全省总面积16.7万平方公里，地势西高东低，是我国唯一地跨长江、淮河、黄河、海河四大流域的省份。河南省北、西、南三面环山，太行山、王屋山、伏牛山、桐柏山、大别山呈半环形分布，中东部为黄淮海冲积平原，西南部为南阳盆地。平原盆地、山地丘陵分别占总面积的 55.7%、44.3%。灵宝市境内的老鸦岔为全省最高峰，海拔 2413.8 米；固始县淮河出省处为全省最低处，海拔仅 23.2 米。

河南省地图

河南大部分地区属温带大陆性季风气候，南部属亚热带湿润季风气候，同时还具有自东向西由平原向丘陵山地气候过渡的特征，具有四季分明、雨热同期、气候复杂多样的特点，适宜多种农作物生长。河南动植物资源丰富，现有省级以上森林公园 132 个，其中国家级森林公园 33 个；全省已知陆生脊椎野生动物 520 种，国家一级保护野生动物 35 种。

黄河是中华民族的母亲河，养育了勤劳勇敢的华夏子民，滋养出灿烂的东方文明之花。黄河中下游地区，是华夏文明的摇篮。远古时期的炎黄部落，正是在这一地区辛勤劳作，不断传播自己的文明因子，从而奠定了中华文明的辉煌根基。大量的考古资料业已证实，远在新石器时代，中原人民就创造了著名的裴李岗文化、仰韶文化和龙山文化，"人祖"伏羲太昊陵在淮阳，黄帝故里在新郑，濮阳西水坡蚌龙的考古发现，则把龙崇拜的现象向前推溯到了新石器时代中晚期，龙的传人渊源有自。

新郑黄帝故里（郑州市文化广电和旅游局提供）

2019 年黄帝故里拜祖大典（郑州市文化广电和旅游局提供）

　　河南历史悠久，在宋代之前，一直是古代中国的政治、经济、文化中心。夏王朝先后在河南的阳城（今登封）、阳翟（今禹州）、帝丘（今濮阳）、斟鄩（今偃师二里头）等地建都。商朝多次迁都，4 次都在河南境内，安阳殷墟是著名的商代后期都城遗址。西周以洛阳为东都，营造为王城和成周城。西周末年，王室动乱，平王东迁，定都洛阳，建立东周。自此之后，洛阳为多个封建王朝所青睐，号称"十三朝古都"。晋人左思作《三都赋》，洛阳是其文字描摹的主要对象。左思费时十年，精心构思，洛阳风物，跃然纸上，当时人们竞相传写，洛阳为之纸贵。开封在宋代达到了最辉煌的时期，被定为都城，《东京梦华录》一书，载尽了开封的风流繁华。中国八大古都除北京、西安、南京、杭州之外，其余四大古都都在河南，分别是洛阳、开封、郑州、安阳。此外，建都的还有商丘、南阳、许昌、濮阳等共 11 个河南城市。由此可见，河南是中国建都朝代最多、建都历史最长、古都数量最多的省份。

　　两宋之前，中国北方的经济发达程度远超南方，而河南则是推进经济发展的重要引擎。黄河中下游地区水土肥美松软，便于耕作，农业文明率先在这一地区发展起来。裴李岗文化遗存中出土了众多的农业生产工具，体现了河南地区农业耕作技术的多样化发展与渐进式进步。而商丘的名称则反映了中国早期商业与河南密切相关。根据《世本》、《山海经》、古本《竹书纪年》、《楚辞·天问》等古籍的记载，早在夏代，商丘一带商部落的首领亥，便驯服牛用以驾车，以之作为长途贸易的运输工具，到各部落交换物品。因其对商部落发展的贡献，被尊称为王亥。后来王亥率领牛车商队从商丘出发，渡过黄河，来到河北境内的易水流域，与有易氏交易，被有易氏之君绵臣杀死。王亥服牛，开启了中国远途商品交换的先河，所以后来被尊为商业鼻祖，而从事商品交易的人也就被称为商人了。

　　经商的传统在民间一直传承。孔子七十二弟子中最善于经商的就是鹤壁浚县人子贡。而南阳淅川人范蠡在帮助勾践灭吴后，归隐于宋国，继续经商。郑国商人弦高去洛阳经商，半路遇到袭击郑国的秦军，便冒充郑国使者犒劳秦军，避免了一场灭国之祸。成语典故中的"郑人买履""买椟还珠"都是发生在河南郑州的历史故事。商业的繁盛是整体经济发展水平较高带来的必然结果，而反过来又进一步促进了经济的发展，同时也为科技进步奠定了坚实的基础。

河南是华夏文明孕育成长的主阵地。黄帝时代商丘虞城人仓颉创造文字，甲骨文起源于安阳殷墟，上蔡人李斯书写的小篆成为秦朝"书同文"的标准范本，漯河人许慎编写了世界第一部字典《说文解字》，活字印刷术发明于北宋的都城开封。作为文明传播与传承的主要载体，中华文字的发明与通行，都与河南有着密不可分的关系。《易·系辞上》有"河出图，洛出书，圣人则之"之说，河图洛书是中华文化中阴阳五行术数之源，太极、八卦、《周易》、六甲、九星、风水等皆可追源至此。

河南丰富的政治经济文化活动，催生出河南灿若群星的英才名人。如古代哲学家、思想家老子、庄子、墨子、韩非、程颐、程颢，政治家、军事家姜子牙、商鞅、苏秦、李斯、刘秀、张良、司马懿、岳飞，文学家、艺术家杜甫、韩愈、白居易、

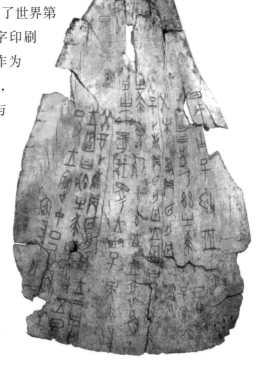

商代甲骨文

李贺、李商隐、司马光、褚遂良、吴道子，科学家张衡、僧一行，医学家张仲景，佛学家玄奘，还有现当代史上的革命先辈邓颖超、彭雪枫、吴焕先、许世友，"县委书记的榜样"焦裕禄，等等。"天下名人，中州过半"，英才辈出，代不乏人。

河南也是中华姓氏的重要发源地，当今的300个大姓中根在河南的有171个，依人口数量多少而排列的100个大姓中有78个姓氏的源头或部分源头在河南，海外华人四大姓氏陈、林、黄、郑均起源于河南。当今河南以"老家河南"作为旅游品牌形象，可谓实至名归。

丰富多样的文化创造，在河南大地上沉积成景，成为文化景观与自然景观交相辉映之地。这里既有最古老的天文台周公测景台、历史上最早的关隘函谷关、最早的佛教寺院白马寺、"天下第一名刹"嵩山少林寺、"人工天河"红旗渠，也有风姿多样、风光旖旎的自然景观。黄河自西向东流经河南700余公里，郑州至开封段由于泥沙淤积，河床平均高出两岸地面3—5米，形成"地上悬河"的独特自然景观，可谓"河从屋顶过，船在空中行"。名山大川如太行山、嵩山、白云山、鸡公山、王屋山、尧山、老界岭、云梦山、南湾湖、丹江口等，均是人尽称道的山水奇观。据不完全统计，河南省共有云台山、嵩山、王屋山－黛眉山、伏牛山等世界地质公园4个，郑州黄河、嶂岈山等国家地质公园15个，

"中华盆景""奇石王国"嶂岈山（驻马店市文化广电和旅游局提供）

永城芒砀山等省级地质公园 17 个，南阳独山玉、新乡凤凰山、焦作缝山国家矿山公园 3 个，南阳恐龙蛋化石群等国家级自然保护区 13 个。截至 2022 年年末，全省共有 A 级旅游景区 681 家，其中 4A 级以上旅游景区 215 家。云台山景区、尧山大佛景区、嵖岈山景区、淇河生态旅游区为国家生态旅游示范区。龙门石窟被评为"中国人文旅游示范基地"。河南作为华夏文明的杰出代表，已经成为全球旅行者的注目之处，体现出中国文化的强大魅力，"惟德动天，无远弗届"（《尚书·大禹谟》）。

三、唯有牡丹真国色，花开时节动京城

大禹建立了中国历史上的第一个王朝，称为夏朝。以前学术界对夏王朝是否存在有些争议，但在商王朝之前，黄河流域已经出现先商文明则是不争的事实。经由考古发现的早期人类遗存，在洛阳周边的黄河中游两岸以及伊、洛、瀍、涧等河流台地成规模地出现，充分说明河洛地区是中国古代文明的重要发祥地。洛阳是夏王朝立国的中心地区，太康、仲康到末帝桀等十二帝立都于洛阳偃师二里头的斟鄩。此后的商代，商汤曾建都于西亳，距今二里头遗址仅约 6000 米，历时 200 余年。

二里头文化遗址的发掘工作始于 1959 年夏，至今仍在进行中。该遗址南临古洛河，北依邙山，背靠黄河，面积 3.75 平方公里。经由碳 -14 法测定，二里头遗址的绝对年代，在公元前 1750—前 1550 年，距今约有 4000 年的历史，相当于古代文献中的夏、商王朝时期。遗址内的文化遗存，有宫殿、居民区、制陶作坊、铸铜作坊、窖穴、墓葬等，出土了石器、陶器、玉器、铜器、骨角器、蚌器等遗物。2020 年 10 月，二里头遗址考古公布了新的发现：二里头宫殿建筑基址外围，分布着呈"井"字形垂直相交的四条大路，东侧大路长近700 米。大路一般宽 10 余米，最宽处达 20 米，道路上还发现了中

国最早的车辙。这些道路网将城市分成网格化的多个空间。2022年9月，考古发现了更多道路及两侧墙垣，丰富了二里头都城多网格式布局的内涵。在这些网格式的不同空间内，分布着不同功能的建筑群，显现出方正规矩的布局。遗址的这些考古成果，使学术界基本达成共识：二里头文化是夏文化的典型代表，二里头遗址是二里头文化的核心载体，对研究中华文明的起源、国家的出现、王都营建规制、宫室制度等涉及中华文明发展的重大问题，都具有重要价值。

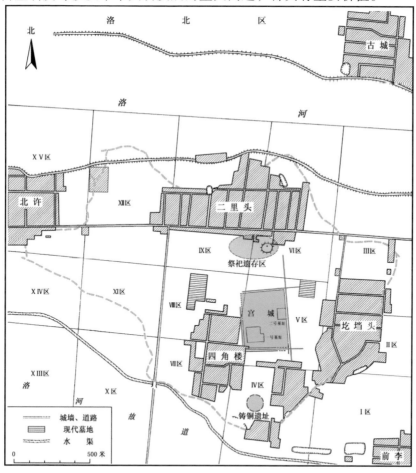

二里头遗址平面图（洛阳博物馆提供）

周武王灭商后，为控制东方地区，在洛水北岸营建成周，由周公旦负责修建工作。自此，洛阳就作为周室东方的政治中心而存在。公元前770年，周平王东迁洛邑，以洛阳为国都。自夏、商、西周、东周之后，东汉、曹魏、西晋、北魏、隋朝、唐朝、后梁、后唐、后晋九朝建都洛阳，所以号称其为"十三朝古都"。为什么这么多的王朝均选择洛阳作为自己的统治中心呢？

从地理形势看，洛阳处于天下之中，河洛平原交通便利，经济发达。《隋书·炀帝纪上》说："洛邑自古之都，王畿之内，天地之所合，阴阳之所和。控以三河，固以四塞，水陆通，贡赋等。"洛阳周边山水四塞，易守难攻，西有崤山，南有伏牛山、熊耳山、外方山，北有邙山，东有嵩山等山脉以为屏障，北临黄河天险，黄河以北又有王屋山、太行山等难以翻越的大山，四周分别有虎牢关、函谷关、伊阙关、孟津关等险关要隘拱卫，山河拱戴，形势甲于天下，具有制内御外的优越军事条件，这决定了洛阳是古代王朝定都的优先选择之一。在隋炀帝以洛阳为中心开通大运河后，立都形势更显优越。运河沟通了长江和淮河，连通了黄河与淇水，运输物资与粮食的漕船进出便捷，四方货物辐辏，洛阳周边的粮仓堆积成山，成为当时粮食最为充盈的地区。直到唐代时，皇帝难以在长安供养大量的官吏与士兵，还不得不经常率队组团到洛阳来"就食"。

唐代皇帝中，往洛阳跑得最勤快的是唐高宗李治和他的皇后武则天。657年，唐高宗以洛阳为"东都"，光宅元年（684年），武则天改当时的"东都"为神都，自此武则天长居洛阳，除了长安元年（701年）十月到长安三年（703年）十月的2年住在长安外，在她退位之前近20多年间都在洛阳。远离了李唐宗室势力的牵制后，武则天在洛阳力行新政，广开言路，招纳俊才，进一步增加科举的科目，扩大录取人数，同时还首创武举和殿试制度，录取武学人才，亲策贡士，为唐玄宗"开元盛世"的到来提供了充足的人才储备。

　　在洛阳的城市建设上，武则天也有不少创举。她所决策修建的明堂，号称"万象神宫"，据《资治通鉴·唐纪二十》载："明堂成，高二百九十四尺，方三百尺。凡三层：下层法四时，各随方色；中层法十二辰，上为圆盖，九龙捧之；上层法二十四气，亦为圆盖，上施铁凤，高一丈，饰以黄金。中有巨木十围，上下通贯。"唐之一尺，取其整数，约等于今天的 31 厘米，换算一下，明堂高达 90 余米。如果上述记载不虚，那么在当时的技术条件下，能够搭建出高近百米的木结构单体建筑，真的只能用"奇迹"二字来形容了。

　　载初元年（690 年）九月九日，武则天登上则天门楼，大赦天下，改唐为周，改元天授，以洛阳为神都，以长安为陪都。长寿三年（694年），边疆战事多处传来捷报，武三思请愿于端门外铸造天枢，铭刻武则天的大功大德，宣扬以周代唐的合法性。次年明堂失火，武则天下诏重建明堂。同年天枢落成，武则天亲题"大周万国颂德天

武则天明堂复原实景图（洛阳博物馆提供）

枢"。万岁登封元年（696 年），重建的明堂落成，虽然形制略小于旧的明堂，但奢丽过之，以金涂铁凤，号曰"通天宫"。

李唐尊奉道教。为了表明武周代唐的合法性，武则天大举抑道崇佛，重新修整中国第一座佛教寺院白马寺，扩大龙门石窟的规模。她在做皇后时，以两万贯脂粉钱，资助僧侣在洛阳龙门石窟雕刻卢舍那佛像。在她的直接关注下，参与施工的人员精益求精，精心雕刻，历时三年九个月方才完工。卢舍那大佛通高 17.14 米，头高 4 米，耳长 1.9 米，相传是武则天的报身像。因此像温和而神秘的微笑，故被誉为"东方蒙娜丽莎""世界最美雕像"。

爱美是女人的天性，武则天虽是中国唯一的千古女帝，但也莫能例外。据《唐诗纪事》记载，天授二年（691 年）腊月，天寒地冻，

白马寺（洛阳博物馆提供）

龙门石窟奉先寺卢舍那大佛像（洛阳博物馆提供）

晨葩吐禁苑花蒋
就新晴玉胶泰仙蕊
金丝雜绿英色會
潑墨發氣逐彩雲
生美詩清平調天
香自有情 詠各種牧丹

［清］蒋廷锡《牡丹图》

万物凋零。有些大臣不满武则天以周代唐，自立为帝，于是想给武则天出个难题，落落她的脸面，便谎报百花逆时盛开，以应女帝之祥瑞，请武则天驾临皇家御苑上苑赏花。武则天到底不是寻常人物，觉察到这些大臣心怀不轨，但又认为自己登基为帝顺天应人，可以主宰自然界的万物生长，于是便写了《催花诗》一首："明朝游上苑，火速报春知。花须连夜发，莫待晓风吹。"以之作为诏书，派使者到上苑告知各路花神。时到凌晨，各路花神不敢怠慢，群芳盛开，各展娇妍。那些心存反意的大臣惊诧莫名，反而更加敬畏武则天了。这便是有名的"上苑催花"故事。后来的民间传奇《控鹤监秘记》又据此加以改编，塑造了一个不畏强权的牡丹形象，百花丛中唯有牡丹没有奉旨开花，武则天因而大怒，将牡丹贬到洛阳。牡丹一到洛阳便昂首怒放，武则天十分难堪，怒上加怒，下令剥皮以供药料，烧死牡丹。第二年春，已被烧焦的牡丹开得更为娇艳，被人们赞为"焦骨牡丹"。由此洛阳牡丹花事大盛，正如欧阳修在《洛阳牡丹记》中所说："自唐则天已后，洛阳牡丹始盛。"

牡丹是洛阳市花，中国国家地理标志产品。"洛阳地脉花最宜，牡丹尤为天下奇。"河洛地区栽培牡丹历史悠久，洛阳牡丹花大色艳，有红、白、粉、黄、紫、蓝、绿、黑及复色九大色系，品种繁多，其中的"姚黄"被称为花王，"魏紫"被称为花后，其他诸如"二乔""白雪塔""洛阳红"等名贵品种历来为人所赞叹。

牡丹雍容华贵、富丽堂皇、国色天香，具有吉祥富贵、繁荣昌盛、兴旺发达、美满幸福的美好寓意，所以得到人们的尽情喜爱。洛阳花事隋唐始盛，白居易在《牡丹芳》中描述唐代洛阳牡丹："花开花落二十日，一城之人皆若狂。"宋代洛阳花事极盛，天圣九年（1031 年），欧阳修在洛阳任留守推官，与梅尧臣、尹洙结为至交好友，同游花会，感慨今年花事已同游，明年携手游者谁？不由得满怀惆怅，挥笔写下一阕《浪淘沙》，其词如下：

把酒祝东风，且共从容。
垂杨紫陌洛城东。总是当时
携手处，游遍芳丛。

聚散苦匆匆，此恨无穷。
今年花胜去年红。可惜明年
花更好，知与谁同？

宋白釉剔花牡丹纹瓷罐（魏向东 摄）

现在的洛阳城将这一传统发
扬光大，每年都举办中国洛阳牡
丹文化节，牡丹花会于 2008 年
入选国家级非物质文化遗产名录。花会时节，洛阳全城争艳，主要的
赏花景点王城公园、国家牡丹园、中国国花园、神州牡丹园、花苑公园、
牡丹公园、国色牡丹园、白园等更是人潮如织。

作为中国牡丹文化的发祥地，洛阳的牡丹享誉千年，传播四方，
通过便捷的交通体系辐射全国，四川、山东、江苏、安徽、浙江、广
东等地都引种了洛阳牡丹。这些传播的通道，就如同牡丹花瓣上的丝
丝花缕，将国色天香的牡丹文化向全国浸润开来。

第二章

中原轴心，丝路起点：

中原大地的水陆交通

　　隋唐两朝是中国历史上国力最为强盛的时期，在交通方面也取得了较大发展。隋唐以长安和洛阳为中心，形成了覆盖全国的水陆交通网络。位居天下之中的河洛平原，道路四通八达，水陆兼济。周代就已确定的周道西连关中，东接山东，隋代开挖的大运河南下江淮，北走北京，蜿蜒曲折的太行三陉勾连三晋，各州郡之间又有交通支线纵横交错。尤其是十字构架的两条骨干线路：横穿长安与洛阳两京的大道是中国通往世界的丝绸之路的东方起点，纵贯南北的大运河以洛阳为中心，将中国连为一体。隋唐时期的洛阳，作为两条交通动脉的连接点，成为当时全国最为重要的交通轴心。

一、周道如砥，其直如矢

　　河南省位处全国之中，承东启西，连南贯北，历史上就是全国重要的交通枢纽。早在商周时期，商人的祖先服牛乘马，渡河而上，大河南北的远程交通已初具规模。考古人员在安阳殷墟发现了碎陶片和砾石铺筑的路面。周武王灭商之后，根据周公旦的建议，在洛邑修建成周，以为东都，方便控制新得的东方领土。宗周镐京与成周洛邑，从此成为周朝的两个都城。周王廷在镐京和洛邑之间，修建了一条大道，称为"周道"，并以洛邑为中心，构筑起庞大的交通网络，向东、南、北三方延伸，加强了周王廷对全国的控制。

　　据众多学者的综合研究，周道，西起镐京（今陕西西安），经骊山后沿黄河南岸东进，经郑（今陕西华县），出桃林塞，过焦（今三门峡），最后东抵成周洛邑（今洛阳）。新修的周道宽阔平坦，《诗经·小雅·大东》中形容它“周道如砥，其直如矢”，意思是说周道如磨刀石一般平坦，又像射出的箭一样笔直。《诗经·小雅·四牡》中还称颂“四牡騑騑，周道倭迟”，意思是说四匹马拉的马车奔腾向前，宽阔的大道遥远而又漫长。周道两旁，种植着“表道”的树木，这条绿荫遮蔽的大道，连接着周王廷的两大政治中心，是周王朝的生命线，也是国家交通的中轴线。

周道中最重要最艰险的部分称为崤函道，在今河南三门峡地区及毗邻地区境内，东端分别始于古都洛阳西出道口的新安县和宜阳县，西至关中盆地东侧门户的陕西潼关，全程 200 多公里。

说其重要，是因为崤函古道不仅联结秦豫两地，还可北上通往山西地区。而从新石器时代到宋代之间的 4000 多年间，豫、秦、晋三个地区都是中国的政治、文化和经济中心。崤函古道作为联系两京三地的唯一通道，处于全国交通网络首屈一指的地位，是当之无愧的京畿大道。正如唐人张九龄《奉和圣制途次陕州作》诗云：“驰道当河陕，陈诗问国风。川原三晋别，襟带两京同。后殿函关尽，前旌阙塞通。行看洛阳陌，光景丽天中。”

说其艰险，是因为崤函古道从黄土高原东接河洛平原，海拔逐渐下降，中条山、小秦岭与黄河于此山水相逢，山危耸险峻，水波高浪急，通行极为困难。人们只能利用山谷与河道穿行其中。古道逶迤东行，沿线山高坡险，谷深道曲，还有号称天险的函谷关等关隘。函谷关可谓“一夫当关，万夫莫开”，向来是关中平原与关东地区联系的咽喉要道。元代张养浩行路于此，见山路奇险，逢山开路人工浩繁，而千年烽烟战火的断壁颓垣于此路处处可见，荒原喋血的锈剑残镞唾手可得，不禁写下了名传千古的《山坡羊·潼关怀古》：“峰峦如聚，波涛如怒，山河表里潼关路。望西都，意踌躇。伤心秦汉经行处，宫阙万间都做了土。兴，百姓苦；亡，百姓苦。”

秦始皇统一中国后下令“车同轨，书同文”，在全国范围内开始

潼关古城遗址（聂作平提供）

了大规模的道路修建工程，形成了覆盖全国的交通网络。秦的驰道体系，以国都咸阳为中心，"东穷燕齐，南极吴楚，江湖之上，濒海之观毕至。道广五十步，三丈而树，厚筑其外，隐以金椎，树以青松"（《汉书·贾山传》）。其中最主要的干道，就是咸阳至三川郡（治今洛阳东）的道路，再以三川郡为中心，分道联系原关东六国旧地。《史记·秦始皇本纪》记载秦始皇先后四次巡视东方，其中有三次都是经由这条交通路线的。

西汉定都长安，以洛阳为陪都；东汉定都洛阳，称长安为西京，丝绸之路的东路起点移到洛阳。东汉时期佛教初兴，大量的西域僧侣经由丝绸之路来到中国，其中的一条主要线路，便是沿丝绸之路，从西北入境，经凉州至长安、洛阳，再分至全国，洛阳成为中国主要的佛教传经基地。著名的佛教旅行家佛图澄，就在西晋永嘉四年（310年）来到了洛阳，开始了自己弘扬佛法的事业。北魏时大量的胡人商贾经由此路来到

洛阳，在城南宣阳门外永桥之南，专门
设有四通市，民间称为永桥市，来华的
胡商在此居住并进行各种交易，使得四
通市实际上成了一个国际贸易市场。而
崤函道也就成为洛阳通向西域交通的首
段干道，由国内通道演变成沟通东西方
文化交流的丝绸之路的重要组成部分，
成为世界文化遗产"丝绸之路"唯一存
在实物的道路遗产。

洛阳出土的北魏时期东罗马帝国
金币（洛阳博物馆提供）

　　汉代的长安是当时国际上知名的大都市，集聚了大量的人口，粮
食供应成为朝廷的头等大事。于是政府利用黄河开发漕运，将关东地
区的粮食调入关中。其中最大的困难是三门峡地区黄河河道道窄浪急，
粮船难以西上，在经过多次尝试后，最终决定开凿漕运栈道，以人力
挽船逆流而上。栈道西起三门峡的人门栈道，东至济源市与新安县交
界处的"八里胡同"，现在还可以看到两汉时期的栈道遗迹——东汉
建武十一年（35 年）的题记。黄河漕运水路的开通，使崤函古道陆路、
水路交通连为一体，成为具有特殊意义的水陆双轨交通结构，通过水
陆两路的双重输送，在一定程度上保证了西汉王朝的粮食供应。

　　隋唐时代，崤函古道交通进入鼎盛时期。隋唐同样以长安与洛阳
为东、西二都，唐高宗称之为自己的东西两大住所，是要经常不定期
地来往的。故而隋唐盛时，崤函道上皇亲国戚、官宦学子、商贾僧侣
等络绎不绝，车马喧阗，忙碌异常，所谓"长安城东洛阳道，车轮不
息尘浩浩"（唐·佚名《东阳夜怪诗》）。

　　崤函古道以古陕州（在今三门峡市西偏北约 3 公里处）为枢纽，
分南北两线，即"崤山南路"和"崤山北路"。南线从陕州城出发沿
青龙涧河东南行，越雁翎关，沿洛河支流永昌河东南行，循洛河谷地，
经洛宁旧县、宜阳北上到洛阳。北线由陕州城向东，经交口，沿涧河

河谷，过硖石、渑池、新安到洛阳。南道迂远但道路宽阔，北道便捷但道路狭窄。隋唐两代皇帝经常率领官吏人众到东都洛阳"就食"，出行队伍规模庞大，故而多选择南线，于是南线成为当时最重要的交通线路，沿途修建了大量的行宫别院。有名的行宫连昌宫，就位于这条路线上，规模宏大，著名诗人元稹以之为对象所创作的《连昌宫词》脍炙人口："连昌宫中满宫竹，岁久无人森似束。又有墙头千叶桃，风动落花红蔌蔌。……"

北线中的石壕村尤为值得注意，三门峡职业技术学院李久昌先生发表的《崤函古道交通线路的形成与变迁》一文中，记叙了他亲身考察石壕古道遗址的情况：

　　新近发现的石壕古道位于硖石乡石壕村西南的山坡上，西距硖石村 2.5 公里，北距石壕村 2 公里。古道的东端接一山沟，北端与 1920 年前后修筑的洛潼公路相重合，一部分被洛潼公路或破坏或叠压。现存的古道遗迹位于山坡中部，夹在两小山包之间，石板路面，保存较好，系借助于山坡中部自然形成的岩石上修筑，大致呈西北—东南走向，全长 230 米，按走向可分为三段。古道最宽处 8.8 米，最窄处 5.2 米。古道上遗留的车辙印痕有一车道

石壕古道（三门峡市文化广电和旅游局提供）

（二条车辙印痕）、二车道（四条车辙印痕）和三车道（六条车辙印痕），其中，一车道是主车道，二、三车道为会车辅道。车辙

印痕宽窄不等，深浅不一，最宽处 0.4 米，最浅处仅有数厘米，最深达 0.41 米。车辙印痕外宽一般 1.32 米，最宽处 1.56 米，最窄处 1.06 米。此外，在古道北坡下和坡顶路两侧还发现有三个坡池，是人们利用自然形成的坑凹地形并在此基础上略加整修而成的蓄水设施。石壕古道地处崤函古道之腹地，历史上著名的秦晋崤之战、杜甫《石壕吏》诗内记述的悲惨故事就发生在这里。据考古资料，战国时期，韩国境内的车轮轮距为 1.06 米，秦代的车轮轮距是 1.5 米，汉代车轮轮距则为 1.32 米。石壕古道现存车辙印痕的外宽一般为 1.32 米，最窄处 1.06 米，最宽处 1.56 米。据此可以断定，石壕古道在战国时期及以后都在长期使用，当在民国初期以后废弃。

这一古道遗址，是丝绸之路全线仅存的道路实物遗址。在 2014 年丝绸之路获批世界文化遗产时，石壕古道就被作为重要的遗产点予以保护，2019 年 10 月，更被核定为第八批全国重点文物保护单位。

宋代定都于开封后，长安、洛阳的两京体制不复存在，开封与洛阳成为新的东西二京，这就使得崤函古道的重要性大大下降。虽然此后历代封建王朝都曾对此道予以修缮，将其作为全国交通道路网络的干线维持使用，但其在全国交通格局中首屈一指的地位已一去不复返了。

二、漕船往来，千里不绝

河洛平原的中心城市洛阳，背靠黄河，周围有伊水、洛水、谷水等河流，发展水运的先天条件十分优越，在东汉时其航运网络就已大致建成。《水经注》卷十六《谷水注》引东汉阳嘉四年（135 年）洛阳上东门桥首右石柱铭称，洛阳"东通河济，南引江淮，方贡委输，所由而至"。魏晋时期又不断增补修葺，航运通畅。北魏孝文帝迁都洛阳后，也对洛阳水运的发展做出了贡献。《魏书》卷五十三《李

冲传》载，孝文帝曾对李冲说："朕欲从此通渠于洛，南伐之日，
何容不从此入洛，从洛入河，从河入汴，从汴入清，以至于淮？"
他计划召集两万人，逐渐修通这条从洛阳直达淮河的南下水道。

　　隋代，随着南北经济文化交流的日益频繁，以及隋炀帝计划在北
方发动战争，需要快速转运人员与物资，大业元年至六年（605 年至
610 年），隋炀帝动用百万百姓，疏浚之前众多王朝开凿留下的河道，
修建大运河。大运河以洛阳为中心，北至涿郡（今北京），南至余杭（今
杭州），成为南北交通大动脉，对南北之间的经济文化交流、人员流动、
物资转运等均起到了巨大作用。

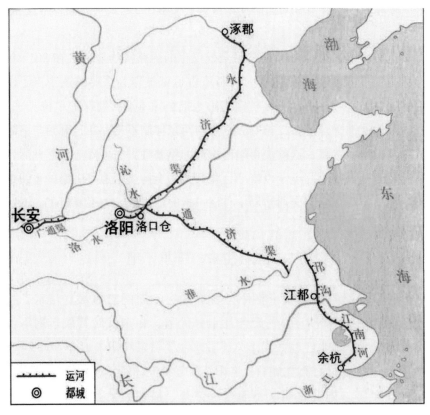

隋代大运河示意图（摘自义务教育教科书《中国历史》）

大运河是一条巨大的人工运河，是人类改变自然环境、推动社会进步的伟大工程。对中国来说，地势西高东低，河流多是东西流向，沿着河道做东西向的空间移动比较便捷，陆上的道路也大多傍河而行，所以东西向的物资与人员流动，是最重要的流向。前面提到的周、秦、汉、唐间的两京大道，东西向贯通两京，就成为帝国交通的中轴线。相比之下，南北之间，一条条河道隔绝空间，难以飞渡，人员交流与物资来往就比较困难。这在中原经济比较发达的秦汉时期问题还不太大，关中平原八百里沃野，黄河中下游的关东地区，尤其是河洛平原，都是经济文化的发达区域，足以支撑封建帝国的正常运转。但是，魏晋南北朝几百年的动乱，战火大多发生在北方地区，关中与河洛平原都受到不同程度的损害。与此同时，南方地区由于六朝政权的开发，加上战乱较少，经济逐步发达起来，尤其江南地区在全国经济中的地位越来越重要，北强南弱的经济文化格局逐渐发生改变。立都于北的封建帝国，就必须获得南方的财力与物资，才能保证帝国的正常运转。故而加强南北之间的经济文化交流，开辟南北交通的大通道，就成为社会发展的迫切需要。

隋唐大运河的开通是在地方性运河的基础上形成的。中国是一个以农立国的国家，水利是农业的命脉。利用自然水源修筑运河，疏浚河道，灌溉农田，防范洪涝，运输物资，是中国劳动人民很早就做的事，在历史进程中积累了大量的经验，形成了中国的治水智慧。所以中国的运河不仅开挖得最早，而且成就也是举世瞩目的。中国人工运河的开挖，最早见于记载的是春秋时期，吴国为运兵运粮进攻齐国，就在长江与淮河之间开凿邗沟，这是大运河最早的一段。此后，历朝历代都利用天然河道修建了不少人工运河，这就为隋代联通各地区间的运河奠定了基础。

早在隋文帝时代，为了解决长安的粮食问题，朝廷就已经在渭水之南疏浚广通渠，于潼关衔接黄河，将河洛地区的粮食运到关中。大业元年（605 年），即位不久的隋炀帝在命令宇文恺修建东都洛阳的同时，征发河南男女百姓百万人，开通济渠。通济渠分为三段：第一段利用汉魏时期的阳渠故道，自洛阳西苑引谷、洛二水，穿过洛阳城，经偃师入洛水，再于巩县（今河南巩义市）洛口入黄河；第二段利用黄河的自然河道至板渚（今河南省荥阳氾水东北）；第三段从板渚引黄河水入汴渠，从大梁（今河南省开封市）整治旧有的汴渠故道，引汴水入泗水，到达山阳（今江苏淮安）。同年开始了修山阳渎（古邗沟）的工程，征发淮南十余万百姓重开邗沟，沿东汉末年陈登所开河道，自山阳抵达扬子（今江苏扬州南）入长江。仅仅过了 3 年，在大业四年（608 年），隋炀帝为畅通与涿郡（今北京）的交通，又下诏征发河北地区的男女百姓百余万人开永济渠，引沁水南通黄河，北接卫河，以达涿郡。

大业六年（610 年），隋炀帝二游江都，见江南风物清嘉，便想到会稽（今浙江绍兴）游赏，于是下令开江南运河。江南运河利用了春秋时期吴国开挖的旧有运河、秦朝开通的丹徒水道、西汉武帝时开通的连接苏州到嘉兴的运河，以及六朝时期修筑的诸多水道，以大量人工疏浚整治而成，从京口（今江苏镇江）引长江水穿过太湖流域，直达钱塘江边的余杭（今浙江杭州）。由此，大运河全线贯通。

隋炀帝征发了数百万的民工，日夜挑河开渠，残暴虐使民众，短短 6 年就完成了这一举世罕见的庞大工程，加深了普通百姓对炀帝暴政的痛恨，加速了隋王朝的灭亡。虽然大运河施工的过程给百姓带来了极大的伤害，但它却是利国利民的千秋功业。正如唐代诗人皮日休在《汴河怀古》诗中所说："尽道隋亡为此河，至今千里赖通波。"

炀帝所开的大运河，以洛阳为中心，向南北两个方向伸展，贯通了钱塘江、长江、淮河、黄河、海河五大水系，南北纵贯 2700 公里，是世界上最长的人工河，也是我国腹地唯一的一条南北走向的长河。运河引入了南方大量的财力和物力，如同唐人李敬芳在《汴河直进船》诗中所揭示的："东南四十三州地，取尽脂膏是此河。"尤其是江南地区的漕粮，大量输入洛阳，漕船往来，千里不绝，使得洛阳成为国家最大粮仓。运河岸边的兴洛仓、回洛仓、常平仓、黎阳仓、广通仓等存储粮食均达到百万石以上，到唐贞观年间都还未用完。1969年在洛阳发现了含嘉仓遗

洛阳含嘉仓遗址（洛阳博物馆提供）

址，1971年正式开始挖掘工作，在43万平方米左右的粮仓内探测出200多个粮窖，其中一个粮窖居然还保存着大量炭化的谷子。由此可见大运河的输送能力之强与隋朝国力之盛。

大运河的开通，进一步强化了洛阳的交通枢纽地位，"天下诸津，舟航所聚，旁通巴汉，前指闽越，七泽十薮，三江五湖，控引河洛，兼包淮海，弘舸巨舰，千轴万艘，交贸往还，昧旦永日"（《旧唐书·崔融传》）。大运河将天下的水系都联系在一起，涓涓细流归大海，千船万艘向洛阳，全国人流、信息流、物资流夜以继日地流向洛阳。

隋唐时期的东都洛阳，不仅通过周道联结关中关东，又通过大运河沟通南北，是名副其实的全国交通枢纽。另外，洛阳还是陆上丝绸之路与隋唐大运河唯一的交汇点，并通过大运河将陆上丝绸之路与海上丝绸之路联结为一体，成为当时中国对外经济文化交流的起点城市。

三、欲渡黄河冰塞川，将登太行雪满山

在大运河第一段工程开工两年后的大业三年（607年），隋炀帝

又迫不及待地"发河北十余郡丁男凿太行山，达于并州，以通驰道"
（《隋书·炀帝纪上》），加强了河洛平原与西北方向三晋之地的联系。
这个方向的通路，对河洛平原是很重要的，一方面能保持固有的与三
晋之地传统的经济文化联系，另一方面也便于中央政府控制北部边防，
防御突厥的军事威胁。之所以大发民工，是因为要从太行山中开通道
路，实在是太困难了。

　　公元742年，唐玄宗改元天宝，诗人李白奉诏入京，就任翰林供奉，
这是翰林这一官号的始创。唐玄宗时候的翰林可没有明清时期的威风，
只是供君王茶余酒后以诗文等艺能娱情赏心的清闲之职。雄心万丈的
李太白自然心生愤懑，两年后就被"赐金放还"，撵出长安。临行之
际，朋友们都来送行，李白高歌一曲《行路难》，以表达自己的彷徨、
愤慨以及对未来人生"直挂云帆济沧海"的期许。在这首诗中，我们
单说其中的两句："欲渡黄河冰塞川，将登太行雪满山。"欲渡黄河
而黄河冰凌满川，欲登太行而太行大雪封山，以黄河难渡、太行难行

太行山挂壁公路（魏旭东　摄）

比喻自己仕途不顺，可见太行山路艰危险困，是天下均知的确定事实。

　　太行山脉位于中国地形第二阶梯的东缘，是黄土高原与华北平原的地理分界线。山脉呈东北—西南走向，绵延400余公里，纵跨北京、河北、山西、河南，北起北京市西山，向南延伸至河南与山西交界的王屋山。山势北高南低，东陡西缓，大约500万年前的地质断裂活动，导致东西两侧高差达到1000—2000米。由西向东的山间激流在山之东侧造成了大量短促又陡峭的冲沟，崖壁直立，砂石堆积，无法通行。巍峨险峻的太行山脉，使得太行东西两侧难以相通，河南北上山西尤为困难。

　　太行山位于河南省的西北。在中国早期文明中，秦、晋、豫三地是文明的核心区，三大区域之间的文化交流与经济联系是十分频繁的。秦豫之间有崤函古道，晋豫之间则必须跨越太行。人们慢慢地发现，太行山脉的山与山中断的地方，存在一些东西向的横谷，可以通行。这种地方，称为陉（xíng），即山脉中断的地方。自南到北，太行山分别有轵关陉、

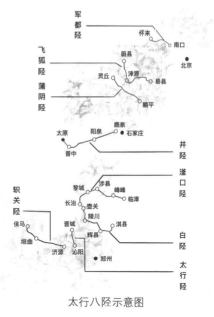

太行八陉示意图

太行陉、白陉、滏口陉、井陉、蒲阴陉、飞狐陉、军都陉八条通道，古称"太行八陉"。

　　东端出口在河南境内的主要是南三陉，即轵关陉、太行陉和白陉。这三条险峻的山道，是古代河南突破太行山脉限制，北上联络山西的主要通道，有大量的政治、经济、军事、文化活动遗迹，具备非常丰

厚的历史文化内涵。

　　太行第一陉名为轵关陉，东西走向，位于黄河北岸，中条山、太行山南麓的黄土斜地上，东端起于河南济源，通向山西运城盆地的曲沃古城（曾为晋国都城，在今侯马一带）。轵的意思是车轴的外端，

太行山势（魏旭东　摄）

轵关者，通道仅当一轵（车）之险关也。轵关陉较为平坦，只有两段5000米险谷，是太行八陉中最易通过的山道。春秋时期晋文公中原争霸，大军就是兵出轵关陉，此后韩、赵、魏等三晋诸侯贵族进出东周王城洛阳，也多由此道通行。可以说，轵关陉是晋豫两地日常交流的

主要通道。

太行陉是南北向穿越太行的一条古道，南起河南沁阳，向北登太行山，过天井关而达山西晋城。由此陉南下可直抵虎牢关，向来是军事战略要道。太行陉沿线山势陡峭，道路狭窄，宽仅三步，长 20 公里，崎岖蜿蜒，状似羊肠，又称"羊肠坂"，现今路边尚有清翁同龢所书"古羊肠坂"石刻。山顶有关，称为天井关，以石头叠垒而成，面积不大，却扼守要冲。北魏孝文帝谋划汉化改革，将都城从大同迁往洛阳，害怕群臣不同意，就诈称与南方政权发生战争，率领朝廷群臣由太行陉南下洛阳，从此不再北返。唐代李白行经太行，亦由此陉出入，震撼于山道奇险，不禁高呼："五月相呼度太行，摧轮不道羊肠苦。"

发生在太行陉最有名的一件事，则是曹操北越太行山攻打袁绍的外甥高干，行军经过羊肠坂，艰苦困顿，不由得写下《苦寒行》一诗，如实地描绘了太行陉山路之险。全诗如下：

> 北上太行山，艰哉何巍巍！羊肠坂诘屈，车轮为之摧。
> 树木何萧瑟，北风声正悲。熊罴对我蹲，虎豹夹路啼。
> 溪谷少人民，雪落何霏霏！延颈长叹息，远行多所怀。
> 我心何怫郁，思欲一东归。水深桥梁绝，中路正徘徊。
> 迷惑失故路，薄暮无宿栖。行行日已远，人马同时饥。
> 担囊行取薪，斧冰持作糜。悲彼东山诗，悠悠使我哀。

白陉，南起河南辉县市薄壁镇，沿磨河河谷穿过太行山的奇险峡谷，到达山西长治。这条古道的历史非常悠久，传说在商朝时就已开辟出来。商纣王倒行逆施，大臣箕子就从朝歌逃到太行山，走白陉古道隐居到黄围山中。白陉也是一条传统的军事要道，据《左传·襄公二十三年》记载："齐侯遂伐晋，取朝歌，为二队，入孟门，登太行。"孟门关，又称紫霞关，是白陉上的一座关隘。齐庄公将军队分为两路，一入太行陉，一入白陉，分进合击。白陉还是一条豫晋两地商人通货交流的重要商道，至今仍保留有明清时期的民居建筑、店铺、驿站等。这条商道在太行八陉中是保存最为完整的，也是太行八陉中唯一有古道遗存的。古道以石块砌成，宽 1.5—2 米，路之外侧有高出路面的石堤保护路基，还有人工砌筑的石槽用来排水。古道在高

"之"字形太行盘山道（魏旭东　摄）

差近百米的陡坡上呈"之"字形盘旋而上，一共有 72 个急拐弯，这便是著名的"七十二拐"，目前作为人文遗迹已经得到有效保护。

先秦诸子之一的列子，在其著作《列子》中讲了一个大家耳熟能详的寓言故事《愚公移山》，说的就是太行山的故事。"太行、王屋二山，方七百里，高万仞"，住在山中的愚公，"年且九十，面山而居。惩山北之塞，出入之迂也"，于是召集家人，要求大家一道出力，平

山开路，"指通豫南，达于汉阴"，能够顺畅地通向河南，直到汉水。愚公带着子孙三人凿石运土，天天艰苦劳作。有一个聪明人，称作河曲智叟的，嘲笑他们说："以残年余力，曾不能毁山之一毛，其如土石何？"愚公回答了这么一段话："虽我之死，有子存焉。子又生孙，孙又生子；子又有子，子又有孙；子子孙孙无穷匮也。而山不加增，何苦而不平？"虽然一个人的生命是有限的，但子子孙孙延绵不息，可以持之以恒地开凿下去。相反，大山不会增加它的高度，怎么可能开通不了通往外部世界的山路呢？愚公的坚定与毅力，感动了天帝，于是天帝命神人相助，移去二山，道路遂通。这虽然是一个神话故事，却反映了豫、晋等地人民希望走出大山、追求幸福生活的美好愿望与坚强决心，也是勤劳智慧的中国人民不惧艰险、一往无前地开通太行山路的真实反映。

　　路，终究还是由人走出来的！

第三章

服牛乘马，连陌接馆：
古代的交通方式

　　提到古代的行旅，人们总会不由得想起古人的一些感叹，比如说，餐风饮露，风餐露宿。不论是餐风还是风餐，一方面体现了古代行路之苦；另一方面也说明，出门在外不仅是一个空间移动的过程，还是一个消耗时间与体能的历程，人需要补充生理能量，才能完成全程的旅行。尤其是住宿与餐饮，更是必不可少的旅行支持。路是旅行的基础，相关的交通载具、道路设施与服务要素，则是旅行活动正常开展的保证。

一、安步当车，奉旨乘轿

　　我国地域辽阔，地形复杂，南方多水，西部多山。不同的地理环境，形成了不同的生产方式和生活方式。在水多的南方，人们很早就学会了造船而行，不少地方都发现了早期独木舟的考古实物。在平原

［东晋］顾恺之《洛神赋图》宋摹本（局部）（北京故宫博物院藏）

地区，人们则很早就学会了驯养牲畜，以畜力载重而行。人们早就明白了这个道理：在不同的地方，运用不同的交通方式，才能更为方便快捷地抵达目的地，获得事半功倍的效果。《淮南子·齐俗训》中有言："胡人便于马，越人便于舟。"《三国演义》第五十四回中也说了这么一个故事：刘备到东吴迎娶孙尚香，孙权与之同到江边观光，"二人共览之次，江风浩荡，洪波滚雪，白浪掀天。忽见波上一叶小舟，行于江面上，如行平地。玄德叹曰：'南人驾船，北人乘马，信有之也。'"。可见在不同的地方，人们出行时，都能够根据当地的环境组合运用不同的交通工具，呈现出多种多样的出行方式。

最早的一种出行方式，当然是徒步了。《山海经》中曾记载了这么一个神话故事。夸父与太阳竞走，一直追赶到太阳落下的地方。他感到口渴，想要喝水，就到黄河、渭水喝水。黄河、渭水的水不够，他就跑去北方喝大湖的水，结果在半路上渴死了，他的手杖化成了桃林。这虽说是个神话故事，却真实地反映了远古时期人们追逐阳光、东奔西走的迁徙生活。而这种迁徙，自然是用脚去丈量大地。

洛阳人苏秦是战国时期著名的纵横家。《战国策》中说他早年投入鬼谷子门下，学习纵横之术。学成之后就西入秦关，以连横之策游说秦王，"书十上而说不行"，没能得到秦王的认可。当时苏秦的处境十分困窘，"黑貂之裘敝，黄金百斤尽，资用乏绝，去秦而归。赢滕履蹻，负书担橐，形容枯槁，面目黧黑，状有愧色。归至家，妻不下纴，嫂不为炊，父母不与言"。这段话的意思是说，黑貂皮大衣穿破了，一百斤黄金也用完了，钱财花得一干二净，只得离开秦国返回家乡。他缠着绑腿布，穿着草鞋，背着书箱，挑着行李，脸上又瘦又黑，一脸羞愧之色。回到家里，妻子不下织机，嫂子不去做饭，父母不与他说话。可见发迹之前的苏秦在各国间奔走，全靠自己的一双脚。他回家苦读，读书欲睡，引锥刺股，直到苦学有成后再次出山，终于得到燕文侯赏识，方才得到车马资助，游说各国。苏秦"合纵"六国、共抗强秦的主张为各国所接受，组建了合纵联盟，苏秦任"从约长"，兼佩六国相印，一时风光无二，家人不敢仰视。

"安步当车"的典故则发生在齐国。《战国策·齐策四》载，颜斶与齐宣王对话，批评齐国的政治，几经辩难，宣王向颜斶道歉，请求他以后就住在齐都，并为他提供优厚的生活条件。颜斶答道："晚食以当肉，安步以当车，无罪以当贵，清静贞正以自虞。"意思是说，每天晚点吃饭就如吃肉一样香，安稳而慢慢地走路就如同乘车一样，平安度日并不比权贵差，清静无为，纯正自守，自能乐在其中。他就此辞别宣王，回到家中。

从古至今，步行都是出行的一种主要方式，尤其是在短途或登山的时候。在旅游大兴的晚明时期，借杖出行的记载在游记中俯拾皆是。刘康祉《识匡斋全集》卷九《仙岩观梅雨潭瀑布记》中记载一群人入

仿宋代楼船、货船（魏向东 摄）

山观瀑，"或跣行（光脚走路），或蹑屐（穿着木屐）"，游程之中非常兴奋，不知疲倦。明末的大名士、"野性癖石"的袁宏道，行走于平坦的道路仅仅数十步"则倦而休"，而一旦遇到悬石绝壁等有性命之危的地方则精神抖擞、逸兴遄飞，虽然回忆之时毛骨悚然，但一至险峰又故态复萌（袁宏道《潇碧堂集》）。

骑乘是古代最重要的旅行交通方式。南方地区，水道众多，多乘船而行。北方平原，则多以畜力为动力，骑马、驴，乘坐马车、牛车

等都有着悠久的历史。传说第一个
发明车的是黄帝，他以牛拉车。还
有一种说法是大禹时期，有个叫奚
仲的人发明了车。商代的王亥服牛
乘马，已经能利用牛、马等畜力拉
车进行远途贸易。东汉时期的《说文》
中又说，南禹县辛村周墓出土了12
辆马车，其中竟有72架马的遗骸。
这些都说明中国人民在三皇五帝时
期就已经学会驱车远行了。

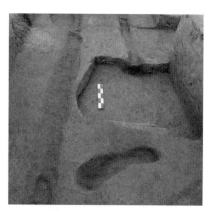

二里头遗址早期道路所见车辙（洛阳博
物馆提供）

　　河南夏商遗址考古发现，车在中国夏王朝的时候就已经出现了。
在偃师二里头遗址，考古工作者在宫殿区南侧大路的早期路土之
间，发现了两道大体平行的车辙痕。发掘区内车辙长5米多，且继
续向东西延伸。车辙辙沟呈凹槽状，两辙间的距离约为1米。这两
条车辙的发现，将我国双轮车的出现时间提早了约200年，推至距

西周夔龙牛首纹铜车饰
（洛阳博物馆提供）

今3700年左右的夏代。而在郑州的商城遗址中，
曾发现铸造车用青铜配件的陶范，偃师商城遗址
也曾发掘出车用青铜配件。安阳殷墟的考古发掘
则表明，我国在商代晚期已使用双轮马车。

　　周代的马车使用已经比较普遍。周代的
贵族教育，要求子弟掌握"六艺"，即礼、
乐、射、御、书、数。其中的"御"，即指
御车之术。《说文解字》曰："御，使马也。"
既然以御车为贵族之必备技能，可见马车在
社会上已广为使用。尤其到了春秋之时，
比喻一个国家的实力大小，往往用百乘之
国、千乘之国来表示。一乘就是一辆马拉

的战车，其形制为两轮，方形车厢，驾四马。1980 年，陕西临潼秦始皇陵西侧出土了两乘大型彩绘铜车马。二号车双轮单辕，前驾四马，车舆平面呈"凸"字形，以墙板隔为前后室，前室左侧留门以备御官上下，后室后部有单页门扉供主人出入；车上有一椭圆形篷盖，车头坐有一名铜御官俑。

秦始皇陵二号彩绘铜车马（秦始皇帝陵博物院提供）

　　秦始皇统一天下后，大修驰道，并统一规定了马车两轮之间的距离，即"车同轨"。同轨之后，车子在路上行驶，就会反复碾压道路，形成与车轮宽度相同的两条硬地车道，这样就能减少畜力消耗和车轴磨损，提升车子行驶的速度与平稳度，提高运输的效率。

　　汉代的时候，官吏出行多用马车，分出了更多的马车种类，并规定了严格的乘车等级。低级官吏只能坐无帷的小车——"轺车"，高级官员坐高大的棚车——"轩车"，装有帷幕的称为"辎车"，皇室贵戚、高官贵妇则乘坐"安车"。安车一般用一匹马拉，如用四匹马拉，就是"驷马安车"了。不同级别的官员使用不同颜色和质地的车盖和车轮，俸禄三百石以上的官员才能用皂布盖，千石以上的官员用皂缯覆盖，只有贵族才可以用红色车轮。《汉书·景帝纪》中载，官员须按照自己的官职大小乘坐规定的车辆，俸禄二千石以上的高官乘车"朱两轓"，即两侧车耳涂上红颜色，六百石至千

［东汉］《君车出行图》壁画（局部）

石"朱左轓"。另外西汉时还规定商贾不得骑马，不得乘马车。

在所有交通工具中，骑马与乘马车是速度最快的了，但骑马对身体条件与骑术的要求太高，所以更多人还是选择乘马车出行。在极限情况下，马车也可以跑出飞一样的速度。三国魏明帝临终前，司马懿受命从辽东返回洛阳，如果不能及时赶到洛阳，司马氏的权势与地位将会大受影响。司马懿什么也顾不得了，《晋书》中记述他"乃乘追锋车昼夜兼行，自白屋四百余里，一宿而至"。追锋车，是一种速度奇快的军用车辆，驾二马，尽管日夜不停，这个速度也是够惊人的。

除马车外，牛车也是一直使用的。《史记》记载，西汉刚建立时，国家财力不振，马匹奇缺，皇帝出行都找不到四匹毛色相同的马拉车，不少官员只得乘坐牛车。只不过与马车相比，牛车虽然载重量大，但速度慢，故而都被视为低级别的车辆，乘牛车者多为贫士。从东汉末年开始，自皇帝到普通的士子，都因为牛车负重致远又比较安稳，乘者能在车上自由坐卧，而大多改乘牛车。这个风气到魏晋南北朝时愈演愈烈，贵人们争相乘坐牛车。在洛阳发现的北魏元邵墓中，出土了一驾陶牛车，车盖为拱形，盖沿前后外伸，车厢前镂空呈棂状，厢后

开门。这架牛车的发现，有力地证明了当时牛车的使用日渐广泛。

北魏彩绘陶牛车（洛阳博物馆提供）

"竹林七贤"之一的阮籍，常常乘着牛车，不加控御，随着老牛任意西东，直到日暮途穷，方大哭而归。西晋王朝富豪榜上排名前列的石崇与王恺，互不服气，上演了一出牛车竞速以斗富的闹剧。《世说新语·汰侈》中记载，石崇驭车的牛，从外表看上去并没有什么出彩的地方，气力也与王恺的牛相当，但两车在竞速回洛阳城的时候，石崇总让王恺先出发，然后从后超越，每次都是先入洛阳城门，将王恺堵在外面。王恺扼腕顿足，义愤填膺，就使了一出无间计，以财货贿赂石崇的手下，打探到驾驭牛车的技巧，于是依样画葫芦地予以训练。后来双方再次相遇，于道中争雄，并驾齐驱，不输分毫。石崇很是纳闷，最终得知了王恺的小动作，一怒之下，把向王恺告密的仆从杀了，酿成了一起因牛车竞赛而引发的血案。

除服牛乘马外，北方还骑驴、骡，特别是低级官吏和民间骑用较多，如北齐权会任助教时囊中羞涩，就以驴代步。骆驼也可用作乘骑，《北齐书》记东魏高欢在沙苑之战时，"军大乱，弃器甲十有八万，神武（高欢）跨橐驼，候船以归"。北朝受到诸多进入中原的游牧民族影响，骑骆驼之风颇为盛行，如《木兰诗》中即有"愿借明驼千里足，送儿还故乡"的诗句。

三彩载丝驼（洛阳博物馆提供）

隋唐国力雄强，疆域辽阔，获得了不少马源地，所以大多骑马而行。这类记载不胜枚举，如唐初有关虬髯客、李靖与红拂的英雄美女传奇中称，红拂夜奔李靖，穿着男子服饰，跨骑大马而出，连夜从洛阳奔向太原。著名诗人孟郊46岁得中进士，欣喜若狂，"春风得意马蹄疾，一日看尽长安花"。

三彩黑釉马（洛阳博物馆提供）　　　　　　　骑马俑（刘会敏　摄）

北宋仍以骑马为主要的交通方式，苏轼与他的弟弟苏辙在郑州西门外分手告别，就在马上赋诗相赠，其中一句即为"独骑瘦马踏残月"。苏轼在做密州（治今山东诸城）知州时，关心农事，率队离城祈雨，在返城的路上，与同僚们一起习射围猎，写下《江城子·密州出猎》一词：

老夫聊发少年狂，左牵黄，右擎苍，锦帽貂裘，千骑卷平冈。为报倾城随太守，亲射虎，看孙郎。

酒酣胸胆尚开张。鬓微霜，又何妨！持节云中，何日遣冯唐？会挽雕弓如满月，西北望，射天狼。

除骑马外，骑驴、骡在北宋也很盛行，妇女则多乘牛车。有人曾经仔细观察描绘北宋都城东京繁华景象的《清明上河图》，点算出图上共画了40多头驴和骡子，而马只有20来匹。事实上，宋代马的来源已日趋减少，民间驴的数量远比马多，人们乘驴出行，自是更为经济合算的。

《靖康纪闻》一书中说：北宋朝廷被金兵围在开封，向金人求和，根据金人的要求，把城内城外的马匹都搜刮干净，交给了金军。这样原先乘马而行的人就再也无马可乘，骑驴乘轿就不得已地取代了原先的骑马而行。南宋退守江南半壁江山后，马的来源更少，加上理学兴盛，要求人们存天理、灭人欲，万事处静自守，导致社会风气越来越文弱，交通方式也由张扬的骑马疾行变成了以乘轿而行为主。

［北宋］张择端《清明上河图》（局部）

唐宋时期也有乘轿的例子，但多为对高官老人的优待。司马光年老多病，足疾未愈，乃奉太后旨意乘轿。司马光的前辈富弼以掌国重臣的身份因年老退处洛阳，声望高隆，常乘小轿出游。但对于正常人来说，乘轿而行是一件有失人道、费钱伤民的事儿。《续资治通鉴》记载了一段宋太祖的故事。其女儿永庆公主与皇后一起进言：官家做天子日久，怎么不用黄金装饰肩舆，乘以出入？太祖笑着回答道：即使将皇宫银装金裹，作为皇帝也是能做到的，但君主是为百姓守财的，怎么可以将金钱浪费到肩舆的装饰上呢？

明代著名的人文地理学家王士性在他的著作《广志绎》中指出：古

代只有妇女才用行走平稳缓慢的安车，以后又用轿舆代之，而男子虽贵为将相，也是乘车骑马而行，从来没有乘轿的。陶渊明两足不良于行，才让门生们抬着竹舆出行。王安石年老，退居金陵，子侄们劝他乘人力抬扛的肩舆，王安石正色回答道：古代的王公大人虽然不仁道，但也没有把人当牲口使的。乘轿风气兴自宋室南渡之后，公卿大臣、公子王孙竞相乘轿。除了元代短暂地恢

登山竹舆（魏向东　摄）

复了骑马而行的传统外，明清两代乘轿已成为绝对主流的交通方式。

　　在古代的社会生活中，交通方式相互之间的关系并不是简单的取而代之，而是交织并用、并行不悖的。唐代有张果老倒骑驴，也有韩愈"雪拥蓝关马不前"。《爱日斋丛抄》中说宋代邵雍居洛阳，春秋两季时常出游城中，"出则乘小车，一人挽之，惟意所适"。人们根据自己的需要，可策杖步行，可乘舟泛湖，可骑马疾行，可以车代步，可奉旨乘轿。交通方式的多样性及其长期共存，是一个确定的事实。

二、驿亭星罗，逆旅整设

　　一个拥有一定地域范围的政权，需要通过公文传递、官员往来、军队屯驻以维护国家的统一与稳定。根据《周礼》的记载，在西周王朝，已经沿着主要的道路，建设有供来往行人住宿休息的地方。在这些供给公务人员休息的建筑中，都有不同等级的"委"和"积"，为出行者提供饮食材料。到了春秋战国时期，由于外交与军事活动的增多，各国都建立起相关的招待设施。据《左传》载，襄公三十一年，郑国

的著名贤臣子产随郑伯到晋国，被安置在简陋的馆舍中，晋侯一直不肯接见。子产就想了一个办法，他让人拆毁馆舍的围墙，使牛马得以进馆。此举受到晋国方面的指责，子产反驳说：车马带来的贡物久露于外，大门狭窄进不来，这是对宾客的怠慢。晋侯理亏，在送走子产一行后，就另外修建了诸侯馆，以接待各国来使。这种做法后来在各国都普及开来，纷纷建立起诸侯馆。西汉在丝绸之路开通后，于都城长安设立了接待各国使节和客商的"蛮夷邸"。

在主要的交通线上建立驿传的做法源于商代，后来被一直沿用下来，并不断完善。驿传的名称有不少，如驿、传、邮、舍、亭等，其实都是指的官方接待机构，只为公务人员提供住宿与饮食服务。秦汉时期随着道路交通网的完善，设立了遍布全国的驿传网络：十里一亭，设有亭长，负责为公务人员提供食宿，其还负有治安捕盗的职责。西汉王朝的建立者刘邦，就曾担任过泗水亭亭长。正是在这个位置上，刘邦结识了萧何、曹参、樊哙等豪杰勇士，组建起了自己的创业团队。东汉桓帝征召隐士韩康入京，为表优待，特许他乘坐安车，走驿道入洛阳。韩康辞车不坐，自乘柴车，先于使者出发。前方的官亭早已接到通知，正组织人力维修道桥。亭长看见坐着柴车的韩康，以为是普通的老农，便夺下拉车的牛以加快道路维修的进度。使者到来后看到这种情形，就准备杀死亭长，以向韩康谢罪。韩康赶快求情，方才救下亭长一命。

曹操在《步出夏门行·冬十月》诗中说："逆旅整设，以通贾商。"民间商旅只能投宿私人开设的逆旅。逆旅是什么意思呢？《左传·僖公二年》载："今虢为不道，保于逆旅。"西晋杜预注解道："逆旅，客舍也。"战国时期逆旅已大量开设，但入住民间的私人旅馆，必须提供相关的身份证明。秦孝公死后，商鞅出逃秦国，投宿一家逆旅，店主人不知道他是大名鼎鼎的商君，拒绝他说：商君之法，客人不能提供相关的身份证明，店主人就要受到连坐之罪。

　　秦汉时期，由于国家一统，客商往来更为频繁，民间逆旅发展比较迅速。《东观汉记》里记载有第五伦的故事。第五伦在没发达的时候，隐姓埋名来到山西，带着奴仆做起了贩盐的生意。他在路上入住客舍的时候，主动帮助客舍打扫卫生，被人们尊称为有道之士，都不肯收他的住宿费。与亭传不同的是，民间逆旅此时并不提供饮食服务，但可出借炊具供旅客自己做饭。《晋书·胡威传》中记载，三国魏时胡威从洛阳至荆州探望父亲，"家贫，无车马僮仆，自驱驴单行。每至客舍，躬放驴，取樵炊爨，食毕，复随侣进道"。意思是说，胡威家贫，无力置办车马、雇用仆役，只能一人乘驴远行，每到路边客舍，就自己放驴，生火做饭，然后再跟着同行的客人一起上路。

　　魏晋南北朝时期，依然沿用秦汉制度，只不过官营的传舍驿亭，受到各级官僚权贵的肆意侵占。各路使者"朝辞禁门，情态即异；暮宿村县，威福便行"，以至"恐喝传邮"之事时有发生（《南齐书·竟陵文宣王子良传》）。驿传大多都不胜负担，难以正常运转。相比之下，北魏王朝的驿传制度维持较好，还在洛阳城中

魏晋画像砖驿使图（临摹）

建有"四夷馆"等国家宾馆，招待四方来客和归义人员。

　　与驿传制度败坏相反，私人经营的逆旅业则发展较快。《晋书·潘岳传》载，西晋时，曾有人以"逐末废农"及"败乱法度"为理由，提议废止私人经营逆旅业，而改为官营。潘岳提出异议，写了一篇《上客舍议》，这是一篇专门论述我国古代民间客店起源和利弊得失的文章。在这篇文章中，潘岳指出民间旅店"冬有温庐，夏有凉荫"，为住客提供了舒适的住宿条件；向旅客供应粮食、牲畜饲料、炊灶用具

及其他食宿必用之品，方便了行旅；旅客投宿和离店没有时间限制，不分早晚，全从客便；在地理分布上，"连陌接馆"，"近畿辐辏，客舍亦稠"，靠近城市的地方分布密集，便利了商旅投店。这些便利过往商旅的经营特点，"获行留之欢心"，得到了人们的承认和欢迎，不是官营的驿亭所能替代的。故而奏折一上，"朝廷从之"。民间逆旅业的经营灵活，一切从客人之便，生命力十分顽强，即使在战乱时期，也能继续经营。

除私人开设的逆旅之外，市场上的各类饮食店也为旅客提供食物。《三国志》卷二十九《魏书·方技传》载，华佗行道，"道边有卖饼家"，除出售饼外，还有蒜、醋等调味品供应。设立在通衢边的"卖饼家"，自然是为奔走道路的行人服务的。如《北齐书·彭城王浟传》载，隰沃县主簿张达在外投宿，吃了店家的鸡羹却倚仗权势不肯付钱，高浟知道后，就在许多官员面前责问这名赖账的官吏："食鸡羹何不还价直也？"

魏晋之前的行人出远门，除官吏外大多挟粮而行，民间的客舍大多不提供饮食服务，或者自行炊煮，或者到各类饮食店解决问题。但自隋唐之后，情况就开始发生变化。《资治通鉴》中说，唐太宗贞观年间，由于朝廷励精图治，与民休息，经济很快恢复起来，"天下大稔"，流落各地的农民纷纷返归乡里，粮食的价格也大幅回落，"斗米不过三四钱"。粮食的充沛，带来了供应的加大，因而"东至于海，南极五岭，皆外户不闭，行旅不赍粮，取给于道路焉"。政治清明的贞观年间，道路畅通，秩序良好，老百姓可以开着大门睡觉，路上的行人不需要带着沉重的粮食，有需求时都可以通过道路两边的服务机构获得满足。虽然这段言词有所夸大，但旅途饮食供应有了大的发展，也是不争的事实。

隋唐时期交通体系更为完备，驿传制度也相应更加周密。以通行两京的崤函道为例，沿途馆驿设置周全，并经由唐德宗的诏令，规定为"大路驿"，从法律上确定了崤函道在全国交通线路中第一的地位。

中唐时期崤函线驿站约 21 个，有急事乘快马二日可达。其中使用频繁的南道，沿途计有嘉祥驿、鹿桥驿、三乡驿、福昌馆、柳泉驿、甘棠馆、寿安山馆、三泉驿、甘水驿 9 个馆驿。沿途驿站的日常维护是地方官员的重要工作，唐玄宗时河南府官员上表表功："臣伏以当府重务，无过驿马。臣到官之日，唯此是图。"（《全唐文》卷三〇一《河南府论奏驿马表》）由于此线驿站的重要，开元二十六年（738 年），朝廷专门任命监察御史"检校两京馆驿"，统一事权，防止推诿扯皮。

除了驿站外，由于隋唐两代皇帝经常从崤函南道往来两京，在沿线还修建了大量的离宫别院，以供皇帝休息享乐。《贞观政要》中记载："隋炀帝广造宫室，以肆行幸。自西京至东都，离宫别馆，相望道次，乃至并州、涿郡，无不悉然。"唐玄宗也多次巡幸洛阳，沿途建造行宫，各有殿宇及屋千间以上。

宋代最重要的驿路是东京开封到西京洛阳之间的，其间共有6驿。大量的老臣离开官场后定居洛阳，如富弼、文彦博、司马光等，在洛阳研究学问，操控舆论，影响政局，所以两京之间的信息流转非常便捷，甚至连洛阳的牡丹，也要按例由驿路向宫中进贡。欧阳修在《洛阳牡丹记》中记载，每年都派牙校一员，乘驿马，一日一夜将牡丹送到京师。所送的品种，规定为姚黄、魏紫各数朵，放在特制的竹笼里，以菜叶覆盖，并用蜡封住花蒂，可以保证数日不萎。唐代"一骑红尘妃子笑，无人知是荔枝来"，宋代则是人人皆知是牡丹来。

隋唐两宋的民间旅馆更为发达，有两点尤为值得重视。一是出现了连锁经营的新模式。唐代产生了号称"驴驿"的新业态，据唐人杜佑《通典》记载："东至宋汴，西至岐州，夹路列店肆待客，酒馔丰溢。每店皆有驴赁客乘，倏忽数十里，谓之驿驴。"即从开封到长安沿路开分店，连锁经营，以酒菜丰美、出租乘驴为标准化的服务特色。二是食宿一体化。以前的民间逆旅不供饮食，旅客要自己携带粮糗，唐代之后则同时提供食宿服务。《太平广记》记载了一位叫作三娘子的旅店业主，在汴州（即河南开封）开有一家板桥店，有房舍数间，以供应餐饮为主业，同时经营住宿业务，能够一次下榻六七人，"远近行旅多归之"。旅店有了温柔的老板娘，总是更为吸引人的。

在城市里，旅店大多扎堆经营，宋代的商家早就明白店多成市的道理。孟元老的《东京梦华录》记述了东京汴梁的繁华气象，说在州桥东街巷往东，"沿城皆客店，南方官员商贾兵级，皆于此安泊"，是民宿旅店的集聚区。城内餐饮业非常发达，有72家大型酒店，有名的丰乐楼高三层，"五楼相向，各有飞桥栏槛，明暗相通。珠帘绣额，灯烛晃耀"。城内的酒楼供应各地口味的菜肴，四川的川菜、江南地方的南食，甚至西域各地的胡食，应有尽有，口味地道。各种小吃铺、大排档、流动摊点更是处处都有，烤肉、汤羹、炖菜、饮料、蔬果、包子、煎饼、面食等品种繁多。马行街与州桥的夜市通宵达旦，人气十足。在商品经济发展到较高水平的宋代，旅居与旅途饮食的水平自然也就远超前代了。

在元代广开驿路的基础上，明代进一步整治交通，完善了全国的驿传系统。明初驿递有驿站、递运所、急递铺三种。递运所负责运送物资和使客；急递铺专司递送公文；驿站则综有上述功能，运送使客，

河北井陉邮驿递铺

飞报军情，转运军需。明代中叶，急递铺废弃，递运所或改为驿站，或并入驿站，故驿站是明代最重要的交通运输机构。

四川剑阁驿道

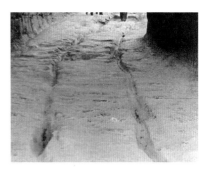
河北井陉驿道

驿站沿驿路配置。永乐皇帝迁都后，北京与南京二都并建，成为国内交通的两大中心。两京之间的通道是当时最重要的道路，两京与十三省之间均开辟水陆驿路，各布政司至所属府、州、县都有驿路相连。驿路与各种干线、支线、间道、便道一起，织成全国性的交通网。随着云南、贵州等地陆续纳入中央统治体系，明代的驿路向大西南延伸，岭表一家，万里通达。正如宋应星《天工开物》序言中所说："滇南车马，纵贯辽阳；岭徼宦商，衡游蓟北，为方万里中，何事何物，不可见见闻闻。"

明在京师设会同馆，在各州县普遍设立水驿、马驿，一般每30公里一驿，马驿置有马、驴，水驿置有船只，均凭符验调用。嘉靖三十七年（1558年）改用内外勘合，符验遂废。

［明］圣旨麻织符验

在明代的交通体系中，水路运输占有极其重要的地位。中国西高东低的地理走势决定了大河大江大多由西向东流淌，这种河流布局不利于南北交流。随着经济中心的南移，沟通南北交通已成为帝国发展

的头等大事。在隋代大运河的基础上，
元朝对大运河进行了改造，这条由杭州
北上、直通至北京的水上运输线被明朝
完全继承了下来，并成为当时全国最为
繁忙的黄金运输线。在明代，长江天然
水道也发挥了重要的作用。一纵一横的
两条水道，既将政治中心北京、经济中
心江南、粮食基地湖广连为一体，又联
结了众多的城市与旅游景观，因而又是

苏州横塘驿站（周仁德 摄）

当时最重要的旅游通道。沿着水道南来北往的赶考士子、赴任官员、
大小商船、进香民众多如过江之鲫，不停来往穿梭。

　　自魏晋之后，佛教、道教在中国发展迅速，僧寺道观也成为人们
的旅途宿息之所。寺院的经济实力、清净的环境和浓厚的文化气息，
使寺院十分投合出行在外的士大夫们的口味，投宿僧寺成为行人住宿
的重要选择。苏轼与他的弟弟苏辙一同从四川赶赴东京参加科考，路
经渑池（今河南省三门峡市渑池县），在一处寺院投宿，夜里两人兴
致不减，在寺院墙壁上留下了自己的诗作。多年之后，苏轼赴陕西凤
翔做官，苏辙写了一首离别诗寄给苏轼，诗名《怀渑池寄子瞻兄》，
表达了自己的依依惜别之情，以及对艰难人生的无奈感叹：

　　　　相携话别郑原上，共道长途怕雪泥。归骑还寻大梁陌，行人
已度古崤西。
　　　　曾为县吏民知否？旧宿僧房壁共题。遥想独游佳味少，无言
骓马但鸣嘶。

　　苏轼途中再次经过渑池，想起苏辙所作的这首诗，也作诗《和子
由渑池怀旧》相和。诗曰：

人生到处知何似，应似飞鸿踏雪泥。泥上偶然留指爪，鸿飞那复计东西。

老僧已死成新塔，坏壁无由见旧题。往日崎岖还记否，路长人困蹇驴嘶。

苏轼想起当年策驴赶路的困窘情形，又见当年的题诗踪影不见，接待自己的老僧已入极乐，不由得感叹起人生的起伏跌宕，悲欢离合，就如同雪地里偶然留下的鸿雁爪印，终会消失不见。其实人生的路程总会留下印记，又何必计较成败得失呢？人生需要达观以对，就如同脚下的道路，尽管崎岖曲折，但一定会通向远方，路上的人只要咬牙走过，就会留下自己的足迹。

三、他乡纵有当头月，不抵家山一盏灯

"他乡纵有当头月，不抵家山一盏灯"出自清代的小说《歧路灯》。作者李海观（1707—1790年），字孔堂，号绿园，晚号碧圃老人，河南宝丰人，乾隆元年（1736年）恩科举人，官至贵州印江知县。这本小说讲述了明代开封府祥符县（今河南开封市）富家子弟谭绍闻被诱堕落，浪子回头，重振家业的故事。谭绍闻在母亲的溺爱下，结交匪类，不务正业，把父亲气死后更加放飞自我，整日吃喝玩乐，斗鸡走马，出入花柳之地，沉迷赌博之场，最终弄到倾家荡产。后来在家人、亲友及义仆的规劝下，从歧路上浪子回头，迎着家乡的明灯努力上进，科考得中。这本书揭示了明清底层社会的真实状况，其中所涉及的行旅交通的各种情形，更是生动地反映了明清地方社会的通行百态。

书中第四十四回"鼎兴店书生遭困苦　度厄寺高僧指迷途"，讲述了谭绍闻为避赌债，从开封走到亳州（今安徽亳州市），再回到开

封的全过程。其中所述的行路、住店、饮食以及旅途安全等问题，生动地再现了当时交通的真实情况。

先是去租交通工具：

（谭绍闻）忽然想出逃躲之计。过了府衙门街口，只听得一个人说道："相公骑脚驴儿罢。"谭绍闻道："我正要雇脚哩。"那脚户走近前来问道："相公往那里去？"谭绍闻却无言可答。沉吟了一会，猛可的说道："上亳州去。"那脚户道："我不送长脚。"迟一下又道："相公要多给我钱，我就送去。"两个人就讲脚价。

谭绍闻到了亳州，由他亲戚所开店里的掌柜周小川陪同，以店里与客舍的协议价入住民间客店鼎兴店。书中详细描写了民间旅店的服务、设施等情况：

谭绍闻毫无意趣，只得出门。周小川陪同到了鼎兴店。当槽引着拣了第十七号一间小房，放了行李。周小川道："房价照常，每日十文，不用多说。"当槽笑道："周七爷吩咐就是。"……

谭绍闻生于富厚之家，长于娇惯之手，柔脆之躯，温饱之体，这连日披风餐露，已是当不得了。今晚住到鼎兴店，只得谨具柴床一张，竹笆一片，稻苫一领，苇席一条，木墩一枕，奉申睡敬了。当槽送上烛来，往墙上一照，题的诗句，新的，旧的，好的，歪的，无非客愁乡思。坐了一回，好生无聊，少不得解开褡裢，展被睡下。回想生平家中之乐，近日读书之趣，忍不住心上生酸，眼中抛珠，暗暗的哭了一会。哭的睡着了，梦里见了母亲，还是在家光景。叫了一声："娘！"却扑了一个空。醒时正打五更。二目闪闪，直到天明。这一夜真抵一年。

接着，叙述了第二天谭绍闻上街游玩及结识店中的江湖术士的情形：

> 起来时，当槽送脸水已到。洗了脸，要上街上走走，当槽送来锁钥说道："相公锁了门，自带钥匙，街上游玩不妨。"谭绍闻将零钱并剩下银子四两，一齐装入瓶口。走到街头饭铺里吃了茶，用了点心。往街上一看，果然逵路旁达，街巷周通，熙熙攘攘，好不热闹。有两句话，说得游子客况的苦境：虽然眼前有景，争乃举目无亲。
>
> ……
>
> 先二日还往街头走走，走的多了，亦觉没趣。穷极无聊，在店中结识了弄把戏的沧州孙海仙。这孙海仙说了些江湖本领，不耕而食，不织而衣，遨游海内，艺不压身。谭绍闻心为少动，遂要学那"仙人种瓜""神女摘豆""手巾变鬼""袜带变蛇"的一般武艺儿。免不了化费少许钱钞。

谭绍闻在店中烦闷不过，跑到城隍庙去看热闹，却不料盘缠被小偷扒走了。谭绍闻失了盘缠，到亲戚店里借钱不成，店家马上变了脸色：

> 谭绍闻双眼噙泪，到了鼎兴店。见了当槽的撩起衣来，指着瓶口窟窿说道："我的银子，被人在城隍庙门割去了。"当槽笑道："自不小心。"谭绍闻向自己房门去开锁，连钥匙也被人割去了。当槽脸上便没好气。只见周小川行里火头把当槽的叫到门前唧哝了一会儿。当槽的回来道："相公不要着慌，这是周七爷送来二百钱盘缠，叫相公回开封去哩。"谭绍闻瞪目无言。当槽的把钱放在窗台上，走到街上叫了一个小炉匠，把锁开了，推开门，即催谭绍闻装行李起身。谭绍闻道："我明日起身罢。"只见那当槽的把衣一搂，褪了裤子，露出屁股来，向谭绍闻道："上年在十四号房里吊死了一个小客官，且不说店里买棺材雇人埋他，州里汪太爷又赏了

我二十板，说当槽的不小心。相公，你看看我这疮疤儿。我不过是不要相公的房火店钱就罢。你还有人送盘缠，各人走开罢。"穿上裤子，早替谭绍闻叠起被子来。谭绍闻泪珠滚滚，只得装了褡裢。

被赶出来的谭绍闻只得又找了一家客店，挨过一夜，第二天就踏上了返回河南的道路。失了盘缠的谭绍闻，再也雇不起赶脚的了，只得徒步而回，却不想又遇上了坑蒙拐骗的：

看官试想，谭绍闻在家时，走一步非马即车，衣服厚了嫌压的脊梁背疼，茶热了怕烧着嘴唇皮。到此时，肩上一个褡裢，一替一脚步行起来，如何能吃消？走不上十五里，肩已压的酸困，脚下已有了海底泡。只得倒坐在一座破庙门下歇了。只见一个人背着一条扁担由东而来，到了破庙门前，也歇了脚。二人同坐一会，那人仔细端相了绍闻，开口说道："相公呀，我看你是走不动的光景，是也不是？"谭绍闻道："脚下已起泡了，委实难挨。"那人道："我与相公捎捎行李，到前边饭铺，你只管我一顿饭钱，何如？"谭绍闻不晓得路上觅脚力、雇车船要同埠头行户，觅人捎行李，也要同个饭馆茶肆才无差错。只因压的急了，走着脚疼，恨不得有个人替一替儿，遂欣然许诺。那人拿过行李，拴在扁担头挑将起来，一同起身西行。先还相离不远，次则渐远渐看不见，喊着不应。过了一条岭，那人飞风而去。谭绍闻喘喘的到了岭上，早已望不见踪影。又赶了一会，到个饭铺探问，饭铺人都说不曾见。凡从西来的行人，有迎着的，就问："见有一人，大胡子，挑着一付行李不曾？"只听得"没有"二字，如出一口。又前行遇一座饭铺，向一个年老掌锅的探问。那老掌锅的直埋怨他年轻，出门不晓事体，十分是被人拐了，又添出"没法"两个字。姑不说那一床被子几件衣服，周小川送的二百钱盘缠，也全被拐去，谭绍闻忍不住，竟是望西大放号咷起来。

这大路边上住的人，这样的事是经见的，那个管他。有撺掇他往西再赶的，有劝他忍耐回家的，各人图当下眼净自做生理。

谭绍闻只得仍含泪西行。走上二三里，看见一个破寺院，远远听有书声，肚内饿的急了，指望一饭之赐，遂望寺而投。

寺中有一个老教读，指点他到度厄寺蹭饭：

"如果十分没路，我可指一去处。前边十里许，有一座寺院，叫度厄寺，是挂钟板吃饭，常住接众的大丛林。相公到那可吃一两天饭，慢慢回家。"……

谭绍闻只得辞谢老教读，上度厄寺而来。忍饿到了寺门，果然好一个大丛林。坐在寺门一块石凳上不好进寺。少时，一个头陀出来，绍闻作揖，头陀问自何而来，绍闻道："河南开封人，因上亳州找寻母舅，路遇强人被劫，进退无路。心里想到宝刹暂停一宿，明晨打点回家。"头陀上下打量，不是捏言，告于职客和尚。职客的出来，绍闻仍如前说。忽听寺内鸣钟，职客的即邀进随堂吃饭。绍闻饱餐一顿。说要拜见方丈大和尚。

第二天谭绍闻继续上路，到了一个村庄，饿昏在人家门前。幸得这是一户行善的人家，正组织人力在村里修桥，就让谭绍闻帮着做"布施簿儿"的记录工作，管了七八天饭。修桥完工之时，遇上了乡里熟人，这才搭便车回到了开封。

谭绍闻的这段旅程，是当时底层社会的交通实景。民间流传的俗谚"在家千日好，出门一时难"，是有着充足的历史依据的。相比之下，官宦士子的行程，由于其享有政治的特权，可以免费使用国家的驿传，则显得舒服与威风许多。该书中记载了谭绍闻族中兄弟升任河南巡抚，不仅乘大船而来，而且家眷从南方搭官船远途而来，河南地方官府接力安排水陆转运，仔细周到，使人如沐春风。底层社会的互相伤害，在他们的旅程中是碰不上的。

> 却说二月初二日，谭抚台到任。先一日黄河大渡官船，彩画的如五色大虹一般，闱门大敞，纱窗四张，中间一根钻天高大桅，半空云中飘着一面大旗，上写"巡抚部院"黑布缝的字画。随带五六只大船，四乘轿，二马车，大车十辆，皮箱几百个，被套衣裙数十捆，从陈桥摇摆而来。这南岸鸾铃报马望见，早飞鞭向南跑讫。船至中间，又一匹报马望南电奔河南彩棚。
>
> ……………
>
> 正说话时，报镇江家眷船已到商水县周家口，沿河州县送下程、办纤夫，传牌已到朱仙镇。镇上官员催点拉纤夫一百五十名，预备伺候。飞马走报辕门，传宣官说，大船到周家口换小船，好进汴水。……
>
> 果然又一日，报汴河船明日泊朱仙镇。这首县已将轿马伺候停当，谭绍闻坐轿，梅克仁及十个干役，各骑马匹，巳牌时到了朱仙镇。南船日夕方拢岸，轿子抬进公馆。谭绍闻禀见了嫂太太、姊太太，说了明日早晨起身的话。到了次日将午，已抵开封南门。许多微员末弁，随路陆续来迎，俱是谭绍闻应承开发。三声大炮，进了城门。不多一时，又三声大炮，太太八座大轿进了院署。那八九顶四人轿，俱自角门而入，通进了内宅。车上小厮幼婢，亦俱进内宅。

明清时期是封建等级制度极为严苛的时期，官员士子掌握着社会的众多资源，享受着社会的诸多优待，在交通方式的选择、交通工具的组合以及旅途舒适性方面，有着较大的选择权。其实不独明清如此，此前的历朝历代也是大体相同的。所以古代社会所谓的交通便捷，其实并不是所有人的便捷。要想自由地实现空间移动，需要许多外在的条件，而这，正是底层社会的人们所缺乏的。

第四章

雄关当道，远行珍重：
古代交通的管理制度与习俗

　　道路体系建成之后，能否真正物尽其用，还受制于社会的政治环境、经济环境与文化环境。在古代社会，道路最主要的使用者当然是政府的官员、游学的士子、军队的士卒以及长途贩运的商旅等。对于汪洋大海般的底层百姓，尤其是乡村的农民，封建政府往往施加诸多的出行限制，通过险关要隘限制通行，通过符节、过所等通行文件限制出行，从而保证农业社会的稳定与农业人口的固定。同时，道路毁坏、治安恶化以及路匪劫道等问题的长期存在，也使实际的通行效果大打折扣。所以古代社会的出门远行其实是比较困难的，出行在外的安全也是难以保障的。在这种情况下，人们就会通过种种办法，如敬神、择吉等，做足出行准备，来提高自己的出行效率，由此也就形成了一些固有的出行制度与习尚。

一、符传过所，路引公验

　　自从人类进入文明社会之后，天下的路便不能随意地走了。有些路号称御道，只能供皇帝通行，比如：秦代的驰道宽达 50 步，中间的路面只能供皇帝通行，即便是太子也不能擅入。有些路地处要冲，是国防要地，闲杂人等不得出入。汉文帝时匈奴入寇，周亚夫军屯细柳（今咸阳西南），汉文帝劳军至营门，被呵止不得驰入，出示了符节方才得以进入。古代国家为了维护统一稳定的局面，往往会在水陆交通必经的咽喉要道上设立关卡，陆路称"关"，水路为"津"，以控制人员的随意流动，并履行盘查行人的职责。

安徽徽州的古城关卡（魏向东　摄）

这个制度早在先秦时期便已形成，出入"关""津"，必须提供相应的通行凭证，战国时称之为"节"。据《周礼》介绍：出入关门用符节，运输货物用玺节，通行道路用旌节。根据任务的不同，不同的"节"都有不同时长的有效期，到期则须归还。在外通行的人都须持节，无节不得通行。今天我们可以见识到战国节的真实模样，安徽省寿县出土的鄂君启节，是楚怀王颁发给鄂君启的通行凭证，共出土5枚竹节形青铜节，包括3枚车节和2枚舟节，上有铭文，规定了水陆运输的范围、舟车的数量等，还给予了过关免税的特权。

秦是一个律法森严的朝代，就人们的出行颁

鄂君启节

战国"王命传"铜龙节

布了一系列的法令，在《游士律》《捕盗律》《行书律》《传食律》《关市律》等律令中都有禁止非法出行的相关内容。其中规定，公务人员须持符节通行，并获得驿亭接待，而普通百姓则须持符传通关，并须缴纳相应的过境税费。符相当于今天的介绍信，节是公务人员的身份证明，传则是百姓商旅出入关津的通行证。汉承秦制，但在一般人的出行中，传则是最主要的出行证明。《汉书·景帝纪》中说："四年春，复置诸关，用传出入。"汉代的传多由木片制成，上面会附带一系列的信息，如颁发日期、颁发官员名字、持有者姓名、过关事由等，以供关津核查。

东汉以后，通行文件被称为"过所"，这一名称一直沿用到唐代。过所上要注明持有人姓名、身份、年龄、籍贯、外出事由、目的地及

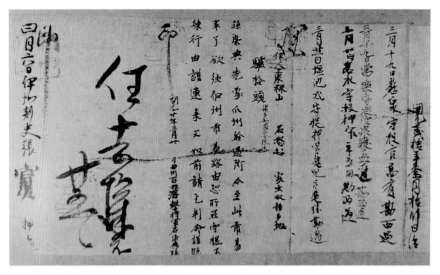

唐代过所

所经关津名称，同行人员姓名、年龄及籍贯，随行奴婢姓名、年龄，携带物品的名称及数量，甚至携带牲畜的名称、口齿及数量等都要写清楚。《魏书·东阳王元丕传》载，当时洛阳一带大旱，百姓饥无所食，冯太后很是忧虑，想放百姓离开灾区，出关就食。但饥民人数众多，发放过所要逐一登记，时间迟缓，延误救灾时机，不发过所，又怕出行的人中"奸良难辨"，就下令群臣商议办法。东阳王元丕建议：发动在洛阳的官员，每人各带2个吏员，专门负责发放过所，地方州郡也照此行事。这样只需3日便能完成，"有何难也"？魏孝文帝"从之，四日而讫"。虽然情况特殊，但朝廷还是坚持过所制度，办理的速度比平常也要快得多。

唐中期之后，开始同时使用"公验"，但其使用范围仅限于相邻行政区域之间的人员流动。与过所相比，公验申请手续较为简便，受到社会欢迎，到五代时就取代了过所，成为两宋时期的主要通行证明文件。

明代的通行证称为"引"，也叫路引。明初严控人口流动，凡出行者都要到官府缴纳一定的费用取得路引，各地城镇、关卡均要验明路引才可放行，《明实录·太祖实录》所谓"乡民商旅，则各以户帖路引为验"。路引与住户的户帖一样，是流动人口的身份证明。万历年间，刑部侍郎吕坤在他的《实政录·远行丁引》中设计了路引的标准格式：

> 某州县为远行，照得本州县卫所某百户某人，年若干岁，身长几尺，无须、微须、多须，方面、长面、瓜子面，白色、黑色、紫棠色，有无麻疤。今由某处，前至某处，何项生理，家有父某人，母某氏，妻某氏，子某人某人，兄某人，弟某人，如无丁引，或有引而脚色不对者，所至店家邻佑，或在官各色人等，拿赴所在衙门，即以奸盗解回原籍查究，此引回日缴还原发衙门。须至

丁引者。右给付某处某人准此。州押印、县押印。

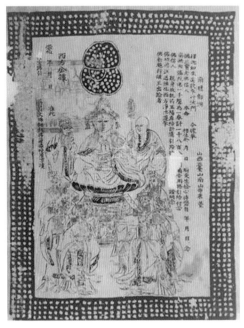

明崇祯年间五台山南山寺佛教路引图 （洛阳民俗博物馆藏）

路引由本人向州县衙门申领，负责此项工作的官吏要对申领者详加审核，弄清外出缘由、时间、目的地等事项，根据路引的标准格式，注明申领者的体貌特征，登记持引者家人身份等信息，便于关卡、店家等查验者根据路引登记的各项目查验。回乡之后，须向当地政府缴还路引。这种详细的信息登记，不仅有助于防止冒名顶替，也有助于维护社会治安。《涌幢小品》卷十二曾载一则事例，说陈琰按察云南，侦破了一起杀人案，"一日召其家长，闭诸后堂，复遣人诣其家，文书匣检阅，有江西贩客路引"，由此坐实了江西贩客的罪人身份。

《大明律》规定，路引不准转让，不准无引私自外出，不准逃避关卡查验，违者严惩。1575 年，葡萄牙传教士拉达描述明代的居民出行，其中也提到了路引制度："人们不能离开他的本县，如无文字许可的话，哪怕到同一省的其他县去都不行。如果有人这样做了，那他马上被投入监狱并受到严惩。他们通常发的这些许可证，上面盖有守令和其他官员的若干印章和签押。"（拉达：《记大明的中国事情》）清代沿用明代制度，满人、汉人均须持引外出。

明清两代对路引制度的贯彻执行，不仅是出于减少百姓流动、维护政权稳定的政治考虑，还有很大一部分的经济原因。路引是地方政府收入的重要来源之一，百姓要取得路引必须付费，在明代诸帝的《实录》中屡见各地方官报告地方征收商税路引的情况，如《明神宗显皇帝实录》卷之二十三："万历二年三月丙子朔，户部覆河南抚按题，该省商税、税契、路引三项，共一万五千三百一十余两，准留补给宗室禄粮。"路引收费，这对商人来说还可以承受，但对生活贫困的乡村居民则不是一件容易的事，无形中就会打消不少人的出行欲望。

路引要收费，过关更要缴税，这是自先秦以来就已形成的惯例。而设关收税，为各地的贪官猾吏提供了来钱的门道，随意征收、肆意刁难的事情屡见不鲜，极大地影响了道路通行效率。在小说《歧路灯》第七回中提到，谭孝移自开封往北京，就在天子脚下，碰到了只要钱、不验货的征税关吏：

　　却说谭孝移黄河已渡，夜宿晓行。过邺郡，历邢台，涉滹沱，经范阳，到良乡住下。……孝移又问道："这良乡到京，还有多远呢？"长班道："六十里。"孝移道："明日再起五更，傍午可以进京。"长班道："明日日落时进京，就算极早。"孝移道："有什么耽搁呢？"长班道："过税。"孝移道："带的东西该过税，就上几两银子。不过开开箱笼，验看物件，我们再装一遍，有甚延迟。"长班道："嘻！要验箱子却好了。那衙役小班，再也是不验的，只说是赏酒饭钱。开口要几十两。这个饭价，是确切不移的。要不照他数目，把车儿来一辆停一辆，摆的泥屐儿一般。俟到日落时，要十两给他八两，也就行了。若说是个官员，一发他不理。俗说道：'硬过船，软过关。'一个软字，成了过关的条规。"孝移道："明日随时看罢。"

　　到次日五鼓鸡唱，大家起来。一主两仆，一班役，一车夫，一齐望大路赶赴京城。到了午刻，抵达税亭所在。果然不验箱笼，不言税课，只以索饭钱为主。班役同德喜、邓祥，见了管税的衙役小马之辈，一口咬定二十两。回来禀与主人，说："税上着实习难。"孝移吩咐送银十六两，以合说十两与八两之数。班役袖着银子，藏过两个锞儿，交与税桌十四两。那小马仍然不肯依。但欲已满了八分，也就渐渐收下。班役回来，催车夫起身，仆役还唧唧哝哝怨恨税役。孝移叹道："小人贪利，事本平常，所可恨者，银两中饱私囊，不曾济国家之实用耳。"

　　由此可见，在古代中国，虽然大路通畅，但要随意地畅行天下，显然是不太容易的。

二、出行艰危，卜日成行

　　古代中国是一个以农立国的国家，农业生产的基本规律，是要求耕作者固着在土地上侍弄庄稼，春种而秋收。生产规律决定了农业民族的生活方式必然是安土重迁，频繁的空间移动是不被提倡的。从维护封建统治的角度考虑，人群脱离政府的控制，仆仆于路途之上，会给统治者带来政治失控的感觉。历代封建政府都有将人口游移视为社会不安定因素的政治传统，并不是一种偶然的现象。从经济的角度而言，中国古代向来重农抑商，政府收入基本都着落在农民身上。明代江南经济非常发达，富商豪绅生活异常奢华，而政府府库里却是空空荡荡。政府要增加收入，基本上就是靠给农民增加税赋，这就更不允许农民离开土地到城里从事工商贱业了。如上所述的关津通行的限制性政策，就是对农民离乡远行的一种预防。另外，重视伦理的儒家文化一直倡导"父母在，不远游"，以"孝"为核心的伦理规范深入人心。孝道最直接的表现就是父母健在，儿孙绕膝，母慈子孝，其乐融融。要侍奉父母，当然不能离家远行，即便像徐霞客这样的大旅行家，也是在母亲的鼓励下才踏上旅程的。因而在古代的中国，无论是在朝廷政策倡导的层面上，还是在人们日常的生活实践中，旅行都会有意无意地受到种种限制。古代社会的底层农民，很多人一辈子生活在自己的村落中，出门十几公里就足可自豪地称为远行了。如果不是因为服兵役或徭役，有的人可能一辈子都不知道外面的世界究竟是个什么模样。

外面的世界究竟怎么样，在信息匮乏的古代社会，人们是难以了解的。而王权不下乡的现状，也使得朝廷对广大乡村的控制流于形式，对荒郊野外道路的治安维护更是力不从心。在政治清明的王权大一统时期，道路通行情况还好，但在分裂动荡、战火纷飞、政治黑暗的时候，道路毁弃、关卡林立、官匪一家、盗贼纵横，给远行客的生命财产带来了威胁，恶劣天气、山林野兽、食宿供应、疫病防治等不可预知的因素也同样难以应对。前述《歧路灯》中谭绍闻从开封到亳州的往返旅程，充分说明出门在外的不确定因素太多，故而很多人会产生江湖险恶的过度解读，对出门远行抱有畏惧甚至拒绝的态度。

事实也正是这样的。北魏灭亡后，东西魏对峙。当时道路交通状况恶劣，就连500个士兵在一起也不敢轻易上路，还得求助于著名的豪侠。《北齐书·李元忠传》载，清河郡（今河北省清河县）有500人戍边而还，经过南赵郡（今河北省隆尧县东），因道路断绝，投奔李元忠，以绢千匹作为礼品，请求李元忠护送他们返家。李元忠仅受一匹绢，派遣自己的奴仆为向导，吩咐道："若逢贼，但道李元忠遣送。"一路上的盗贼听到李元忠的名号，"皆舍避"。李元忠的一句话，不但比国家法令管用，还比500个戍卒的战斗力更强。元季海在西魏为官，其妻李氏带子元亨滞留洛阳，为东魏高欢所软禁。李氏乃暗中托著名的豪侠李长寿携元亨等人西奔长安。在两国交恶、交通隔阻、盗贼横行的情况下，李长寿竟能带着一群小儿安抵长安，说明地方豪侠对地方各种利益集团的影响力是很大的。这种以个人能力来保证路途通畅的事例，反过来说明了出门远行是一件多么困难的事情。

出门对不同的人来说，难度是不一样的。对无权无势的底层百姓而言，出门在外，任受欺凌，甚至客死他乡，都不是什么罕见的事。但对于掌握政治经济权力的权贵、官员、士子、商人等来说，难度明显就下降了很多。《世说新语》载，西晋平吴之后，吴中著姓陆机往洛阳谋求发展，随身带了大量的财宝。在江淮一带，"游侠不治行检"的戴渊纠集盗贼"攻掠商旅"，这次碰上了"辎重甚盛"的陆机，当然不肯放过，就指挥手下人"掠劫"。陆机是将门子弟，眼光甚是敏锐，晓得在岸上指挥的人是关键，不由得仔细打量起来。戴渊"据胡床，指麾左右，皆得其宜。渊既神姿峰颖，虽处鄙事，神气犹异"。陆机就站在船屋上对他说道："卿才如此，亦复作劫邪！"戴渊受到了震动，便投剑归顺陆机，后来在东晋时做到了征西将军。

正由于出门不易，吉凶莫测，所以古人需要做大量的准备，通过种种手段趋吉避凶。古人认为，万物皆有神，道路有路神。路神管理天下的山川道路，出门跋山涉水就应祈神禳祷，才能避过灾殃。这种祭祀路神的活动称为"祖"。《左传》中记载，昭公七年"公将往，梦襄公祖"。晋人杜预解释道："祖，祭道神。"祖道的习俗在秦汉魏晋时期一直延续，司马迁在《史记·刺客列传》中浓墨重彩地记述了荆轲辞别之时，燕太子丹在易水之上为他举行"祖道"仪式的情形：

> 太子及宾客知其事者，皆白衣冠以送之。至易水上，既祖，取道。高渐离击筑，荆轲和而歌，为变徵之声，士皆垂泪涕泣。又前而为歌曰："风萧萧兮易水寒，壮士一去兮不复还！"复为慷慨羽声，士皆瞋目，发尽上指冠。于是荆轲遂就车而去，终已不顾。

在举办过祭祀路神的祖道仪式之后，荆轲在易水之畔慷慨而歌，在群情激昂中登车而去，从容赴死。易水之畔的悲歌，也就成了千古绝唱！

这个事例还无法反映出祖道的真实用意，只是说明这一时期人们远行，都会举行"祖"的仪式，祝愿行人路途平安，一切顺遂。东汉时期的著名经学大家蔡邕写过一篇《祖饯祝》的文章，用作祖道仪式时的祝词。

> 令岁淑月，日吉时良。爽应孔嘉，君当迁行。神龟吉兆，林气煌煌。著卦利贞，天见三光。鸾鸣雍雍，四牡彭彭。君既升舆，道路开张。风伯雨师，洒道中央。阳遂求福，蚩尤辟兵。仓龙夹毂，白虎扶行。朱雀道引，玄武作侣。勾陈居中，厌伏四方。往临邦国，永乐无疆。

这篇文章将祖道的本意表达得淋漓尽致。文中把各路神仙都拉了过来护驾，青龙、白虎、朱雀、玄武四大瑞兽，只能在行人的车旁侍卫扶持，天朗气清之时，车驾开动，众邪辟易。人们相信，经过这样的仪式与祝祷后，路上的凶险就可以化解于无形之中。

除了祖道外，人们还借用一些神秘手段，来获知神的谕意。卜筮就是通过观察龟甲、蓍草等形状，预言未来吉凶的方术。从商朝时候开始，就有了出行占卜的做法。他们用火灼烧龟甲或兽骨，根据裂纹的走向来预测吉凶。这在安阳殷墟遗址出土的甲骨文中也得到了实证。

对神灵的虔敬，导致了出行禁忌的出现。干宝《搜神记》卷四引用《五行书》的说法："河伯以庚辰日死。不可治船远行，溺没不返。"在神鬼之说猖獗的古代，有不少像这样的出行禁忌。禁忌是一种消极性的预防手段，避免人们去做那些可能会带来灾害的事情。在出行禁忌方面，最重要的是选择吉日出行，人们相信，这样就可以躲避无法预知的各种伤害。

慎重选择出行日期的民间习俗，有着非常久远的历史。1975年12月，考古工作者在湖北云梦睡虎地发掘了12座战国末期秦代的墓葬，其中11号墓出土了大量秦代竹简。在这些秦简中，包括《日书》甲种和《日书》乙种。《日书》是为人们确定时日吉凶，以便行事择吉避凶的数术书。在总计425支竹简中，文字涉及行、归、宜、忌者多达151支，占比35.5%，不仅数量十分可观，其禁忌之繁杂尤为惊人。全年行、归忌日超过151日，占全年总日数的41.4%，由此可以看到民间出行禁忌的严苛。

到了明代，伴随着印刷业的发达，注有出行吉凶的历书大量印行，人们只需在出行前翻阅查询即可。黄历上的每一天，都会不厌其烦地注明各种宜忌，指导人们的行为。依宜忌行事，被人们认为是理所当然的事情。在明代民间日用书籍中，关于时间禁忌的记载是其中重要的内容。如《五车拔锦》卷十七专立了《克择要览》一卷，指导普通百姓根据事情类别不同，选择相应吉日。其中标注，一个月的30天中，有11天为凶，不宜出行，19天为吉，可以出行。通过这种明白通俗的记述方法，让更多的老百姓避免了自己推算吉凶的困难，只要识得几个大字，就可一书在手，尽知每天的休咎祸福。要出行，先择日，成为当时约定俗成的做法。在不少明人的游记、行记中，都可以看到择吉日、卜吉时的记载。如：王世懋游福州鼓山，卜得的吉日是十七日，吉时是清晨；王弘诲由南京出发，游句容茅山，听取了占卜者的建议，选择在十九日出发。如碰到无法选择吉时的紧急事情，也有办法取代，《五车拔锦》告诉人们，可以画出特定图案，做出特定手势，口中念咒："吾今出行，禹王卫道，蚩尤避兵，贼盗不得起，虎狼不得行，远归故乡，当吾者死，背吾者亡，急急如九天玄女律令。"

从今天的角度看，这些做法迷信愚昧，很不科学，但在当时的文明水平下，却是人们为了解决出行平安问题所做的有益努力，尤其在心理暗示上可以起到意想不到的效果，对帮助人们鼓起勇气，克服恐惧，走出家门，畅游天下，起到了无法替代的作用。

三、路书攻略为引领，行李山装齐准备

出行在外，需要在异地度过一段时间，时间与空间搭配得合理与否，各种支持异地生活的物质要素是否准备齐全，都会直接影响到出行的质量。尤其在古代社会各类服务设施与支持系统不太健全的情况下，每一次出行，都不是一件随随便便的小事。官员们可以借助于国家的驿站系统，来实现自己的空间位移，而普通人则没有这样的特权，要克服空间距离的阻碍，获得满意的行程，是相当困难的事情。所以在出行之前，一些老练的旅行者都会做游程计划，以妥善地安排路程与时间。

首先，要筹集充足的旅行费用。以魏晋南北朝时期为例，官员可以依靠国家公务开支，由驿站提供食宿，地方政府财政开支中为此专门列有送迎钱。对一般旅行者而言，旅费都需要自己准备。由于历代钱制不一，各个时期的旅行者旅费构成是不一样的。魏晋南北朝时期的旅费构成既有钱，又有米，还有绢，这和当时市场上钱物并行的经济惯例是适应的。但是，铜钱质地较重，实物则不仅重，而且体积大，人们携带不便，由此旅费的数量就受到了限制，一般为钱数千文或米数斛。《晋书·食货志》记载晋惠帝被赶出洛阳后，一路逃难，后来叛乱平定，他返驾洛阳，"囊钱三千以为车驾之资焉"。《魏书》记南梁萧宝夤投奔北魏时，"腰系千许钱"。《晋书·魏咏之传》记载，任城人魏咏之生下来就有唇裂的毛病，长到 18 岁的时候，听说荆州刺史殷仲堪帐下有一个名医能治疗此疾，但家贫无法准备丰裕的行装，

只能带着数斛米西去荆州。米数斛与钱数千的价值大致相当。《晋书·习凿齿传》载桓温赠送一个知天文的占卜者"绢一匹，钱五千文"，作为其返回蜀地的旅费。可见这一时期的数千钱、数斛米，是当时旅费的大致标准。

其次，要了解出行的相关信息。为出行方便，人们需要了解各地山川道路的情况，地图得以出现并得到应用。西晋的裴秀是中国地图理论的奠基者之一，他考察了《尚书·禹贡》中山川河流的记载，结合古代的九州和当时十六州的郡国县邑及水陆径路，绘制成地图十八篇，称为《禹贡地域图》。这就为人们的出行提供了很大的便利。不过这类地图都是国之重宝，一般人是看不到的，人们大多通过前人的游记与相关著作，从中获取有用的信息。

到了明代，随着科考、商贸、旅游等出行活动的日益增多，各类道程路书、出游行记大量刊行，为很多潜在的旅行者提供了出行的便利。人们或者购买道程路书，或者阅读出游行记，以为自己规划行程，指引出行。晚明知名的文学大家袁宏道在苏州为官，邀请好友陶望龄来游太湖，而陶望龄之所以欣然成行，是因为他读了蔡羽写的《洞庭记》，想来拜望蔡羽，并一游太湖山水。晚明著名旅游者王思任游太湖，也是因为读了文坛领袖王世贞、汪伯玉等名人的游记，大致了解了出行中的诸多注意事项。

晚明时期印行了大量的天下山川图说，介绍天下的名山胜水，其中最著名的是杨尔曾著的《新镌海内奇观》。杨尔曾，杭州人，是当时著名的书商。他看到很多人限于各种条件，无法四处游览，但又迫切希望了解家门外的世界，所以就搜罗了大量的天下山川图说，将之汇为一册出版，将山川胜景传之同好。与一般的山川游记不同，杨氏为便于更多人阅读以了解山川名胜，采用了图文对照的方式，方便了不少文化水平不高的人阅读，成为他们的旅游指南。

再次，要准备适用的出行装备。这有个专门的名词叫"治装"。

"治装"就是整理配备出行需带的各种物品，以满足旅途中的吃、住、行、游等需求。晚明旅游之风盛行，游山玩水是最主要的旅游活动，故时人也把出游装备称为"山装"。

山装所包含的内容并无统一的标准，大体上，可将出游装备分成两个大的类型：第一类是满足旅途过程中生命存续和生活需求的器具，以食具、卧具为主，再辅之以旅途生活所需的其他用具；第二类则是追求精神享受的器具，它不是旅途生活中维持生命的必备要素，但却是展示旅游生活区别于日常生活的重要组成部分，也是获得特别旅游体验的载体与手段。

高濂，杭州人，他的著作《遵生八笺》刊于万历十九年（1591 年），其中有关于出游装备的专章论述。他专门设计了游山饮食的器具提盒与提炉。提盒式如小厨，下面留空，装酒杯、酒壶、筷子等，上部分为 6 格，分别安放水果、菜肴，外面用一个总门将之关住锁牢，非常轻便，足以供 6 人饮食所需。提炉样式同提盒，内有铜造水火炉，左孔供茶，右孔注汤，还可煮粥。另外配有小巧的叠桌、坐毡，可随地进行野地热食。

高濂《遵生八笺》中山游提盒图式

高濂还精心设计了满足旅途中物质生活与精神生活需求的"备具

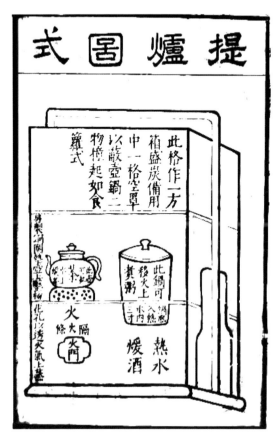

高濂《遵生八笺》中山游提炉图式

匣"，内"置小梳匣一，茶盏四，骰盆一，香炉一，香盒一，茶盒一，匙箸瓶一。上替（屉）内小砚一，墨一，笔二，小水注一，水洗一，图书小匣一，骨牌匣一，骰子枚马盒一，香炭饼盒一，途利文具匣一，内藏裁刀、锥子、挖耳、挑牙、消息肉叉、修指甲刀锉、发剧等件；酒牌一，诗韵牌一，诗筒一，内藏红叶各笺以录诗，下藏梳具匣者，以便山宿外用"。备具匣容纳了旅途生活中诸多要使用的各类小物品及风雅清玩，井井有条，取用方便，可以想见，山中的夜晚不会太无聊。

　　旅途药物方面，或以葫芦杖头挂带盛药，或携带水火篮，内实应验方药、膏药。另外，晚明文人出游多带奚囊，偶有所思、有所得，即随手写下片言只语，投入奚囊中，回去后再加以整理。明人许多的游记、诗词，其实都是这样创作出来的。晚明的文人游具，体现了传统文人追求舒适便捷、彰显清雅品格的特征，也体现了人们出行经验的丰富与旅途生活的智慧。

　　最后，要制作旅行攻略，确定旅行计划。这个攻略，当时称为"程期"。黄山是明代新起的一座旅游名山，很多人对黄山的情况都不甚了了。当时的文坛名流汪道昆身为歙人，对黄山比较了解，曾多次带人游玩黄山。他在《太函集》卷七十五《游黄山记》中介绍了一次当地官员与一班文人游黄山的经历。当时旅游队伍来到黄山脚下，由于情况不熟，不知如何安排接下来的行程。汪道昆"为之部署，定程期"：一夜宿竹鱼庄，由汪的亲戚为主人招待；二夜息冷风阁，是汪道昆隐居的所在，由他妻家亲戚招待；第三天就可以准备上山游览了。这班人就按照汪道昆的建议，开始了自己的游程。

时间长度与景点多少是确定游程计划的关键。袁宏道在《袁中郎全集》卷十《嵩游第四》一文中曾批评一些游嵩山的人，用一两天的时间，山前一过，草率了事，未得游山真谛。他指出：嵩山之游起码需要 5 天的时间，"始为不负此山也"。具体的安排是，韩公之龙潭、欧公之天门泉、范公之三醉石，都不能一天就游完，需要细细体味观赏。"今之游者一宿少林，舆而过太室之前，至嵩庙天中阁倚栏一观，归而向人曰：吾已尽嵩山矣。"这是连嵩山的外观都未看全，更遑论把握嵩山的精髓了。徐霞客在其游记中也记载，他每出行，必定"程期"，也就是通过对空间距离的估算，确定路途时间和每地逗留时间，从而框定整个游程的具体路线与时间长度，以把握与控制整个游程。由此，徐霞客才能完成他"以性灵游，以躯命游"的伟大旅行事业。

要完善地做好出行之前的诸多准备工作，没有一定的经济实力，没有一定的知识能力，没有一定的出行经验积累，是做不到的。所以古代出行的永远是一小部分人，绝大多数的底层民众是封闭在自己的小天地中的。古代社会的旅行主角，都是掌握了一定的政治、经济、文化资源的群体，尽管他们可以享受到相关的出行便利，但人在异乡，依然存在诸多的不便。所以，凡事预则立，有了充足的出行准备，就能够从容地应对旅途中的各种不测事件，总是比仓促间说走就走感受更好、收获更多，更能够保障旅行的顺利。在旅行环境并不怎么优越的情况下，这或许也是人们总结出来的旅行智慧吧。

第五章

老家河南，家在洛阳：
离别诗文锤炼出的家国意象

古代的中国人向来生活在大家庭中，亲人团聚是生活中最大的幸福，习惯了嘘寒问暖、充满温情的生活环境，一旦孤身飘零在外，则会带来极大的情感冲击，思念家乡、眷恋亲人，往往成为游子心中永恒的主题。更何况古代社会的一趟远行，需要花费较长的时间，一朝分别，动辄经年，在极端的情况下，生离甚至会演变成死别。即便死别也要狐死首丘，望向家乡的方向。故而中国古人向来重离别、伤别离，不但出行之际会有隆重的仪式以慰离情，远离家乡的时日中也不断以各种诗文以慰别绪。而这种种的情感寄托，毫无例外地都指向亲人和家乡，表达出对共同生活的那片土地的高度认同与深情大爱，彰显了人们对故土乡情的终极归属感与家国情怀。

一、祖道饯行，于洛之滨

《诗经·大雅》中有一首诗，名曰《崧高》，起首便是"崧高维岳，骏极于天。维岳降神，生甫及申。维申及甫，维周之翰。四国于蕃，四方于宣"。这段诗是说嵩山高峻直达于天，诞育了大周王朝的两位贤良，甫侯申伯的封国是王室的屏障，要把周王的恩泽传播于四方。这首诗其实是周王让申伯去往封国就藩，在祖道仪式上宣读的训诫之词。

如前文所说，祖道是一种祭祀路神的仪式，祈求神灵保佑出行顺利。这个仪式必须在郊外举行，由軷和饯两个环节组成。軷要先设軷坛，就是堆一座土丘，在坛上设立路神的神主，向神灵敬献牺牲，天子用犬，诸侯用羊，卿大夫用酒脯，即酒和干肉；再由主持者诵祖道祝词，前文提到的蔡邕所写的《祖饯祝》，就是在这个环节诵读的。然后就是饯的环节，与会众人在軷坛之侧饮酒送别、互道珍重后，车驾从軷坛上驰过，象征破除险阻，一路平安。这样，祖道的仪式才告结束。这个仪式在周天子主持的时候程序比较严格，以后就逐步简化了。秦汉时期所举行的祖道仪式，已经不如先秦时期烦琐，但依然比较严肃庄重。大家相信神灵是有能力为虔诚的人们赐福的，祖道所有的内容与活动都是为了彰显神的威能，故在祖道之时，更侧重于軷的环节，以取媚于神。

但变化正在悄悄发生着。西晋王朝立都洛阳，虽然王朝存续的时间不长，但天下刚刚由三分归向一统，吴蜀的士人官员纷纷来京，所以迎接与送别的活动经常举办。编纂了中国第一部博物学著作《博物志》的西晋大臣张华，曾写过一篇《祖道赵王应诏诗》："发轫上京，出自天邑。百寮饯行，缙绅具集。轩冕峨峨，冠盖习习。恋德惟德，永欢弗及。"这首诗名中虽有"祖道"，但通篇说的是群官为赵王饯行，祖道娱神的内容几乎一字未及，可见时人祖道的重心已侧重于饯行送别了。

这个苗头其实早在三国时就已出现。《三国志》卷三十二《蜀书·先主传》引《英雄记》载，刘备"欲还小沛，遂使吏请降（吕）布。布令备还州，并势击（袁）术。具刺史车马、童仆，发遣备妻子、部曲、家属，于泗水上祖道张乐"。吕布为与刘备共同攻打袁术，特地为刘备准备了刺史的全套仪仗，并将刘备的妻子、部属还给刘备，在泗水之上举行了不同流俗的祖道仪式，以供大家取乐。这其实是受到乱世之中生命朝不保夕的影响，豪族名士疯狂追欢逐乐，祖道的气氛也由沉重转而变为轻松。

这种倾向在两晋南北朝长达几百年的大战乱中得到进一步强化。如《晋书》卷九十二《文苑·袁宏传》载，谢安为扬州刺史，袁宏从吏部郎出为东阳郡太守，大家相约于南京城外的冶亭举行祖道仪式。在众贤毕集的时候，谢安就想试试袁宏的随机应变之才，出其不意地握住袁宏的手，回头从随从手中取一把扇子送给袁宏，作为赠别的礼物。哪知袁宏反应神速，应声而答："辄当奉扬仁风，慰彼黎庶。"这既切合了扇子的功用，又点明了太守的职责，巧妙而又切题，得到全场的一致称赞。这一场祖道之会，成了谢安捉弄袁宏和袁宏借机一展才能的最佳场合。同样，《梁书》卷五十一《处士·陶弘景传》载，南齐武帝永明十年（492 年），素有大名的"山中宰相"、道士陶弘景"上表辞禄，诏许之，赐以束帛。及发，公卿祖之于征虏亭，供帐甚盛，车马填咽，咸云宋、齐以来，未有斯事，朝野荣之"。天子赐帛，酒水供应丰盛，贵人车马喧阗，祖道之会成了彰显帝王荣宠以及影响力的场所。祖道氛围的变化，使得祖道娱神的功能日益淡化，逐步退居次要地位，而饯行活动则越来越重要了。

　　隋唐时期，祖道作为国家礼仪中的一项活动在名义上依然存在，在现实生活中也依然使用这个名头，如李白《经乱离后天恩流夜郎忆旧游书怀赠江夏韦太守良宰》一诗中说："祖道拥万人，供帐遥相望。一别隔千里，荣枯异炎凉。"但此祖道已非彼祖道，其实大多指的是饯行了。《说文解字》曰："饯，送去也。"意思是为远行之人送别。徐锴解释说："以酒食送也。"饯行必有酒，有酒必有诗，畅饮琼醪与诗歌唱和，便成为古人饯行的必备节目了。

　　饯行之会中以诗相送，是魏晋以来就有的传统。魏晋南北朝时期社会动荡，战争频仍，生命非常脆弱，促进了人们生命意识的觉醒。而交通不便，路途遥远，关山迢递，相见无期，这等令人伤怀的别离情境，使人们的感觉尤为敏锐，情绪更易激发。于是饯行之时的珍重就化成了字字珠玑的诗句。文学史上号称"三曹"之一的魏文帝曹丕作有《燕歌行》，慨叹"别日何易会日难，山川悠远路漫漫"。"竹林七贤"之首的嵇康在《与阮德如诗》中感喟"事故无不有，别易会良难"。士人们多情善感的情怀、丰满细腻的笔触，细致而生动地将当时人们的离情别绪表现得十分感人。曹植《送应氏》描写了友朋送别时的情景："清时难屡得，嘉会不可常。天地无终极，人命若朝霜。愿得展嬿婉，我友之朔方。亲昵并集送，置酒此河阳。中馈岂独薄？宾饮不尽觞。爱至望苦深，岂不愧中肠？山川阻且远，别促会日长。愿为比翼鸟，施翮起高翔。"意思是欢乐的聚会不可多得，人生的寿命短如清晨之霜，我们在洛阳的河阳桥置酒送别，酒水虽美却难以畅饮，友情越深就更为痛悔，此去山川既阻且长，匆匆告别会面更难，我愿化作比翼鸟，展翅相伴共飞翔。南朝江淹写的《别赋》就更为有名，起首就道："黯然销魂者，唯别而已矣！"这一句沉痛的话语，说出了多少人的伤心往事！

有哀痛的送别，也有欢乐的分手。《三国志》卷二十九载："馆陶令诸葛原迁新兴太守，辂往祖钱之，宾客并会。"诸葛原将燕子蛋、蜂窠、蜘蛛三物藏在密闭的容器中，让大家竞猜。管辂占卦猜物，一猜就中，他说出了答案："第一物，含气须变，依乎宇堂，雄雌以形，翅翼舒张，此燕卵也。第二物，家室倒悬，门户众多，藏精育毒，得秋乃化，此蜂窠也。第三物，觳觫长足，吐丝成罗，寻网求食，利在昏夜，此蜘蛛也。"举座客人都赞叹惊喜。

所谓对酒当歌，人生几何，在深知人生短暂而特别珍惜时间去疯狂地追欢逐乐的魏晋士大大那里，醉生梦死、秉烛夜游，都是见怪不怪的现象，而逢别离之时，他们也往往以聚会狂欢来麻醉自己多愁善感的心灵。如西晋豪富石崇，在自己洛阳郊外的别墅——金谷园中，为回长安的征西大将军祭酒王诩举行了饯送之会。

金谷园位于洛阳西北郊，是集生产和游赏于一体的园林化庄园。园中建有大量的楼观，有从事各类生产加工的鱼池、水碓，从园外引入的金谷涧水及人工开凿的河渠穿绕其间，河中能行游船，岸边可供垂钓，园中花木繁盛，四季景长新、水长流、园长青，是魏晋南北朝时期园林艺术的典范。

石崇在《金谷诗序》中记述道："余与众贤共送往涧中，昼夜游宴，屡迁其坐，或登高临下，或列坐水滨。时琴瑟笙筑，合载车中，道路并作；及住，令与鼓吹递奏。遂各赋诗，以叙中怀，或不能者，罚酒三斗。"送别的宴席设在涧边，大家日以继夜地优游宴饮，不停地移动各自的座位，一会儿登临高丘，一会儿徘徊水边。演奏的乐车来回巡游，丝竹鼓吹轮流演奏，乐声既息，众人赋诗，赋不出者就罚酒三斗。大家之所以如此昼夜狂欢，是因受别离的刺激，生发出了"感性命之不永，惧凋落之无期"的人生感喟！石崇的金谷园，也就成为洛中权贵饯行送别的首选之地。

　　除了金谷园外，洛水之滨，也是洛阳饯送之会的主要举办地。西晋张华在《祖道征西应诏诗》中说："庶寮群后，饯饮洛湄。"何劭在《洛水祖王公应诏诗》中同样指出："薄云饯之，于洛之滨。"

　　人们别离之时，友朋相送，赠言赠诗，互相勉励，互道珍重，是当时流行的风俗。南北朝吴均《酬别江主簿屯骑》中说："有客告将离，赠言重兰蕙。"良朋之言，胜过金玉。临别之际则行执手之礼，《楚辞·九歌·河伯》云："子交手兮东行，送美人兮南浦。"朱熹解释道："交手者，古人将别，则相执手，以见不忍相远之意。晋、宋间犹如此也。"所以，分别更通俗形象的说法是"分手"。人们分手时心情虽然愁闷，但在追求名士风范的当时，也要注意自己的风度。《南史》卷三十二《张邵传》载张敷"善持音仪，尽详缓之致，与人别，执手曰：'念相闻。'余响久之不绝"。在人际交往中，一个人的仪表、音容、谈吐都是需要善加修饰的。

　　《颜氏家训·风操第六》云："别易会难，古人所重。江南饯送，下泣言离。"这是南方泣涕沾襟、惨然送别的情景。北方地区则有所不同，北方的人性格开朗、粗犷，不如南方士大夫们多愁善感，人们之间别多会少被认为是很正常的现象，虽然送别之时恋恋不舍，但却更多地呈现出乐观豁达的精神状态。在南朝、北朝都做过官的颜之推熟谙南北风俗之异同，他在描述南方送别之俗后，紧接着指出："北间风俗，不屑此事，歧路言离，欢笑分手。"南北文化与别离心态的差异，于此也表现得十分清楚。

二、灞桥折柳，隋堤残月

唐宋年间的文人饯行送别，虽然有时也以"祖"字为名，但不论是称"祖帐""祖饯"，还是"祖席""祖筵"，多是在驿馆内或路边设帐，摆上酒筵，诗酒唱和，与祭神是没有什么关系的。刘禹锡在《送河南皇甫少尹赴绛州》一诗中，就提到皇甫少尹到山西任职而设的祖帐，全诗为："祖帐临周道，前旌指晋城。午桥群吏散，亥字老人迎。诗酒同行乐，别离方见情。从此洛阳社，吟咏属书生。""诗酒同行乐"是送别活动的主要内容。

但唐代最盛行的送行之俗却是自汉代流传下来的"折柳相赠"，这一习俗始于汉而盛于唐。古人远行，来到告别的路口，送行人折枝相送。所谓"折枝"，就是折取路边的树枝花草，送给远行人，以寄相思之意。本来也没有

柳枝（魏旭东　摄）

规定一定要折什么枝的，只是由于路边柳树很多，往往就折柳相赠。后来折枝的对象确定为柳枝，则与柳树在中国的普及程度及其特定的文化象征意义有关。

柳树是中国的原生树种，是我国被记述的人工栽培最早、分布范围最广的植物之一，在甲骨文中就已出现了"柳"字。柳树易繁殖，栽培方法简单，生命力强，适应于各种不同的生态环境，在我国各地广泛种植。正如唐代诗人狄焕在《题柳》诗中所言："天南与天北，此处影婆娑。翠色折不尽，离情生更多。"

柳树树形优美，枝条长而软，叶青狭而长，柔枝倒垂，随风摇曳，早春时节满树嫩绿，是北温带地区绿化景观的主要树种，尤其是在滨水地带，美化环境以柳树最为相宜。诗人贺知章在《咏柳》一诗中描绘柳树的婀娜多姿："碧玉妆成一树高，万条垂下绿丝绦。不知细叶谁裁出，二月春风似剪刀。"

柳树是中国主要的行道树种。隋炀帝开凿大运河，河堤两岸遍植柳树。如大运河一样，古代的道路两旁，也都遍植垂柳。古人送别的场所多在郊外路旁，抬眼所见便是柳色，王维诗中所说的"渭城朝雨浥轻尘，客舍青青柳色新"，便是当时道路景观的真实写照。因此人们在道别之时，顺手折下柳枝相赠，便是祝愿远行的亲人如柳枝一样，在新的地方能很快生根发芽，生气勃勃，茁壮成长。

古人也玩谐音梗，柳者，留也。垂柳枝条柔韧，随风起舞，轻拂人身，好似在表达着留恋不舍之意。且柳絮之"絮"与情绪之"绪"谐音，柳丝之"丝"与相思之"思"谐音，于是古人用细长柔软的柳条来象征柔情萦绕和感情绵长，将依依惜别的情怀寄托于娇柔细柳，临别以柳相赠，以表达无尽的怀念与相思。《诗经·小雅·采薇》中所谓"昔我往矣，杨柳依依"，正是用柳枝来表示难分难离、不忍相别的心意。另外，以柳赠别也与柳有辟邪的功能有关，北魏贾思勰《齐民要术·种柳》中称："正月旦，取柳枝著户上，百鬼不入家。"所以，折柳赠别也寓意百邪莫侵，一路平安，是一种对远行人的美好祝愿。

正是由于人们赋予了柳树这些美好的意象，所以送别之时赠以柳枝，便成了大家都认可的标准做法。汉代折柳赠别已比较普遍，魏晋以后，折柳之俗风行南北。南方如南梁简文帝萧纲写有《折杨柳》："杨柳乱成丝，攀折上春时。"北朝民间则唱着《折杨柳》的鼓吹曲子："上马不捉鞭，反折杨柳枝。蹀坐吹长笛，愁杀行客儿。"隋代无名氏所作的《送别诗》："杨柳青青著地垂，杨花漫漫搅天飞。柳条折尽花飞尽，借问行人归不归？"全诗借柳条、杨花的物象表达惜别、盼归的情绪，凄婉动听，悱恻动人，流传范围极广。由此可见，折柳赠别已是当时社会上下都已认可并奉行不悖的通行做法，而至唐则为最盛。

折柳送别最重要的地方在长安灞桥。作为汉帝国的都城，其最重要的交通方向是东方，大量人才进出长安，大多自东而至，向东而出。灞桥位处长安之东，连接着长安东边的各主要交通干线，《雍录》中指出："此地最为长安冲要，凡自西东两方而入出崤、潼两关者，路必由之。"而灞桥两边又是杨柳掩映，这就成了古人折柳送别的著名地点。到了唐代，灞桥仍然是最集中的送别之地，《开元天宝遗事》中有这样的说法："长安东灞陵有桥，来迎去送，皆至此桥，为离别之地。故人呼之为'销魂桥'。"由于送别活动太为频繁，乃至灞桥周边的长条柳枝折无可折，只好用短枝替代。唐代诗人孟郊在《横吹曲辞·折杨柳》诗中只能宽慰大家："莫言短枝条，中有长相思。"

自李白《忆秦娥》中的"年年柳色，灞陵伤别"金句一出，"灞桥折柳"就成为最经典的送别意象。其实折柳未必非灞桥，天下都有送别处。唐代与长安地位基本对等的洛阳，同样也是折柳送别的集中之地。王维《杂诗》说其之所以与友人相会，是"朝因折杨柳，相见洛阳隅"。李白曾作客洛阳，夜间惊闻《折杨柳》曲，不由写下了《春夜洛城闻笛》一诗，诗中说道："谁家玉笛暗飞声，散入春风满洛城。此夜曲中闻折柳，何人不起故园情。"

　　洛阳的集中送别之地，也是根据其交通形势划定的。洛阳东出，主要利用洛水，再经由大运河去往南北，故自汉魏以来，"饯洛之滨"，洛水岸边就是传统的告别地点。洛阳北出，须从孟津渡过黄河，去往三晋，柳中庸著名的《河阳桥送别》诗明确指出："黄河流出有浮桥，晋国归人此路遥。"故时人送别北上的友人多在河阳桥。河阳桥，据《通典》所说："河阳县，古孟津，后亦曰富平津，跨河有浮桥，即杜预所建。"西晋时名臣杜预修的河阳桥，也是自汉魏以来传统的送别地点，前面说到的三国曹植《送应氏》诗中的置酒河阳，就是这个地方。唐代诗人王勃曾作《河阳桥代窦郎中佳人答杨中舍》，杜甫《后出塞五首》讲道："朝进东门营，暮上河阳桥。"他们都曾在此活动，送别友人。

　　洛阳最主要的交通方向是向西，经由崤函道与长安相连，故人们来去极为频繁。与灞桥类似，人们也有一个送别的主要地方，那就是洛阳西的临都驿，其位置在今洛阳高新区孙旗屯。洛阳送别一般至临都驿即止，而这里也正是崤函道的东端起点。崤函道的南北两线从此分别，南线沿洛水向西，北线由临都驿北上后转沿谷水西行。也就是说，南北两线的来客进出洛阳，都必经此驿。故而它也是当时的中心大驿，除承担一般的驿站功能外，还承担着国家迎宾、官员饯行、邮路中转、军事警卫、行宫管理等职责。

　　临都驿规模极大，由多个建筑群组成，其中最著名的建筑称为夕阳亭，又名河亭。白居易有《河亭晴望》一诗咏叹其景。他曾在此驿与刘禹锡置酒话别，写下了《临都驿答梦得六言二首》，也曾在这里与元稹（字微之）相聚唱和，写下了《酬别微之》。白居易在此所作的最有名的一首送别诗则是《临都驿送崔十八》，诗云："勿言临都五六里，扶病出城相送来。莫道长安一步地，马头西去几时回？与君后会知何处，为我今朝尽一杯。"崔琪时到长安为相，白居易与之长期共事，感情深厚，乃拖着老病之躯，带病送友，又不知能否再相见，语意哀伤，十分感人。

宋代折柳赠别之俗仍然沿用，只不过随着都城迁到开封，其送别的地方则主要是汴水堤上了。汴水西通洛水，南接淮水，是隋唐大运河中最为重要的河段，隋代植下的柳树，依然在河堤上摇曳，这便是人们的伤心别离之处。宋代词人周邦

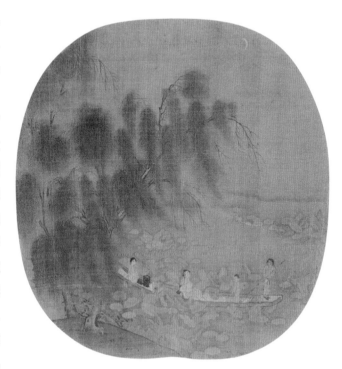

［宋］佚名《柳塘泛月图》

彦在离开汴梁时，写下了《兰陵王·柳》一词，词中说道："隋堤上，曾见几番，拂水飘绵送行色。登临望故国，谁识京华倦客？长亭路，年去岁来，应折柔条过千尺。"所以词人柳永在《雨霖铃》中叙述离别的伤痛与迷惘时，就创造出了一个经典的场景："今宵酒醒何处？杨柳岸，晓风残月。"

三、日暮乡关何处是，万里分辉满洛阳

"日暮乡关何处是"，语出唐代诗人崔颢《黄鹤楼》，记他登楼远眺，只见大江横流，不由想起家乡，乡愁沛然而来。"万里分辉满洛阳"，语出唐代诗人王适《江上有怀》，记其东海观月，思绪飞扬，明月普照，

万里同光，洛阳乃是时时刻刻的念想。远行浪子人在他乡，心在故乡，一缕家国情思，自古以来，便是最为撩人心弦的角徵宫商。

　　万里悲秋常作客，千古送别最伤情。客居他乡总是愁绪满怀，送别则是人们最感伤的时候，在这种情境下，文人们创作激情旺盛，以别离、思乡为主题的诗歌在中国古典诗作中蔚为大观。追溯这类诗作的源头，清代王士禛在《分甘余话》中曾说，《诗经》中的《邶风·燕燕》"宜为万古送别诗之祖"。邶是古国名，周武王灭商之后，封商纣王之子武庚于此，大约相当于今河南省淇县以北、汤阴县东南一带。其中第一段是这样写的："燕燕于飞，差池其羽。之子于归，远送于野。瞻望弗及，泣涕如雨。"意思是说：燕子天上飞翔，翅膀参差不齐，姑娘嫁到远方，送到郊野原上，倩影瞻望不见，不禁泪如雨降。这首诗通过对自由飞翔的双飞燕的描述，反衬出别离人的愁苦哀伤。此诗之后，离情别绪便成为诗人们咏叹的主题，出现了众多的杰构佳作，从而凝练出鲜明的文化意象。对亲人的怀念，对故乡的依恋，对团聚的渴望，对家国的归属，成为中国人的情感共鸣点，感染着一代一代的中国人，沉淀在我们的文化基因中，催化出中国人爱国爱家的家国情怀。

　　汉唐以来，人们在从事送别诗的文学创作时，不约而同地体现出以下几个主题。第一当然是描写朋友间的深情厚谊，表达眷恋不舍的依依惜别之情，如白居易《南浦别》："南浦凄凄别，西风袅袅秋。一看肠一断，好去莫回头。"第二则是叙述友人离开后自己的孤寂与落寞，同时表达对友人的担心与思念，如李白《黄鹤楼送孟浩然之广陵》："故人西辞黄鹤楼，烟花三月下扬州。孤帆远影碧空尽，惟见长江天际流。"第三则是对友人的愁苦心情予以宽慰，给出一剂温暖孤独心灵的鸡汤，如王勃《送杜少府之任蜀州》："城阙辅三秦，风烟望五津。与君离别意，同是宦游人。海内存知己，天涯若比邻。无为在歧路，儿女共沾巾。"第四则是鼓励友人收拾心怀，勇敢前行，如高适《别董大》："千里黄云白日曛，北风吹雁雪纷纷。莫愁前路无知己，天下谁人不识君？"第五则是借诗言志，表达自己的志向或抱负，如王昌龄《芙蓉楼送辛渐》："寒雨连江夜入吴，平明送客楚山孤。洛阳亲友如相问，一片冰心在玉壶。"第六则是同为远行客，借送友人抒发自己的思乡之情或其他情感，如李白《渡荆门送别》："渡远荆门外，来从楚国游。山随平野尽，江入大荒流。月下飞天镜，云生结海楼。仍怜故乡水，万里送行舟。"故乡之水恋恋不舍万里相随，一路护送形影不离，表达出诗人对故乡的深深眷恋。

　　对故乡的思念是游子生涯中的天然主题。远在他乡为异客，则又催生出思念故乡、亲人为主要内容的羁旅诗。这些诗歌也是不胜枚举，以从洛阳出发的各路远行客为例。初唐陈子昂刚刚离开洛阳，就在感叹"悠悠洛阳道，此会在何年"（《春夜别友人》）。卢僎初离洛阳，就"回首思洛阳，喟然悲贞艰"（《初出京邑有怀旧林》），来到任职的地方之后，依然心神不定，

思乡阁（魏向东　摄）

故乡念兹在兹，就在眼前。杜甫刚到任上，放下行囊，就"远在剑南思洛阳"（《至后》）。更多的人则触景生情，"一见湖边杨柳风，遥忆青青洛阳道"（唐孙逖《山阴县西楼》）；风力稍劲，又"日夕苦风霜，思归赴洛阳"（唐卢照邻《赠益府群官》）；看到风中摇摆

的柳丝，"缘忧武昌柳，遂忆洛阳花"（唐李商隐《病中闻河东公乐营置酒口占寄上》）；愁思难解，不由得以酒浇愁，"把酒闲吟思洛阳"（唐刘沧《春日游嘉陵江》）；酒后醺然入睡，"迢迢洛阳梦，独卧清川楼"（唐刘长卿《金陵西泊舟临江楼》）；梦中还是洛阳，"归梦不知湖水阔，夜来还到洛阳城"（唐戎昱《旅次寄湖南张郎中》）；就连看到天上的月亮，也是分外的惆怅，"海上云尽月苍苍，万里分辉满洛阳。洛阳闺阁夜何央，蛾眉婵娟断人肠"（唐王适《江上有怀》）。想念家乡，更想念亲友。安史之乱时，叛军占据洛阳，杜甫飘零江湖，自顾不暇，但还是"九度附书向洛阳"，却"十年骨肉无消息"（《天边行》）。白居易则回忆起年少时候的友情，"昔年洛阳社，贫贱相提携"（《秦中吟十首·伤友》）。而一旦有人能回归洛阳，则不由得万分羡慕，司空曙在送友人回洛阳的时候，大加感叹："何处乡心最堪羡，汝南初见洛阳山。"（《送郑佶归洛阳》）司空曙将思归洛阳的"乡心"称之为最，不是没有道理的。

　　从上面所引的诗文可以看出，人们思念的目的地指向非常明确，那就是洛阳。自商周以来，洛阳一带一直是华夏先民活动的中心地区。在洛阳相继被周、汉、魏、晋、隋、唐等王朝定为都城之后，更是集聚了全国的资源，不仅汇聚了天下的财富，更重要的是汇集了众多的人才。他们的文化创造，使得洛阳占据了文化的优势。这一优势在魏晋南北朝时期得到了放大。原来与洛阳并驾齐驱的长安受到战争的影响逐渐衰弱，而洛阳虽然几次被战火焚毁，但又不断重建，犹如凤凰浴火，涅槃重生。在魏晋两代的洛阳，麇集了天下的才智之士，"三曹"父子、"建安七子"、"竹林七贤"、玄学名家等在洛阳写出了诸多的诗篇华章，扇动起影响数百年的"清谈玄学"之风，所标榜的名士风度成为天下人争相学习的榜样。迨至西晋王朝灭亡，已经根深蒂固的门阀士族阶层中的不少人南下江左、西去凉州，流布全国各地，他们掌握着当时的文化话语权，其言行作风、举止仪态、服饰用具、生活习惯都成为各地士人模仿的对象。比如以洛阳话为主的"洛生咏"，就成为各地的华夏正音，代表着以洛阳为中心的文化进一步向全国扩散。

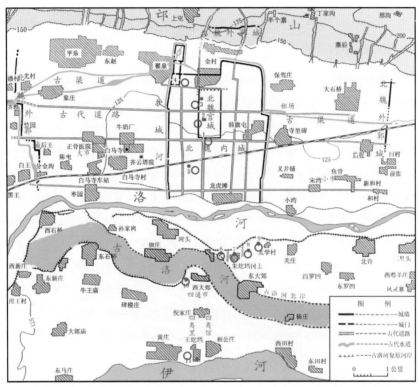

1. 阊阖门　　2. 太极殿　　3. 陵云台　　4. 金墉城　　5. 永宁寺　　6. 灵台　　7. 明堂
8. 辟雍　　9. 太学　　10. 东汉刑徒墓地　　11. 圜丘

汉魏洛阳城图（洛阳博物馆提供）

　　北魏孝文帝迁都洛阳，大力推行汉化改革，使进入中原地区的北方各民族争相着汉服、说汉语，对以洛阳为中心的中原文化普遍认同。历时数年新建而成的洛阳城瑰丽巍峨，气象壮观，洛阳城的南北中轴线铜驼大街串连宫城和外城，城内有布置整齐的 220 个里坊，胡汉各族民众生活其中，《洛阳伽蓝记》记录的一千多所佛教寺庙，重檐飞塔，对各方信众具有极大的吸引力。

隋代炀帝迁都洛阳，唐代不断增筑维护，洛阳开始进入自己的鼎盛期。唐代的洛阳城，宫城在北，皇城在南，大门正对伊阙，气势雄伟。洛水横贯全城，城西建有周长约63公里的西苑，苑内有16座宫院，还有一个名为"海"的人工大湖，周边楼阁参差，穷极华丽。今天我们依然可以感受到隋唐洛阳城的风采，在当时宫城的遗址上，建设了隋唐

隋唐洛阳城位置及复原示意图（洛阳博物馆提供）

洛阳城国家遗址公园，武则天时所修建的天堂和明堂也已复建，从其遗址规模以及丰富的内容展陈上，依稀可以想见隋唐洛阳城的雄丽与壮观。当时的洛阳，不仅城市建设走在全国前列，由于大运河的建成与使用，经济实力也是首屈一指，还有众多的名官巨宦、文人学士引领风流。生活在这样一座城市中的居民，怎能不为之骄傲呢？又怎能不将它看成是自己的美好家园呢？

　　唐代的诗人们，离开洛阳后都一门心思地想早点回来，在暂时难以回来的日子里，也都会带着浓浓的文化优越感，向其所在地的人们传播洛阳的优秀文化，并习惯性地以洛阳的标准来看待各地的文化优劣，不自觉地将洛阳的文化成果拔高到让人瞻望的高度。自从梁武帝创作出"河中之水向东流，洛阳女儿名莫愁"（南朝梁萧衍《莫愁歌》）的洛阳女儿形象之后，诗人们争相夸耀洛阳女儿之美。唐白居易叫嚷着："新人新人听我语，洛阳无限红楼女。"（《母别子》）唐吴少微则说："洛阳芳树向春开，洛阳女儿平旦来。"（《古意》）洛阳不仅女儿美，洛阳才子也最多。"洛阳自古多才子，唯爱春风烂漫游。"（唐徐凝《和秋游洛阳》）"不把瑶华借风月，洛阳才子更何人。"（唐张乔《赠河南诗友》）就连名满天下的大诗人李白也不禁羡慕："何时入宣室，更问洛阳才。"（《放后遇恩不沾》）在诗人的笔下，洛阳人美花更娇，"洛阳佳丽与芳华，金谷园中见百花"（唐李昌符《绿珠咏》），"记得旧诗章，花多数洛阳"（唐白居易《洛城东花下作》），"洛阳三月花如锦，多少工夫织得成"（宋刘克庄《莺梭》），"当春天地争奢华，洛阳园苑尤纷拏"（唐韩愈《李花二首》）。这样的洛阳，是难以舍弃的故乡，所以当杜甫一听到朝廷官军从安史叛军手中收复了洛阳，不禁大喜若狂，马上收拾行装，踏上回家的路："剑外忽传收蓟北，初闻涕泪满衣裳。却看妻子愁何在，漫卷诗书喜欲狂。白日放歌须纵酒，青春作伴好还乡。即从巴峡穿巫峡，便下襄阳向洛阳。"（《闻官军收河南河北》）

在诗人们的语境中，洛阳是自己乡愁的寄托，更是家国的象征。多年之后的南宋年间，"但悲不见九州同"的爱国诗人陆游，把洛阳看成了与开封一样的故国江山的代表，案牍劳神的时候在不停地感喟："三十年为一世人，孤城梦断洛阳尘"（《累日文符沓至怅然有感》）；日渐老迈的烈士暮年，"老去已忘天下事"，依然难以忘却旧日家国，神游故土，"梦中犹看洛阳花"（《梦至洛中观牡丹繁丽溢目觉而有赋》）；痛心壮丽河山遭受到的残酷破坏，"洛阳化为灰，棘生铜驼陌"（《先主庙次唐贞元中张俨诗韵》），不由得愤恨难当，"白发萧萧卧泽中，只凭天地鉴孤忠。厄穷苏武餐毡久，忧愤张巡嚼齿空。细雨春芜上林苑，颓垣夜月洛阳宫。壮心未与年俱老，死去犹能作鬼雄"（《书愤五首·其二》）；期待着王师北定中原，还我河山，"中军歌舞入洛阳，前军已渡河流黄"（《观运粮图》）。陆游执着的爱国情怀，在对以洛阳为具象代表的还我河山的坚持中体现得淋漓尽致。

在这些杰出诗人的共同努力以及一代代的文化浸润下，洛阳，不仅是中国传统文化的根脉所在，是华夏子孙的文化家乡，更是凝聚着中华文明力量的精神堡垒，是中华儿女魂牵梦绕的心灵家园。人们对洛阳的依恋，升华成为家国情怀，转化成对中华民族大家庭的高度认同与坚定皈依。

中篇

行路客

第六章

大田行猎，魏晋风流：中国古代旅游的上半场

唐代孔颖达《周易正义》释"旅"字云："旅者，客寄之名，羁旅之称，失其本居而寄他方，谓之为旅。"旅者，指旅居异乡的旅客。旅者行走他乡，总不免留心路边的风景，对特立于野、蜿蜒于地的山川景物留下记忆，以免迷失方向，旅与游便很自然地在人的行为模式中形成了连接。清代段玉裁《说文解字注》解释"游"，"又引申为出游、嬉游，俗作游"，指的是游览的意思。从南朝梁代诗人沈约《悲哉行》"旅游媚年春，年春媚游人"一句开始，旅游便逐步成为一个常用的词汇。唐代诗人韦应物《送姚孙还河中》中说："上国旅游罢，故园生事微。风尘满路起，行人何处归。"白居易《宿桐庐馆同崔存度醉后作》诗曰："江海漂漂共旅游，一樽相劝散穷愁。夜深醒后愁还在，雨滴梧桐山馆秋。"这些作品中的旅游，指的都是一种出行和游览的方式，也就是我们今天所说的"旅游"的意思。旅游活动的产生与发展，根植于特定的社会环境，并在长期的发展过程中，形成了中国丰富的旅游文化内容。

一、有闲休闲，旅行旅游

旅游源于旅行，两者虽然都是指的人类的空间移动，但其意义是不完全相同的。一般认为，旅行是人们出于迁徙之外的任何目的，可以是经商、学习，也可以是旅游，离开常住地到异地作短暂停留并按计划返回的行为。旅游是人类社会特有的一种文化现象，是人们在自己可自由支配的时间内，为满足求新、求奇、求异、求乐等需求，而到异地进行的观光游览、文化体验和文化交流活动。旅游是人们在自由时间中做出的个人行为，更多地体现为满足人的享受性的精神文化需求。旅游与旅行的关系是：所有的旅游都要经过旅行过程，但并非所有的旅行都是旅游。

旅行的出现，根源于人类生产能力的提高和交换行为的出现。在距今一万年前的原始社会，人类的生产力有了发展，原始农业和畜牧业开始形成，出现了人类历史上第一次社会大分工。农业促成了定居，并形成了村落。定居的生活方式，使人们有了相对固定的居所，家、家乡等概念正是在这种生产生活方式中孕育出来的，而所谓的旅行，也才有了出发的原点。手工业从农业中分离是人类历史上第二次社会大分工。然而，由于人类的生产工具和生产技术都很落后，人们的辛勤劳动只能维持生命的延续和繁衍后代，没有更多的产品剩余。在氏族内部，实行的是原始共产主义，分工只是协作，而不是为了交换。因此，农业和手工业的分离并没有带来较大规模的交换，人类的活动也基本上限于自己氏族据有的范围之内，与周边的联系并不是很密切。

人类进入父系氏族公社以后，生产发展比较快，产品逐渐有了剩余，产生了私有观念，交换也随之频繁起来。在一些交通要道的交叉口，形成人们的交易场所，被称作"市"。"祝融作市"相传就是祝融为方便民众交换而设置的交易地点。第三次社会大分工出现后，商业从农业和手工业中分离出来，涌现出以贸易为生的群体——商人。商人们买盈卖奇，辗转各地，不仅沟通有无，还创设了早期的道路网，他们的趋利行为成为人类最早的旅行活动之一。传说舜从事过长途贩卖，获利甚丰，并由此使自己的氏族富裕起来；而前面提到的商人部落，在其首领王亥的领导之下，服牛乘马，长途贩运，积累了较强的经济实力，是商人部落得以兴旺发达的重要原因。从现代的一些民族志材料中也可以看出，那些尚处在原始社会阶段的民族是没有外出旅行的愿望的，只有经商的人才在外面奔波。当然，这类活动的距离和规模都是非常有限的。

　　到了原始社会末期，随着金属工具进入生产领域，社会分工规模扩大、程度加深，劳动生产力有了明显提高，社会上的物质财富和文化生活开始丰富起来。产品有了一定的剩余，社会权势和财富也迅速向部分社会成员身上汇聚，人类的享乐天性与现实所拥有的权力，使部落酋长们萌发了提高生活质量、寻求生活乐趣的愿望。道路状况的改善和交通工具的产生，为人们出行节省了体力、节约了时间。生产力的提高使社会文明变得丰富多彩，建筑、宗教、祭祀场所等人文景观成为人们向往的目标，零星的以娱悦精神为目的的旅行行为出现了，这便是旅游的萌芽。

　　人类社会的第一个国家形态是奴隶制国家，它建立在少数人对大多数人剥削和压迫的基础上。中国是世界文明古国之一，比较早地进入奴隶社会，并形成了夏、商、周三个相继的奴隶制国家。安阳殷墟遗址的发现和挖掘，系统展现了商代社会文化面貌和文明发展程度。殷墟是中国商朝晚期的都城遗址，在甲骨卜辞中称为"商邑""大邑商"。

殷墟博物苑（刘克明 摄）

自 1928 年科学发掘以来，考古工作者已发现王陵、宫殿、宗庙等建筑遗址，出土了以甲骨文、青铜器为代表的丰富的文化遗存。王陵东边出土的司母戊鼎（有学者认为应称为"后母戊鼎"）是迄今世界上出土的最重的青铜器，展现了中国商代晚期辉煌灿烂的青铜文明。2006 年，安阳殷墟遗址被联合国教科文组织列为世界文化遗产。

司母戊鼎

在奴隶制国家的财富分配机制上，大多数人终日劳作，穷困不堪，社会财富集中在小部分社会成员身上。他们依恃其政治特权，通过超经济强制方式，占有并无限制地使用全社会的资源，掌握了全社会的财富。他们拥有较多的闲暇时间，可根据自己的意志，去从事自己喜欢的活动，钟鸣鼎食，过着优游自得的生活，成为名副其实的有闲阶级。同时有闲阶级还是当时社会文化的创造者和享受者，比如在中国的夏、商、周时期，能接受教育，也是一种社会地位和特权的体现，所谓"学在官府"，就是说教育是不向全社会开放的，只有贵族才能享受文化教育。接受了良好教育的有闲阶级，就能以一种审美的眼光来看待生活，对生活的观察更为细致，对生活的理解也更为深入，原本无生命的山水花草，在他们的眼中笔下，均成了生趣盎然的性灵之物。他们对生活的敏感多思，对世界的理解和认知，对美好欢乐人生的向往和追求，对异地异质文化的渴求，都使得他们成了人类社会最早的旅游者群体。文化的生活和生活的文化，是有闲阶级的生活标签。

　　旅游是人类社会特有的一种文化现象，它不仅要求旅游者具有可供自己支配的金钱和闲暇时间，还要求旅游者要有一定的文化自觉意识，有明确的美化生活并主动寻求生活乐趣的觉悟。而这种生活意识，只有在人类物质有所富余、具有一定文化水平的有闲阶级出现之后才有可能产生，也只能产生于这一具有政治强权、经济优势、文化底蕴的有闲阶级之中，填不饱肚子的奴隶是怎么也不会产生外出游赏以寻欢逐乐的生活意识的。黑格尔在《美学》一书中尖锐地指出："无知者是不自由的，因为和他对立的是一个陌生的世界。"而占有了社会文化、教育资源的有闲阶级，显然在这一点上要自由得多。

二、王孙公孙，驰骋畋猎

　　夏、商、周三代的王孙公孙们，当然是有闲、有钱、有享乐意识的有闲阶级，通过出游的方式来愉悦身心的行为，就在他们身上出现了。盛行于夏、商、周三代贵族中的畋猎（或写作"田猎"）活动，就是借助于野外狩猎的形式，离开自己的居所，以遂自己的求乐愿望，然后再返回自己居所的一种出游行为。

　　狩猎是原始时代的一种基本生产方式，通过狩猎以获取肉食。在食物匮乏的时代，吃肉总会给人带来莫大的生理愉悦和心理愉悦，也就因此深深地刻入人们的记忆深处。这种原始娱悦的驱动力是如此强大和深远，以至贵族阶层乐此不疲地外出行猎。传说夏王太康"盘游无度"，在洛水游猎时甚至"十旬弗反"（一旬为十日，十旬即是百日），由此被善于射箭的后羿赶下王位，"不得反国"，

战国狩猎纹铜壶（洛阳博物馆提供）

只得流连在洛水北边。后羿同样沉迷射术，"不修民事，淫于田兽"，而被他的臣子寒浞所杀（《史记·夏本纪》及其注引）。

商朝的时候，畋猎已经成为王公贵族一种常态性的游乐行为。出土的甲骨文中有关畋猎活动的记载高达 186 条之多，从其内容记载来看，以商王为首的商朝贵族，经常开展畋猎活动以消遣时光，通常要花几天的时间，来到山野之中行猎。据《史记·殷本纪》记载，商王武乙"猎于河渭之间，暴雷，武乙震死"。能够"手格猛兽"的商纣王比起武乙就更出格了，为了满足自己的游猎之欲，"益广沙丘苑台，多取野兽蜚鸟置其中"，专门开辟了放养有大批飞禽走兽的专用游猎场所沙丘，在其内"以酒为池，以肉为林"，常日在沙丘置酒高会，醉生梦死，弄得民怨沸腾，最终丢了性命。

虽然周朝取代了商朝，但贵族好游猎的习性并没有任何改变。周共王出游泾水，小国诸侯密国康公随从游猎，恰逢有三个少女私自投奔康公，康公的母亲劝他："君王田猎时，不敢猎取成群的兽；诸侯出行时，也要对众人谦恭有礼；君王娶嫔妃，不娶同胞三姐妹。那些美人投奔你，你凭什么把她们收归己有呢？你一定要把她们献给君王。"康公不听，一年之后，周共王就灭了密国。周宣王也是一个好猎之徒，《诗经》中的《车攻》诗，专门描述了宣王出猎圃田（今河南中牟西）时的情景：

> 田车既好，四牡孔阜。东有甫草，驾言行狩。之子于苗，选徒嚣嚣。建旐设旄，搏兽于敖。……四黄既驾，两骖不猗。不失其驰，舍矢如破。萧萧马鸣，悠悠旆旌。徒御不惊，大庖不盈。

意思是说，狩猎车早已备好，四匹雄马筋骨强健。东边有很大一块圃田，驾车奔往那里打猎。天子在夏季狩猎，点选随从一派喧嚣。车上遍插旄旗，到敖那里猎取野兽。……四匹黄马并驾齐驱，辕两侧骖马直线前进。驭手驱车进退有法，天子诸侯箭不虚发。游猎结束马儿长鸣，旌旗猎猎轻轻飘动。步卒驭手静静列队，君王后厨堆满猎物。

狩猎不仅有助于提升贵族子弟从军征战的技能，也有助于养成团队协作意识，所以夏、商、周三代贵族中畋猎活动非常盛行，并被作为贵族子弟的必备素养。《周礼·地官司徒·保氏》中说："养国子以道，乃教之六艺：一曰五礼，二曰六乐，三曰五射，四曰五御，五曰六书，六曰九数。"六艺是周代贵族教育体系中的六种技能，其中的"射"和"御"，分别指射箭技艺和驾车技艺。射艺有五种，大致要求发箭准确有力，连续贯射，矢矢中的；御技也有五种，其中一种称为"逐禽左"，即行猎时追逐禽兽从左面射获。作为基本的教育内容，贵族子弟不仅要认真学习，而且要时时练习，而畋猎就是练习射、御技艺的不二之选。由此，畋猎不仅是满足贵族游乐之心的一种行为，也是贵族阶层生活方式的一种特定内容和阶层标识。

为此，周王室把畋猎活动制度化，专设了"驺虞"一职，管理苑囿和游猎事务，规定了各级贵族专用游猎场地的大小，"天子百里，诸侯四十里"（《毛诗训诂传》）。周王室还规定了四季不同的出猎名称，春天出猎称为"蒐"，夏天出猎称为"苗"，秋天出猎称为"狝"，冬天出猎称为"狩"。上面提到的周宣王"之子于苗"，就是讲的夏天出猎。

到了春秋战国时期，畋猎之风不仅没有消减，而且更为狂热。《诗经·齐风·还》的序中称，齐哀公"好田猎，从禽兽而无厌，国人化之，遂成风俗"。在齐哀公的带头示范之下，齐国臣民上下都喜好游猎，成为一时风尚。《战国

战国宴乐渔猎攻战纹图壶（北京故宫博物院藏）

策·楚策一》记载了一次规模盛大的游猎活动。楚王游猎于云梦，规模高达一千乘的狩猎车队"旌旗蔽日"，猎场上野火四起，映红了天上的云彩，老虎咆哮之声有如雷霆。忽然窜出一头凶猛的犀牛，发了狂地直冲过来。楚王张弓搭箭，一箭便射死了犀牛，又随手拔起一根旗杆，按住犀牛的头，仰天大笑，说："乐矣，今日之游也。寡人万岁千秋之后，谁与乐此矣？"

　　游猎活动的危险刺激以及狩猎过程中的不确定性，给了参与者们极大的感官快乐与精神愉悦。道家的始创者老子将之比为美味，使人沉迷若醉："五味令人口爽，驰骋畋猎，令人心发狂。"（《老子》）

　　畋猎是一种使人心发狂的游乐活动，具有极为强大的诱惑力。所以此后的封建王朝，大多会为最高统治者设置专用的场地，如汉代的上林苑、魏晋南北朝的华林园等，供封建君王畋猎嬉游。汉代有不少的"赋"，如司马相如的《上林赋》，就是描绘并歌颂汉家皇室的游猎活动的。当然，时代越往后，对君主行为的限制越多，君主的勇武之气越衰减，畋猎活动也就越少，畋猎之所慢慢就变成了皇室游赏的皇家园林了。而民间的游猎之风却承而不绝，尤其在北方地区，人们

甘肃嘉峪关出土的魏晋墓室壁画《狩猎图》

以出猎为乐，游猎成为一种常见的民间生活景象。

先秦时期除了经常性的畋猎活动之外，其他的出游类型也有不少，如传说中的周穆王西游，规模浩大，密切了周朝与西方各国的关系。各国间的贵族游历在史料中也是屡见不鲜，朝觐、婚聘、纳贡、祭祀等活动是周朝王公贵族们热衷的活动，战国之后的士子游学更是非常有名。此外，春秋战国时期各国间的关系错综复杂，各种各样的政治外交活动经常举行，故而每年都有一定数量的各国人士经常旅行，在史书中称为"观国之光"。今天我们还将旅游称作"观光"，即来源于此。

三、秦汉游学，史家绝唱

秦汉大一统帝国的建立及长期稳定运转，不断拓展了华夏先民认识世界的地理空间。汉武帝的时候，打通了中外文化交流的陆上通道，这便是历史上著名的张骞凿空西域，开辟了连接东西方文明的丝绸之路；还有更早时候便开始的海上探险，徐福组织的船队据说到达了日本列岛。这便使得旅游活动得以在更广阔的地域空间缓慢地向前发展。

以帝王将相为代表的上层官僚贵族依然在巡狩游乐。秦始皇、汉武帝等封建帝王为了彰显帝国的统治权威，在全国范围内巡游，还带着大批的官员到泰山封禅，通过相关的仪式表明自己的统治得到了上天的授权，向全国告示自己统治的合法性。尤为值得注意的是，春秋战国以来的"礼崩乐坏"，使原先的文化知识从上层社会向下流布，以前周王朝"学在官府"垄断文化资源的制度不断被瓦解，更多的社会成员开始通过跟随名师学习，获得了相应的知识，打开了一定的上升空间，游学成为改变命运的有力手段。

两汉时期官员的选用，是通过察举征辟的方法。士人们需要离开家门，追随名师，学习经籍，在掌握一定的知识之后，获取相应的社会名望，引起社会的注意，得到官府的青睐，才会被各级官府礼为上宾，担任大大小小的官职。所以在全国范围内寻找名师，干谒豪门，以求取厕身仕途的机会，便成为两汉士人的生活常态。游学的过程当中，观赏山川胜景，陶冶道德情操，也就是顺理成章的事了。比如西汉时期的临淄人主父偃，《汉书》本传记他一生"游学四十余年"，早年学纵横术却没有大的进益，"改学《易》《春秋》、百家之言"，与齐地诸生交游受到排挤，"于是北游燕、赵、中山"，同样被人轻视，旅途穷困，方才痛下决心，奔赴京师长安，投靠到卫青门下，这才发达起来。

东汉时朝廷恢复五经博士制度，在京师洛阳设立博士，教授学生，同时修建太学，招收弟子，于是天下士子都奔赴洛阳求学，追随名师，投靠权贵，成为各大豪门的门生弟子。《后汉书·党锢列传》载东汉名士李固"少好学，常步行寻师，不远千里"，他的弟子郭亮"年始成童，游学洛阳"。洛阳城内，围绕着不同的政治势力，集聚了大量前来投奔的游学之士，在官场、学舍内不断争斗。东汉时期的太学生，之所以能掀起京师政坛上的"青春风暴"，就是因为集合了众多来自全国的有抱负的年轻游学之士。

谒拜豪门（魏向东　摄）

汉代游学最杰出的人物当数司马迁。司马迁家传史学，立志撰写出一部自三皇五帝到他所处时代的通史著作，"以究天人之际，通古今之变，成一家之言"（《太史公自序》）。他在长安学习过一段时间的儒家经籍后，20岁时开始了在全国的考察，以明了山川地势，了解地方历史，收集民间逸闻。其游学天下的范围极广，从长安出发，首到河南南阳，经过湖北江陵，来到湖南长沙，凭吊屈原和贾谊的遗

屈子祠（刘会敏 摄）

迹，然后沿湘江登上舜帝陵墓所在的九嶷山，再顺沅江而下到长江，登庐山以怀念大禹勘定九州的丰功佳绩，东抵绍兴会稽山谒拜禹陵，在苏州考察太湖，缅怀春申君黄歇，渡江来到淮安，搜集韩信的众多传说，到曲阜、邹县祭拜孔子和孟子，转到丰沛搜集西汉开国君臣的逸闻趣事，再到河南开封，瞻仰战国四公子之一信陵君的遗迹。这一趟旅行，司马迁从陕西出发，走过了长江中下游的很多地方，又经由山东、河南返回关中，这些地方正是先秦、秦汉时期诸多重大历史事件的发生地。这就为他后来撰写《史记》提供了许多生动有趣的素材。

汉皇祖陵刘邦塑像（魏向东 摄）

此后，司马迁还跟随汉武帝封禅泰山的队伍，巡游了渤海碣石，深入辽西，沿边境走到九原（今内蒙古包头市九原区），再回到长安，此趟旅程长达约9000公里。他升为郎中令后，还深入到了西南云贵高原的多民族地区。除了这些长距离的游学考察，他在关中平原也多

次游历，掌握了丰富的第一手资料。

在这个基础上编成的《史记》，不仅开创了贯古通今的通史体裁，确立了历史学的独立地位，而且行文叙事"辨而不华，质而不俚，其文直，其事核，不虚美，不隐恶，故谓之实录"（东汉班固《汉书·司马迁传》）。其行文风格雄深雅健，具体生动，故

陕西韩城汉太史司马迁祠墓

而鲁迅先生在《汉文学史纲要》一书中盛赞《史记》是"史家之绝唱，无韵之离骚"。《史记》之所以能取得如此杰出的成就，宋人苏辙提出的一种解读是："太史公行天下，周览四海名山大川，与燕赵间豪俊交游，故其文疏荡，颇有奇气。"（《上枢密韩太尉书》）可见，周游天下，交游豪杰，方才得到江山之助，乾坤清气，化成满纸雄文。

与司马迁游历范围并驾齐驱的是南北朝时期的郦道元。他在北魏王朝既做过中央官，又做过地方官，利用任官之便，实地考察了中国北方的大部分河流水系，写成了中国历史上的地理学名著《水经注》。郦道元广搜水系流经之处的地理沿革、历史遗迹、名胜掌故、人物逸事等资料，通过对各种地理现象的观察，提出自己的思考，用简洁雅驯的文辞表达翔实丰富的内容，犹如一幅幅山水美图缓缓展开，令人回味悠长。郦道元的《水经注》，不仅是一部伟大的地理学著作，也是一部优美的旅游游记。

四、名士风流放达，山林自在逍遥

但在魏晋南北朝时期，像郦道元这样的到实地、做实事的考察游览毕竟不是主流，手挥五弦、俯仰自得的清谈玄游才是当时的时尚。这一时期，由于门阀士族力量雄强，国家政治、经济、文化资源绝大部分都掌握在世代为官的门阀家族手中。这使得门阀士人有着空前的

实力，按照自己的意愿，安排生活的内容。连年的战争与残酷的政治斗争，刺激了士人们生命意识的觉醒，及时行乐、回归自然的思潮盛极一时。同时由于玄学的兴盛，人们常于自然山水中澄怀味象，体验玄妙，山水成为士族生活中不可或缺的内容。旅游亦即因此成为时代的共同话题，变成士族阶层的普遍嗜好，达到了前所未有的兴盛。

魏晋以来，玄学盛行，玄学的一个最主要意旨就是大道无为，顺应自然，万事万物均要顺其自然之本性，不可强求，自然之性是最可宝贵的。要具有自然之性，就要接受天地之灵气，吸取山川之精华，使人性融于自然。在这种思想的影响和作用下，"振衣千仞冈，濯足万里流"，也就成为当时的一大常见现象。

这种在游山玩水中体验玄学哲理的游风，始于曹魏正始年间。以嵇康、阮籍为首的"竹林七贤"，啸咏于竹林之中，超脱于俗世之上，恣情山水，会意风景。"竹林七贤"拒绝传统礼法束缚、放荡不羁的生活方式，深受时人和后人的推崇，成为魏晋名士风度的典型，而放情于山水之间又是这种风度的组成部分。

自嵇康、阮籍之后，凡要成为名士者都要游山玩水，凡已是名士者游山玩水就必然是其生活中不可或缺的内容。东晋大名士、大书法家王羲之，平生最爱江浙一带风韵秀美的青山绿水，史载其"去官"后，游尽浙东山水，整日沉迷其中，还大声感叹道"我卒当以乐死"（《晋书·王羲之传》）。最有名的一次当数兰亭雅集，至今还被人们缅怀追想。

五柳先生陶渊明"少无适俗韵，性本爱丘山"，做了三个月的彭泽县令就决意辞官隐居，宁静而充满生机的田野风光，悠闲而温馨可人的田园生活，使陶渊明的心灵得到了极大的安慰和满足。陶渊明在自己广泛游历和深刻思考的基础上，用笔描绘了一幅隐者眼中的理想世界，为人们创造了一个可以逃避现实世界苦难的世外桃源，这就是脍炙人口的散文《桃花源记》。

谢灵运是南朝时期最有名的游客，这不仅因为他是歌颂山川景色的山水诗的开山宗师，也不仅因为他是游踪遍江南的名士，更因为他是探险旅游的热衷者。《南史·谢灵运传》载，谢灵运一生与山水为伴，最喜攀登高山，寻找幽逸之地。在旅游过程中，谢灵运对山水胜景的观察和理解比别人更仔细，眼光更独到，特别善于用清新脱俗而又精雕细琢的语言来摹形造景，所营造的意境既清新可喜又往往出人意表，让人难以忘怀。如他创作的"池塘生春草，园柳变鸣禽""林壑敛暝色，云霞收夕霏"等，都反映了这种艺术特色，至今为人们所传诵。

魏晋以来士人们整日与山水为伴，山水审美意识得以觉醒，不再将山水作为道德的化身，而是从山水之中获得美的享受，山水本身的美学价值就是最吸引人的地方，也是山水之游的价值所在。《世说新语·言语第二》记浙江绍兴的会稽风光："千岩竞秀，万壑争流，草木蒙笼其上，若云兴霞蔚。"这种对山水自身美学特征的推崇，与儒家强调的山水比德的旅游观是极为不同的，其抛却了一切世俗功利的目的，而只是注重旅游本身带来的审美愉悦。所以有学者认为，纯粹的旅游，其实是从魏晋时代才开始的。

再有，这一时期是道、佛二教迅速兴起与推广的时期，宗教的兴起，不仅加强了中外之间的经济文化交流，而且增加了旅游的内容。宗教旅游既是后来最为重要的旅游类型，又极大地扩展了旅游者队伍，出现了不少有名的宗教旅行家。

陶弘景是南朝时期最著名的道教领袖，也是享誉一时的仙游大家。据《南史·隐逸下·陶弘景传》载，陶弘景十岁时就昼夜研读葛洪所著《神仙传》，中年辞官，隐居茅山，"遍历名山，寻访仙药"，每遇名山胜水，皆流连徘徊，爱不忍去，"必坐卧其间，吟咏盘桓，不能已已"。他崇尚优游林泉的自由生活，鄙视荣华富贵，曾写诗单道山居生活的好处："山中何所有，岭上多白云。只可自怡悦，不堪持寄君。"自然山水是陶弘景人生的精神寄托，也是魏晋以后热衷于寻仙访道之游的人们的理想人生归宿。

　　佛教自传入中国之日始，就伴随着西域僧人的大举东来。来华弘法的异域僧侣，跨越了千山万水，历经艰难险阻，到中国后，他们向中国人传播佛法，翻译佛经，给了人们审视人生的一个新视点，也拓宽了中国人的视野。他们的宗教旅行，对中华文化的发展和中外文化的交流，做出了卓越的贡献。中国这一时期著名的佛教旅行家有佛图澄、鸠摩罗什、朱士行、法显等。

　　法显是我国最杰出的宗教旅行家之一。东晋隆安三年（399 年），法显等由长安出发，踏上了没有生命、只有酷热的茫茫戈壁，他们以死人枯骨做向导，奋勇西行，历经千难万险，到达了佛的国度天竺。求得佛经之后，他们沿恒河入海，搭乘商船，航行到了狮子国（今斯里兰卡）。在这里逗留了 2 年后，法显乘船而归。离国 14 年之后，法显又回到了自己的祖国，并为后人留下了一部《佛国记》。以法显为代表的宗教旅行家们，以大无畏的宗教献身精神，克服了常人所难以承受的困难，用他们传奇般的旅行经历，为中外文化交流谱写了一曲华章。

　　与此同时，在绿水青山中探求佛理，在深山幽谷中参禅修炼，既是佛教徒要隔绝红尘、静心礼佛的内在要求，也是当时的一种时髦。特别对于僧人而言，能否在优美的自然环境中，在与名士清谈中，借生生不息的自然之道阐扬佛理，借变幻莫测的山光水影发微禅机，是衡量其是否为名僧的重要标准。因而不少僧人都买山买水，意态高雅地与魏晋名士们在山水之间周旋、酬答，从而深得名士推崇，被尊为高僧，如支道林、释道安、释慧远等。

　　魏晋南北朝时，门阀士族的知识精英们沉迷于山水之中，无须在山水之游时去探索自然之理，寻求造化之意，只专注于自然山水的审美快感，更加注重精神的享受。他们创造性地进行了大量关于山水生活的文化创作，对山水审美的理论与方法进行了诸多的探讨，山水诗、山水画、田园诗等文学艺术新体裁因此得以出现，从而促进了中国传统艺术审美的进步与发展。

第七章

唐宋宦游，大明华章：
中国古代旅游的下半场

魏晋南北朝之后的古代旅游，在一个文明程度更高的社会环境中发展，呈现出新的特点。唐宋时期科举制的实行，大量的官僚在全国范围内流转，使得宦游成为最为重要的旅游形式。宋明商品经济的发展，带来了城市的繁荣与城市生活内容的丰富，城市不再仅仅是旅游客源的输出地，同时也成为吸引力越来越强大的旅游目的地。商人与城市市民积极参与旅游，成为旅游的新兴生力军。与此同时，阳明心学的盛行，影响到人们对旅游的认知，适意而游、求真务实成为新的旅游风气。

一、宦游海内，乐天行吟

《唐摭言》记载了这么一件趣事：唐太宗李世民在一次科举考试结束后，见到新科进士们鱼贯而出，不禁开怀大笑道："天下英雄入吾彀中矣！"意思是说，朝廷通过科举考试，将天下英才都收于囊中，为我所用。唐太宗的开心，是由于唐朝继承了隋代所开创的科举制度，通过考试选拔人才，从而把选官用人的权力从门阀士族手中夺了过来。从此之后，朝廷的各级官员主要由考试选拔，由中央政府的吏部选官任人，任满一定期限后再根据任期考核成绩的高低，或升迁，或降职。在这样的考选激励机制之下，官员在全国范围内流动的频率大大提高。有较高文化素养的官员，在不同地区之间流动，观察到了不同的山川景象、风俗民情，他们往往用笔记述下来，或勒石为碑，或丹青以画，或吟唱以诗，或传播以文，使很多藏在深闺、名声不显的山山水水成为文化厚积的名山胜水，正如唐人刘禹锡所谓"山不在高，有仙则名。

水不在深，有龙则灵"。他们的文化实
践，为中国山水林田积累了丰厚的文化
资本，为中国旅游景观勾勒出鲜明的文
化特征，给自然的山水赋予了文化的
生命。

苏州寒山摩崖石刻（周仁德 摄）

官员们在履行公务的过程中进行的
游览活动，历史上习称为"宦游"。以
科举制度为核心的选官用人制度，扩大
了宦游的规模，加密了宦游的频次，提
升了宦游的质量，从此成为古代社会中
最为重要的旅游形式。正如唐人王勃在
《送杜少府之任蜀州》一诗中所说，道
路上告别远行的"同是宦游人"，放眼望去，四海之内都是宦游的同志，
所以远行无须忧惧，因为"海内存知己，天涯若比邻"。

宦游最为常见的形式是根据官职的变动，如新官上任、期满述职、
升官转任等，周流于各地任所，包含了从中央到地方（新官上任或
京官贬谪等）、从地方到中央（任满升职或特别拔擢等）、从地方
到地方（异地调任、逐级晋升等）各种情况。这些正常或非正常的
职务变动，都伴之以不同空间的移动，带给官员们以不同环境的不
同体验，使官员们在公务之暇与赴任途中，都可以调用政府资源如
驿传、仆役等，支持自己赏山鉴水的愉快之旅。

我们来看看中唐时期的大诗人白居易一生的宦游之路。唐代宗
大历七年（772年）正月二十，白居易出生于河南新郑。唐德宗贞元
十六年（800年），未满30岁的白居易进士及第，次年参加吏部铨选，
任秘书省校书郎，正式走上仕途。6年后任满再次铨选，获任周至县
（今陕西省周至县）县尉，任上出游仙游寺，写下了记颂唐玄宗和
杨贵妃爱情故事的《长恨歌》。唐宪宗元和二年（807年）十一月，

奉诏回长安，先后任翰林学士、左拾遗，元和六年（811年）因母丧回家丁忧。元和十年（815年）起复太子左赞善大夫，同年宰相武元衡被刺客暗杀于大街之上，白居易上书朝廷，要求严惩凶手，被政敌攻讦为越职言事，贬为江州（今江西省九江市）司马。任上不仅写出了著名的《琵琶行》一诗，还游玩了周边山水，留下不少诗作，如有名的《大林寺桃花》："人间四月芳菲尽，山寺桃花始盛开。长恨春归无觅处，不知转入此中来。"

元和十三年（818年）冬，白居易江州司马任满，升任忠州（今重庆市忠县）刺史。一年之后，朝廷召白居易回京，先后任司门员外郎、主客郎中、知制诰，进入朝廷核心决策部门。这时的皇帝换成了唐穆宗，长庆元年（821年），白居易升任中书舍人，成为实际上的候补宰相。但白居易有感于朝政黑暗，为避免卷进日益残酷的"牛李党争"，主动请求外放为杭州刺史，离开权力中心。杭州任上，白居易疏浚了西湖，修建了白堤，在湖光山色之中创作了众多脍炙人口的诗歌，如《钱塘湖春行》："孤山寺北贾亭西，水面初平云脚低。几处早莺争暖树，谁家新燕啄春泥。乱花渐欲迷人眼，浅草才能没马蹄。最爱湖东行不足，绿杨阴里白沙堤。"

已经无心在政治上发展的白居易，希望回到东都洛阳，做个闲适的官儿，过上优游林泉的生活，便走了宰相牛僧孺的门路，于长庆四年（824年）转任太子左庶子分司东都。大唐实行两京体制，在东都洛阳同样有一套完整的官制，加"分司东都"的名号，实际上是无事可做的清闲之职，但却可以领丰厚的官俸。白居易对获得这个职位非常满意，就在洛阳买了房，过起了优哉游哉的生活。

宝历元年（825年），白居易被任命为苏州刺史。在苏州任上，为方便游赏近郊名胜虎丘山，开通了山塘河，苏州至今有名的"七里山塘"，就是白刺史的功绩。在苏州仅仅一年，白居易就称病请了长假，离职回了洛阳。大和元年（827年），朝廷征召他到长安担任位高职闲的秘书监，以优待老臣，后来又想借助白居易的声望，让他出任职重事繁的刑部侍郎，白居易咬牙干了大半年，再次请了长假，弃官回归洛阳，朝廷只得任命他做太子宾客分司东都。从此之后，虽然官职有所变动，但白居易再未离开洛阳，直到 75 岁逝世，他一直在洛阳过着"绿蚁新醅酒，红泥小火炉"的闲适生活。

　　在洛阳闲居的日子里，白居易走遍了洛阳周边的山山水水，尤其是两山耸峙、一流萦回的伊阙。伊河在这儿劈开一个缺口，东岸的香山与西岸的龙门山犹如一道门阙，束引着河水流入洛阳。龙门山的山体上密密麻麻地凿满石窟和佛像，这就是著名的龙门石窟。香山上则有香山寺，安史之乱后香山寺因年久失修，渐趋衰败。白居易闲暇时常在伊阙山水之间流连，他喜爱香山寺的幽静，常住寺内，自号"香山居士"，还用为元稹撰写墓志铭所得的酬金，重修了香山寺，并撰写了《修香山寺记》一文。又邀约其他志同道合的老者，组成"香山九老会"，于此诗酒唱和，读书度日，正如他在《香山寺二绝》中所言："空山寂静老夫闲，伴鸟随云往复还。家酝满瓶书满架，半移生计入香山。"白居易实在是太喜欢这个地方了，把自己从大和三年（829 年）到开成五年（840 年）所作的诗，共 800 首，合成 10 卷，取名《白氏洛中集》，今收藏在香山寺藏经堂内。会昌六年（846 年），白居易在洛阳去世，家人遵嘱将其葬于香山寺。这位大诗人的安息之地，现在改名为白园，与龙门石窟的卢舍那大佛，隔河对望，千年凝视。

　　一种比较特别的宦游则是官员在政治上受到挫折，被贬谪到经济文化相对落后的地区，让他们远离政治中心，削弱其在政治上的影响力。这种情形其实在白居易的身上已经看到了，最典型的则是白居易在做周至县尉前后发生的永贞革新，力主改革的王叔文、柳宗元、刘禹锡等人，他们大多被贬到南方，刘禹锡是朗州（今湖南常德）司马，柳宗元是永州（今湖南零陵）司马。这些地方虽然现在山水很美，但在当时却是比较荒僻的地方，而且被贬谪的官员是没有什么权力的，

伊阙（洛阳博物馆提供）

龙门西山全景（洛阳博物馆提供）

他们只好把大部分的时间和精力都用在游山玩水上。正如柳宗元自己所说，"来往不逢人，长歌楚天碧"（《溪居》），只能以诗酒山水排解人生失意的孤单寂寞冷。

在永州十年，柳宗元写出了不少的游记和诗篇，其中最有名的是《永州八记》，包括《始得西山宴游记》《钴鉧潭记》《钴鉧潭西小丘记》《至小丘西小石潭记》《袁家渴记》《石渠记》《石涧记》《小石城山记》。永州城郊的无名山水，经过柳宗元的探索与品题，便成为生趣盎然的旅游胜地。《永州八记》不仅开中国游记文学之端绪，而且其在山水观光后的文化思索，使许多原本无名的自然之境，变成了富有独特生命张力并能流传千古的名山胜水。因而这些被贬谪的文官，对中国山水景观的发现与传播，尤其是对相对落后地区的山水密码解读，为中国旅游文化的丰实，做出了莫大的贡献。

唐代是一个积极进取的时代，唐人的精神风貌也是慷慨激昂的。不少大唐士子通过到边塞从军，获取了相应的职位。他们对边疆地区的山川形势考察记录，描绘了壮阔苍凉、绚丽多彩的边塞风光，涌现了大量情辞慷慨、意境雄浑的诗作，被称为边塞诗派。其中最杰出的代表是高适和岑参，合称为"高岑"。

高适（约 700—765 年），字达夫，渤海蓨（今河北景县）人，后迁居宋州睢阳（今河南商丘），世称"高常侍"。高适少小孤贫，有游侠之风，早年曾游历蓟门、卢龙一带，后入陇右节度副使哥舒翰幕，为掌书记。在此期间，他写下了不少气势奔放、雄浑悲壮的诗作，如《燕歌行》：

　　汉家烟尘在东北，汉将辞家破残贼。
　　男儿本自重横行，天子非常赐颜色。
　　摐金伐鼓下榆关，旌旆逶迤碣石间。
　　校尉羽书飞瀚海，单于猎火照狼山。
　　山川萧条极边土，胡骑凭陵杂风雨。

战士军前半死生，美人帐下犹歌舞。

大漠穷秋塞草腓，孤城落日斗兵稀。

身当恩遇常轻敌，力尽关山未解围。

铁衣远戍辛勤久，玉箸应啼别离后。

少妇城南欲断肠，征人蓟北空回首。

边庭飘飖那可度，绝域苍茫更何有。

杀气三时作阵云，寒声一夜传刁斗。

相看白刃血纷纷，死节从来岂顾勋。

君不见沙场征战苦，至今犹忆李将军。

岑参（约715—770年），南阳棘阳（今河南南阳市新野县）人，后迁居江陵（今湖北荆州市）。岑参祖、父世为高官，但其父早逝，家道中落，跟着兄长学习经史，后至长安求仕不成，乃遍游京洛、河朔。30岁时中进士，入安西幕府，前后达6年之久。岑参的诗作，描

苍茫更何有（魏向东 摄）

绘了雄奇瑰丽的西域风光，想象奇特，气势磅礴，充满了慷慨报国的豪情壮志和不畏艰险的乐观精神，如《白雪歌送武判官归京》：

北风卷地白草折，胡天八月即飞雪。

忽如一夜春风来，千树万树梨花开。

散入珠帘湿罗幕，狐裘不暖锦衾薄。

将军角弓不得控，都护铁衣冷难着。

瀚海阑干百丈冰，愁云惨淡万里凝。

中军置酒饮归客，胡琴琵琶与羌笛。

纷纷暮雪下辕门，风掣红旗冻不翻。

轮台东门送君去，去时雪满天山路。

山回路转不见君，雪上空留马行处。

北风卷地白草折（**魏向东 摄**）

　　富有文化素养的文官们，在全国范围内周游，不仅将中原的山川揽入胸怀，而且通过谪宦南方与从军边塞，将天南地北的山川风物纳入中华文化的主流话语体系，使得中国的大好河山，用同一种文化的视角阐释和表达出来，成为华夏固有的文化空间。在这种文化空间的塑造过程中，当然还包括以李白、杜甫等为代表的大批士子在全国范围内的漫游，他们"长风破浪会有时，直挂云帆济沧海"，在泰山之巅"一览众山小"，在黄河之滨高歌"黄河之水天上来，奔流到海不复回"。他们的文化创造，铸成了我们今天关于壮丽河山的文化意象，成为历代华夏子孙牢不可破的文化记忆。

二、即物穷理，名城向往

　　宋代的文官宦游，在规模上并不逊色于唐代，但在风格上却不相同。唐人激情澎湃、激昂进取，宋人在理学兴起的背景下，则注重对山川之理、自然之道的考索，将山水作为印证天理的客体，总是希望从中发现一些别人不知道的道理。比如朱熹《观书有感》，看到"半亩方塘一鉴开，天光云影共徘徊"，他思考的便是"问渠那得清如许？为有源头活水来"。

以洛阳为中心的河洛地区，是理学成长的沃土，程颢、程颐兄弟便长期在嵩山嵩阳书院讲学，理学体系中的洛学在此形成，并进而影响了数十代的中国人。

当时的洛阳，是宋代的西京，与中央政府所在的东京汴梁距离并不远，很多致仕的朝廷高官大多退居洛阳。比如司马光，因与王安石新政不合，便要求到洛阳去修史书。司马光到了洛阳后，先是参加了西京留守文彦博主持的耆老会，然后自己又组织起真率会，与理学家邵雍、程颢、程颐以及名臣范镇、范纯仁、韩维等不时聚会，凭吊洛阳周边的名人遗迹，到嵩阳书院去传道授业。故而洛阳既是保守老臣的政治据点，又是当时的学术中心。

同时，洛阳的城市旅游也很发达。洛阳素有观赏牡丹的传统，"花开时，士庶竞为游遨"（欧阳修《洛阳牡丹记》），城中修了很多赏花的游园，每到花开时节，游人如织。司马光在洛阳著书讲学之余，经常在洛阳会见老友，切磋学问，在城内城郊周游，他在《看花四绝句》中说到洛阳花会盛况："洛阳春日最繁华，红绿阴中十万家。谁道群花如锦绣，人将锦绣学群花。"

苏辙曾在《洛阳李氏园池诗记》一文中描绘洛阳城市旅游的盛况：洛阳人喜欢建造游玩的地方，各种游园星罗棋布，城外又是一片平原，抬头四望，嵩山、王屋等山尽入眼帘，伊、洛、瀍、涧诸水流出平地，"故其山林之胜，泉流之洁"，不仅王孙公子选胜登临，普通百姓也都可以平等进入，共同观赏。这些天然的城郊山水，是免费向全体公众开放的。苏辙总结洛阳的旅游之胜，"上瞩青山，下听流水，

［北宋］赵昌《画牡丹图》

奇花修竹，布列左右"，城中的贵戚豪富之家广修园囿，亭台楼阁之盛，"实甲天下"。可见宋代的洛阳，城中有花有园，城外有山有水，还有说不完的历史事件、名人胜迹，确实是当时第一等的富贵风流之地。

宋代城市旅游的兴盛，有着深刻的历史原因。从宋代开始，城市的空间范围不再受到城墙的限制，城门出入的地方往往就是商业繁盛之地，张择端《清明上河图》描述的就是东京城关的繁华景象。城内的空间也不再受到坊墙的限制，居民可以破墙开店，既方便了居民的生活，又为城市商业提供了发展空间，孟元老的《东京梦华录》就记录了东京商业街巷的喧闹。同时，城市的作息时间也突破了宵禁的规定，一天十二个时辰，可以自由买卖，自由行走。这些城市时空的新变化，都根源于宋代城市商品经济的快速发展。

城市的繁华吸引了人口的流入，城市居民人数有了极大的扩张，宋代的东京汴梁城内，居民人数超过百万。大量的人口在城内讨生活，这就带动了城市服务与城市娱乐的发展。服务业岗位如餐馆的跑堂、小二等为更多的人提供了生活的资本，解决了城市居民的生存问题；城市娱乐的发展则满足了城市居民的精神需求。从宋代开始，不仅茶馆里有了说书人，街头巷尾有了表演小把戏的，还出现了专业的表演场所，称之为"勾栏瓦舍"。城市文化生活的丰富多彩，增强了城市的吸引力。激动人心的城市生活，也跟青山绿水一样，成为人们新的旅游目的地。这是宋代旅游发展史上最为引人注目的地方。

这一时期的旅游成就，还体现在跨越国境的国际旅游上。隋唐时期来华学习的日本遣唐使、遣唐僧，东渡沧海去日本传法的鉴真大师，西去印度取经的唐僧玄奘等，都是在中外经济文化交流中做出杰出贡献的人物。尤为值得一提的是元代的两位旅游家——马可·波罗与汪大渊。蒙元帝国国土横跨欧亚大陆，威尼斯的商人马可·波罗经由陆上丝绸之路来到中国，留下了《马可·波罗游记》，在很长的时期内，

［北宋］张择端《清明上河图》（局部）（北京故宫博物院藏）

清明上河园局部景观（清明上河园景区提供）

这本书是欧洲人了解中国的指南。汪大渊是元代的一个商人，他通过海上丝绸之路，搭乘他人的商船，先后两次从福建泉州出洋进行商贸旅游，跨过中国南海，横渡印度洋，穿越地中海，到访过东南亚诸国、印度、波斯、埃及、摩洛哥、索马里、莫桑比克、澳洲大陆等地，其范围之广，为前人所未及，故而被西方学者称为"东方的马可·波罗"。汪大渊的游踪，可以从他所著的《岛夷志略》一书中见其大略。

三、晚明华章，游道大昌

朱元璋在建立明王朝后，厉行中央集权与皇权专制统治以稳定社会秩序。《明太祖实录》载其命户部榜谕天下，要求四民各守本业，即使行医、占卜的人也必须住在本乡本土，不得远游。凡是出入村社，四时作息，都要告知乡邻。如有游手好闲及藏匿其他地方游民的，都要将之流放远方。天下子民必须固着在土地上，不得轻易离开乡土。在这种人为的控制下，明初社会物质生活俭朴，精神生活沉闷，社会秩序凝固而有序，某种程度上达到了朱元璋所期待的理想世界。这种理想世界是以单一而静态的生活方式为主导的，满足人性需求的多样化生活方式因其顺应人欲而难以存在，旅游当然也受到了严酷的抑制。

明中叶后，政府控制日益松弛，交通与信息传播趋于便捷，商品经济飞速发展，城市生活日趋丰富多彩，更多的社会成员开始分享社会发展的成果，经济发达地区的城镇工商市民、农村中上阶层具有了一定的经济支付能力，扩大了旅游消费的社会基础。新兴的阳明心学解放了人的个性，地方与个人的自由度得到增加，生活的内容与样式趋于多样，社会风气转向侈靡，旅游得到了良好的生长发育条件。

自隆庆、万历之后，旅游蔚为时尚。越来越多的人走出家门，在山水之中徜徉，在节庆之日狂欢。传统的鄙视旅游观念得以转变，适意而游、求真而游等风气得以滋长。人们旅游的足迹也超出了原先的范围，从中原、江南走向边疆，一些新的旅游地被发现，一些旧的旅游地恢复了青春，一些新的社会生活内容进入了旅游的领域。同时，伴随着旅游观念的进步与旅游方法的成熟，旅游器具获得了前所未有的大发展。所有这些，均使得晚明旅游在中国旅游史上独树一帜，成为中国古代旅游最为兴盛的时期。

晚明时期参与旅游的人不仅有大量的官僚士人，还有商人、城市市民，以及一些乡村百姓，参与旅游的人群阶层与规模数量都远超前代。旅游不再仅仅是精英们标榜自己社会身份的标签，也成为部分社会中下层人民乐于参加的一种炫耀性活动。

晚明时期，王阳明心学盛行，读书人不必以孔子之是非为是非，这促成了人们思想的解放，率性任情成为不少士大夫的价值观念，知行合一成为人们认识世界的思想方法。晚明时期的政治腐败又使部分士大夫或者借官符周游四方，或者远离官场，以经世致用为治学圭臬，走出家门，观察世界，以寻求修身齐家、治国救民的良方。因而涌现了一大批的旅游明星，诸如王士性、徐霞客、谢肇淛、陈第、王叔承、潘之恒、袁宏道、袁宗道、袁中道、陶望龄、钟惺、谭元春、黄汝亨、李日华、程嘉燧、汤宾尹、李流芳、王思任、曹学佺、姚希孟、王心一、李天植、陈仁锡、刘侗、祁彪佳、张京元、萧士玮、张岱、张明弼等，他们均具有丰富的旅游经历，并都有众多的游记作品传世。笔者曾经广搜"四库"系列丛书中所载的明人文集，发现几乎所有的作者，都或多或少地写有游记，记述自己的旅游经历。可见旅游已经是晚明士人在自己的人生中必须要做的事。

晚明商品经济的发展，使得大量的乡村人口进入城市，城市人口急剧增加，市民阶层初步形成。在频繁的商业活动中，商人们积累了雄厚的资本，小商贩赚取了一定的利润，手工业者获得了养家糊口的工钱，城市知识分子通过编书编戏、代书执教等获得了酬劳，清客帮闲也通过出售口舌、拳头获得了糊口的衣食。城市生活的特征之一，是城市娱乐生活的繁盛，而通俗文艺如话本小说、戏曲艺术等的传播，也使市民们的文化教养有了一定的提升。城市居民在重娱乐享受、重感官刺激的时代风气影响下，不断地举行节日狂欢，带动了近郊旅游地的兴盛。

张岱在《西湖七月半》一文中总结了看月嬉游的五类人：第一类是"楼船箫鼓，峨冠盛筵"的达官贵人，他们"名为看月而实不见月"；第二类是大户人家的女眷，她们"身在月下而实不看月"；第三类是名妓闲僧，是"欲人看其看月者"；第四类人比较杂，多是城市里游手好闲的闲汉，他们在酒醉饭饱之后，"嚣呼嘈杂，装假醉，唱无腔曲"，乘机轻薄，这类人"月亦看，看月者亦看，不看月者亦看，而实无一看"；第五类人，则是以山水风月为知音的高人雅士。无论张岱如何分类，都反映了同一个事实，那就是参加游乐的社会各阶层的人士，在晚明时期急剧增加，旅游也已经成为晚明市民们的喜好之一。

僻居乡村的农民，在闭塞的乡村生活环境中，出门远游是极为罕见的，但在晚明时期，却打开了一丝丝的缝隙。宗教在乡村居民中号召力极大，尤其是在乡村妇女中信众极多，他们受到宗教信仰的影响，组成了定期朝拜的进香大军。晚明时影响力较大的神佛是普陀观世音、泰山碧霞元君和武当真武大帝，普陀山、泰山和武当山是晚明时期最大的宗教朝觐圣地，每年都会吸引大量的香客。中原地区的乡村居民，大多前往泰山进香。

晚明时期，旅游的社会基础在不断扩大，它不再仅仅局限于士大夫，也不再仅仅是士大夫们吟风弄月的风雅之事，追逐世俗愉悦的市民阶层也被纳入了旅游的主体之中。旅游参与者来源的多样化，是自宋元以来中国旅游的重大进步。

晚明时期，人们的旅游空间得到了新的扩展。明代开始在西南地区推进"改土归流"的政策，就是废除西南各少数民族地区的土司制度，改由中央政府委派流官直接进行统治，实行和内地相同的地方行政制度。明代对西南滇、黔地区以及海南岛等地的开发力度不断加大，杨慎、王守仁、邹元标等名臣硕儒在此设学收徒，传播文化，加快了西南地区与中原王朝的一体化进程，扩大了中原士人的生存空间与活动范围。西南地区的奇山异水与百变多姿的民俗风情，成为人们着力关注的对象。王士性、徐霞客等杰出的官员文士，均在云贵留下了探访的足迹，西南独特的旅游价值被人们不断深入认识。晚明西南地区旅游的发展，是晚明旅游的成就之一。

在旅游成为社会时尚的背景下，出游的装备也有了长足的进步。前文提到的高濂对游具的创新与总结，就是在晚明广泛的旅游实践基础上取得的成绩。晚明旅游者在出游之后，都有撰写游记的习惯，这是一个游记作品最为丰盛的时期。梅新林、俞樟华在《中国游记文学史》中指出，中国游记文学"由魏晋的正式诞生，唐代的走向成熟，至宋代达于高峰，尔后则呈下滑趋势"。"从金元开始，到明代前期，基本上都是在宋代高峰的阴影下向前摸索"，"直到明代中叶，才出现了以游记文学的集成化与小品化为标志的复兴迹象，再到晚明则终于出现了名家辈出、佳作荟萃的高度繁荣局面"。一般来说，旅游发达，游记就丰盛，游记的兴衰起落，与旅游的兴衰起落是同步的。

晚明时期，不仅游记的数量远超前代，而且在内容题材上取得了重大的突破。倪其心等在其主编的《中国古代游记选》前言中说，晚明时期的游记，"其特点是把山水名胜视为个人的审美对象，表现个人的审美情趣，不仅有不苟流俗的清高格调，更有不拘封建传统束缚的自发倾向"，对旅游审美对象"从先秦两汉的神化而君子化，经过魏晋的玄虚化，南朝的隐逸化，唐宋的志士、仁人学者化，到这时期，明显地变为欣赏艺术美而呈现旅游化。应当说，这是古代游记发展的一个突破性的变化"。

四、心学倡心外无物，旅游贵求真适意

晚明时期，旅游成为人们热衷议论的话题，体现出旅游观念的多元化特征。人们纷纷发表自己对旅游的看法，还把自己的旅游经验进行总结，丰富了传统游道的内容。当一项活动成为关注的焦点，其在社会上风行的广度与深度，自然就不言而喻了。

关于旅游的新认知，是在阳明心学思想刺激下而产生的。明代大思想家王守仁（1472—1529年），字伯安，人称阳明先生，余姚（今属浙江）人，主要生活于正德、嘉靖年间。他不但在政治上有所建

王守仁像（王赵云 摄）

树，平定了宁王宸濠之乱，官至南京兵部尚书，而且在贵州、江西、浙江等地广为讲学，传播自己的学说，培养了大量的人才。

王守仁提出了一些著名的哲学命题，如"心外无物"，就是说人心乃是一切事物的本源，"心外无理"，就是说万物之理只存于人的内心，认识"理"的途径则是"致良知"，即到内心深处体认先验的伦理道德。简单概括王守仁学说的要点，是力求将传统道德从外在的规范内化为人的自发情感，以达到去人欲、存天理的目的。其与程朱理学不同的地方，并不在于根本目标的差异，而在于实现手段的不同。王守仁强调了人心以及人的自我体认的重要性，这就在客观上突出了个人主观内省的作用，促进了社会对个体的关注，同时打破了清规戒律对人们思想与行为的束缚，刺激了人们自我意识的觉醒。

绍兴王阳明纪念馆（王赵云 摄）

后经王学弟子的努力，王学成为晚明时期最重要的思想流派，对社会生活产生了重大的影响。王学后来衍变成诸多流派，其中以王艮（1483—1541 年）为首的泰州学派，被认为是王学中的左派，他们提出了"百姓日用即道"的观念。其后的李贽大力宣扬了这一理论，他在《焚书》中提出"穿衣吃饭即是人伦物理"，意思是说，人最基本的生活需求即是世间一切的伦理道德，人生在世就应该顺其自然，不应予以人为的限制。这就从根本上否定了理学家所倡导的禁欲主义，为晚明时期盛行的享乐主义打开方便之门。

袁宏道是晚明时期的文坛领袖，也是著名的旅游达人，不仅游玩了江南的山水，还是河南嵩山、苏门山的访客。他极力讴歌世俗生活的快乐，并身体力行。袁宏道在与舅父龚惟长的通信中公开宣称，人生"真乐有五，不可不知"（《袁中郎小品·龚惟长先生》）。第一乐是"目极世间之色，耳极世间之声，身极世间之鲜，口极世间之谈"，意即能够体验人世间的极致美好，是人生一大极乐。第二乐是"堂前列鼎，堂后度曲，宾客满席，男女交舄，烛气薰天，珠翠委地，金钱不足，继以田土"，意即享受尽人间的一切奢靡，是人生的第二乐。第三乐是"箧中藏万卷书，书皆珍异。宅畔置一馆，馆中约真正同心友十余人，人中立一识见极高，如司马迁、罗贯中、关汉卿者为主，分曹部署，各成一书，远文唐宋酸儒之陋，近完一代未竟之篇"，意即家中有喜读之书，座中有善谈之人，各出机锋，互相启发，是人生第三乐。第四乐是"千金买一舟，舟中置鼓吹一部，妓妾数人，游闲数人，泛家浮宅，不知老之将至"，意即说走就走，舒适出行，随意所之，悠游度日，是人生第四乐。第五乐是"然人生受用至此，不及十年，家资田地荡尽矣。然后一身狼狈，朝不谋夕，托钵歌妓之院，分餐孤老之盘，往来乡亲，恬不知耻"，意即如此家财散尽之后，乞食于人，毫无愧意，是人生的第五乐。无所顾忌地纵欲，肆无忌惮地宣泄，是晚明对人的情感欲望的极度张扬，是对人的自然本性的极度肯定。

在王学重视自我、张扬个性的基础上，晚明士人致力于探索自我，同时积极寻找在现实世界中展示个体存在的更好方式，率性任情成为不少士大夫的价值观念，读书人不必以孔子之是非为是非，而是要听从内心情感的召唤。袁宏道为首的公安派倡导的"性灵说"，强调尊重人的自然情感，不拘俗套，率性而为。这就促成了晚明时期以崇奢尚适为特征的多元生活风貌。

明代的社会风气，从正德、嘉靖时期开始了由俭入奢的转变，明初所定的以礼制约束生活、以等级规定秩序的制度形同虚设，逾礼犯制已成常态。晚明士大夫为维持奢侈的生活，将礼义廉耻全抛到了脑后。陈邦彦说，以前的士大夫以宦囊丰厚为见不得人的事，而现在的士大夫则以宦囊羞涩为见不得人的事。士大夫们不是在筑园子，就是在游山玩水，虽王朝衰亡将近，但举国上下依然沉迷于奢侈相高的风气之中。

生活资本的丰实，带来了时人重"适"的生活追求。人生贵自适，但各人之"适"是不一样的，因此晚明生活呈现出情趣多样化的景象。袁宏道总结当时人"自适"的类型，有"莳花种竹，赋诗听曲，评古董真赝，论山水佳恶"（《袁中郎小品·与黄平倩》），人们的生活情趣得到了多样化的发展，呈现出多样化的生活风貌。夏咸淳在《晚明士风与文学》一书中曾总结此时的休闲生活类型，计有七种：讲美食，嗜茶酒；好女色，重情爱；建园林，赏花草；精书法，通绘画；蓄声伎，听评话；读闲书，喜禅悦；爱旅游，乐山水。晚明时期以重"适"为特征的休闲生活实践，使游山玩水成为日常生活的一部分。

　　"爱旅游，乐山水"，是晚明时期一种重要的生活类型，与当时人们转变了对旅游的轻视观念有着很大的关系。自古以来，在讲究齐家、治国、平天下的士大夫那里，旅游只是一种以山水比德、修身的手段，只是一种开广见闻的方法。旅游并不是人们行为的最终目的，当有其他途径可以达到上述目标的时候，旅游就是可有可无的了。再加上中国向来讲求以孝治天下，"父母在，不远游"的观念已深入骨髓。小农经济的生产方式要求把人束缚在方寸之间的土地上，不允许人们随意外出。更何况还有历代王朝限制移动、固着人口的相关政策规定，有将人口游移视为社会不安定因素的政治传统。因而旅游无论是在政府政策倡导的层面上，还是在人们日常的生活实践中，都会有意无意地受到种种限制。但这种情况在晚明时期有了极大的改变。

　　晚明文化对传统有一种天然的叛逆特征，加上其他社会因素的共同影响，晚明人对旅游有了完全不同的认知，这在晚明游记中有非常明显的反映。袁宏道在《游苏门山百泉记》中说，旅游"举世皆以为无益，而吾惑之，至捐性命以殉，是之谓溺"，沉溺在世人以为无用的旅游之中不可自拔。王思任在自己的著作《游唤》序中这样说：天地生人，而有双足双目，就是让人们走出家门，认识世界的，而人之所以将自己限制在一亩三分地内，乃是因为"瓦一压，而人之识低；城一规，而人之魄狭"。人通过家室、城池等，将自己画地为牢，这是不可取的，也是违背人性的。所以王思任认为，闭门不游者，乃是压制人性的俗人。

在为旅游正名之后，人们又应该怎么旅游呢？当时有不少人害怕旅途的艰辛，但又不愿放弃旅游的声名，提出了居家神游的说法，"坐一室即是九州"。虽然他们不愿意亲临实地，但并不反对旅游，不同的只是旅游方式的差异。袁宏道是实地旅游的狂热奉行者，一生写了九十多篇游记。袁宏道曾反复表述这样的观点："恋躯惜命，何用游山？且而与其死于床笫，孰若死于一片冷石也？"（《袁宏道·开先寺至黄岩寺观瀑记》）出去旅游不能害怕危险，与其老死床笫，不如死于山石之上。他是一个闲不下来的人，一有空闲，便去游山，"弟又不常居乡，才了匡山（庐山），便入太和（武当）。解夏后，入衡岳（衡山），遇缘则住，不则去，亦足以乐而待死矣"（《袁中郎小品·萧允升庶子》）。在他的世界中，家居、故土，都不如旅游来得重要。

在对旅游价值的认知上，晚明人做出了重大的贡献。晚明之前，人们或者认为旅游无用，或者认为旅游只是实现自己人生抱负的工具，很少有人把旅游本身当成一件具有重大价值的事情。袁宏道在《游苏门山百泉记》中说自己游玩时所专注者只有泉水，脑中别无所想，"吾于声色非能忘情者，当其与泉相值，吾嗜好忽尽，人间妖韶，不能易吾一眄也"。袁宏道是个喜好声色犬马的人，但看到澄碧的泉水时，所有的嗜好都被抛到脑后，全世界就只剩下了泉水。可见在晚明人的心中，出游本身就是价值，旅游就是实现自己人生旨趣的必由之路。

求真务实，通过旅游去了解外部世界，并以客观的眼光观察自然，记载人生，这是晚明旅游的新风气。以往的旅游，人们多借山水抒发胸中块垒，将自我融汇在自然之中。而晚明的部分旅游者则从情景交融、物我莫辨的迷离境界中挣脱出来，主客异势，以冷静、客观的态度记录社会与自然。在这方面做得最有成就的当然是自然地理学家徐霞客了，他的旅游实录《徐霞客游记》，秉持科学的精神，对地形地貌、植物分布、人文景观等进行了多方面的考察，对中国的地理学等学科的发展做出了重大的贡献。

明末清初的时候，仍然有一群注重实学的士人奔走在全国各地，其中以顾炎武为杰出的代表。他通过大范围的游览，考察天下山川形势，评论天下郡国利病，为反清复明大业做好先期的准备，履行他"天下兴亡，匹夫有责"的责任担当。但在清朝廷稳定了专制统治后，在残酷的高压政策下，天下噤若寒蝉，万马齐喑，旅游也就自然被冷冻起来，再也没有晚明时候的风采了。

必须指出的是，虽然中国古代在旅游活动中有颇多创举，也取得了不小的成就，但由于中国是一个农业文明的国家，农业民族所固有的安土重迁的观念，对旅游活动的普遍开展是一个重大的阻碍，也由于当时的生产力水平低下，人们的生活大多处于贫困状态，他们既无能力也没有时间去进行旅游活动。总体而言，旅游还是在一个较低的水平上开展的，进行旅游活动的主要是社会上的少数阶层，即既有闲暇，也有一定旅游意识的贵族、官僚、士人和商贾。但不可否认的是，社会进步所导致的社会文化生活的日趋丰富，促成了旅游活动内容和形式的多彩和多样，并通过有闲阶层生活方式的感染，使人们在长期的潜移默化中认识到旅游对于促进人本身的发展、提高人类生活质量的重大意义。

第八章

皇帝巡游，官僚宦游：有权任性的旅游者

　　在漫长的中国古代社会，能够顺畅地通行于道路，走向远方的一群人，都是具有一定政治特权和经济实力的人。他们或者是口衔金枝的皇室新贵，或者是衣紫着绯的达官贵人，或者是人脉深广的地方士绅，或者是游走权门的门客山人，依靠国家的交通体系，扮演起行旅队伍中的主要角色，成为旅游四方的主体人群。他们所进行的旅游实践，无论是帝王的巡游四方，还是官僚的宦游天下，抑或是士绅的漫游山水，都构成中国古代旅游活动最重要的内容。本章重点先说说权柄在手的帝王巡游与官僚宦游，至于在野的乡绅与学子等，则留待下章分解。

一、西域飞雪，琼花迷眼

　　巡游是封建帝王震慑四方、检阅河山的大型旅行活动。自秦始皇以来，历代统治者出于巩固统治的政治目的，多有巡游四方的举动。如秦始皇六次出巡，几乎走遍了当时秦朝统一六国后的全新疆域。其出游的目的是为了显示皇帝的权威，维护大一统的统治局面。这一类巡游历代多有，从秦始皇的出巡至清康熙、乾隆的下江南，多是在统一全国之后不久，就借助皇帝出巡的威势，以压服地方的反抗。第二类巡游，则是出于为自己的统治寻找上天的支持，向全国人民昭示政权合法性的目的。依然是从秦始皇开始，直到宋代，每代都有帝王到东岳泰山举行封禅大典，向上天告成功，向万民宣天意，通过与天地神灵沟通的封禅仪式昭示天下，皇帝的治权是受命于天的。第三类巡游，则是出于检阅河山的目的，了解地方治理的实际情况，加强皇帝对政权的控御。当然，也有一些巡游是为了满足自己观赏四方风光的私欲的。比如下面要说到的隋炀帝，多次出巡北方边境以解决与草原民族突厥的紧张关系，稳固北方边疆的统治；而其出游江都，则更多地掺杂了夸示天下、奢淫游乐的目的。

　　皇帝一旦出巡，往往带着大量的官僚、妃嫔及随从的侍从、警卫等人员，队伍庞大，旅途供给所费钱财难以计数，给国家财政与沿途各地带来巨大压力。而皇帝出巡地方，又影响中央政府行政管理的正常运转，扰乱地方正常的生产生活秩序，给老百姓带来残酷的剥削与诸多的不便，所以历代都有不少有识之士一直劝告帝王要谨慎出巡。宋代开始，文官集团的话语权不断增强，加上新起的理学讲求"存天理，灭人欲"，皇帝外出巡游的舆论压力越来越大。到了明代，文官集团力量更强，对帝王靡费民力的外出巡游十分警惕，不断灌输给皇帝居中守静的道理。明武宗曾不顾群臣的反对，北上大同，还准备亲率大军去平定宁王宸濠之乱，被朝廷上下骂得狼狈不堪。明代的帝王，大多被约束在深宫之中，很多人终其一生都不出宫门一步，只能看见头顶上的一片天空。闭居在深宫中的帝王没了见识，只能依靠宦官行使权力，以保护皇帝独尊的地位。所以，客观地说，巡游虽然浪费巨大，但毕竟开广了见闻，不让皇

［明］佚名《出警图》（局部）

帝出宫一步的极端方式，其实也是很有问题的。

隋炀帝，姓杨名广，是一个具有雄才大略但急于求成的皇帝。他好大喜功，为了追求自己的目标，根本不顾及百姓的死活，集中所有的资源与力量，残酷压榨民力，在短期内就干成了许多帝王一辈子也干不成的事，如大运河的开凿、洛阳城的修筑、《大业律》的颁布、科举制的开创、西域的平定等，但也很快就断送了隋王朝和他自己的性命。在帝王巡游方面，他也不落后于人，几乎年年都要出巡，在出巡频率与出巡空间的远近上，都是遥遥领先于其他帝王的。以他作为典型例子，我们一起来看看帝王出巡的盛况与恶果吧。

604 年，杨广即皇帝位，当年十一月，调发今山西、河南几十万百姓围着洛阳城开掘长堑，加强洛阳的守卫能力。次年改元大业，营建东都洛阳，每个月征发的丁男多达 200 万人，同时又开始了运河的修筑工程。为在短期内贯通通济渠，征发了河南、淮北百姓百余万人日夜赶工。又派遣官员到江南采伐木料，修造了龙舟、凤𦩘、黄龙、赤舰、楼船等大小不等的众多船舶。大业元年（605 年）八月，杨广登上龙舟，开始了第一次巡游江都的旅程。

杨广的船队规模浩大，船舶数千艘，随行人员多达一二十万人，船队首尾相接，长达百余公里，拉纤的"挽船士"多达 8 万人，运河两岸还派有骑兵护卫。杨广乘坐的龙舟是船队中最大、最豪华的，上下 4 层，高 45 尺（隋一尺约相当于今 29.51 厘米），长 200 尺。上层设有正殿、内殿、东西朝堂；中间两层有 120 个房间，"饰以丹粉，装以金碧珠翠，雕镂奇丽"（杜宝《大业杂记》）；下层则是内侍居住之所。杨广的随行人员，根据地位高低，乘坐大小不等的船只。皇后乘坐的龙舟叫"翔螭"，其下还有漾彩、朱鸟、苍螭、白虎、玄武、飞羽、青凫、凌波、五楼、板𦩘、黄篾等各种名号的大船数千艘，诸王、公主、百官、僧尼、蕃官按品位分别乘坐。船队中另外安排了九艘被称为"浮景"的水殿，高达三层，还配有不少运送物品的补给船。一路护送的十二卫士兵乘坐平乘、青龙、艨艟等船，也有数千艘，由士兵自挽而行。龙舟经过的州县，沿途250公里内都要向船队进献美食，吃不完的食物，出发时就挖坑填埋丢弃。

大业二年（606年）三月，杨广从江都启程回洛阳。有权就是任性，这次他不想坐船了，下令从陆路回京。为了表现皇家的威严与气派，他下令根据古籍中记载的图册，制作舆服羽仪，就是用鸟的羽毛、兽的骨角制成皇家出行的仪仗。一时之间，臣属尽出，十多万人在江都地界上忙着捕捉鸟兽，下水的下水，上山的上山，将鸟兽捕捉一空，朝廷为此支出了不菲的捉鸟经费，好不容易才凑足了制作羽仪的原料。穿戴着鸟服羽装的仪仗队伍陆续上路，前后绵延达十公里长。如此足足走了一个多月，才到了洛阳城外的伊阙。

大业三年（607年），为了震慑突厥，杨广北巡，率甲士50余万、马10万匹至榆林（今内蒙古鄂尔多斯市准格尔旗东北），启民可汗率诸部落酋长等3500人前来朝觐。杨广就命令心灵手巧的宇文恺制作了一座大帐，宴请各部酋长并表演散乐，又命宇文恺临时造出大殿，称为"观风行殿"。"观风"意即观察民情，了解施政得失。行殿是一座可移动的宫殿，不用的时候相互分离，用的时候可以迅速组装起来，下面设计了轮了，移动起来非常迅速，上面的空间也很大，可容纳数百名侍卫。如此鬼斧神工的建筑，加上雄壮的军威，令各部头领尽皆慑服。

在榆林待了54天之后，杨广直接去了启民可汗的牙帐（今内蒙古乌兰察布市辉腾锡勒地区），启民可汗亲自捧着酒杯，跪着献给杨广，态度十分恭谨。隋炀帝扬威塞外、镇服草原的目的完全实现，心中大悦，即赋诗一首："鹿塞鸿旗驻，龙庭翠辇回。毡帷望风举，穹庐向日开。呼韩顿颡至，屠耆接踵来。索辫擎膻肉，韦鞲献酒杯。何如汉天子，空上单于台。"（《云中受突厥主朝宴席赋诗》）诗的最后将自己与汉武帝相比，说自己的功绩远远超过率军空跑一趟漠北、没有任何战绩的汉武帝。杨广骄傲自大的性格，在这个时候就已经抑制不住地表现了出来。有了"观风行殿"这般利器，杨广出外巡游的时候就坐殿而行，一路上凡是见到这等景象的草原居民，都以为是神仙驾到，隔着 5 公里远的距离，就在草原上匍伏顿首，没有一个人敢骑马而行。

大业四年（608 年），杨广再次北巡，深入五原（今内蒙古巴彦淖尔市五原县），北出长城，巡行塞外。在历代中原王朝中，杨广是进入北方草原距离最远的封建帝王。

大业五年（609 年），为维护丝绸之路的畅通，增强隋王朝在西域的影响力，杨广亲率大军到甘肃陇西巡视。当时西域小国林立，商旅不畅，尤其是在今青海和新疆南部一带活动的吐谷浑，对商道阻碍尤大。杨广派遣大臣裴矩深入西域，裴矩写成《西域图记》一书上献，介绍了西域 44 国的大体情况，并认为吐谷浑的问题不难解决，帮助杨广下定了西巡决心。

杨广派军击败吐谷浑，降伏其众，尽占其地后，于大业五年三月率军西巡，随行的官员、部队达 10 万之众。五月，再次击败吐谷浑的残存力量。六月，率军横穿祁连山，途经大斗拔谷（今甘肃省民乐县扁都口）时，遭遇暴风雪，不少随行官员、士兵丢了性命，就连一路同行的后宫嫔妃也狼狈相失。六月中，杨广到达张掖后，高昌王麴伯雅等西域 27 国君主与大臣纷纷前来拜觐，杨广大开宴会，盛为陈设，奏九部乐，展现了隋朝的富饶与强大。第二天，杨广下诏设西域四郡，分别是鄯善（今新疆若羌）、且末（今新疆且末南）、西海（今青海湖西岸）、河源（今青海兴海东），加强了隋朝对西域的控御力度。这一次西巡，虽然艰辛，但意义重大。从来没有一个中原王朝的帝王，能亲自深入到河西走廊这么偏远的地方，而且亲自率军击败了影响丝绸之路安全畅通的吐谷浑势力，开拓了大片疆土，巩固了边疆的安全，维护了丝路的通畅，也振奋了守边军民的士气。

"肃肃秋风起，悠悠行万里。"多才多艺的杨广在西巡途中，写下了千古名篇《饮马长城窟行》，起首句就展现出了宏大的气象与强大的气场。在描述了西巡的艰险与奋战的功绩后，就产生了向祖宗、万民夸示成功的心思："借问长城侯，单于入朝谒。浊气静天山，晨光照高阙。释兵仍振旅，要荒事万举。饮至告言旋，功归清庙前。"当年十月，回到都城的杨广下诏各地，征集四方艺人齐至东都，筹备盛大的庆祝活动。

大业六年（610年）元宵节，庆祝活动正式登场。洛阳大街上披红挂绿，就连行道树都用彩色的丝绸缠裹了起来。街景装饰一新之后，动用歌伎近3万人，沿着大街盛陈百戏散乐，连绵相属达4公里之长，日夜循环演出，夜间灯火辉煌，乐声此起彼伏。西域胡商常去交易的市场也重整市容，各家店铺都要重新装潢，还必须堆满珍奇货物。所有的酒馆饭庄，都必须免费招待各地胡商，号称中国富强丰饶，招待的酒食都不用付费。可见此时的杨广志得意满，已经不将天下人放在眼里了。

轻飘飘的杨广想给自己放个假，一方面犒劳自己的连年辛苦，另一方面向他做晋王时临藩镇抚的扬州臣民夸示自己的功业，于是当年三月就二次出游江都。他创作的《泛龙舟》一诗写道："舳舻千里泛归舟，言旋旧镇下扬州。借问扬州在何处，淮南江北海西头。六幂聊停御百丈，暂罢开山歌棹讴。讵似江东掌间地，独自称言鉴里游。"其中既有衣锦而归的自雄自豪，又有蔑视众生的自满自大。到了江都后，他欣赏御苑琼花，连日召开宴会，宴请江南的百官名士，沉浸在上下臣僚的谀词吹捧中，乐不可支。他又下了两道命令：一是令王世充在江都营建行宫；二是开凿江南运河，准备乘船巡游会稽（今浙江省绍兴市）。次年二月，杨广从江都乘船北上，沿大运河直达涿郡（今北京市）。

从大业七年（611年）到大业十年（614年），杨广连续发动了三次征伐高丽的战争，三次率军来到了辽东前线。战争以隋的失利言和而告终。杨广大肆残酷地役使民力，终于动摇了国本，百姓纷纷揭竿而起，反抗杨广的暴政，战火烧遍了大隋各地。

大业十一年（615 年）八月，杨广又一次北巡，但在雁门被东突厥的军队包围，杨广下诏天下勤王，方才狼狈脱困。

大业十二年（616 年），杨广不顾群臣的谏阻，第三次巡游江都，"万艘龙舸绿丝间，载到扬州尽不还"（唐皮日休《汴河怀古》）。预感到再也回不去的杨广心灰意冷，极度颓唐，整日沉迷在酒色之中，命令王世充点选江淮佳丽充实后宫，过着醉生梦死的日子。酒醒之际，揽镜自照，对萧皇后说："好头颅，谁当斫之？"

果然，延挨到大业十四年（618 年）三月，宠臣宇文化及发动兵变，杨广被乱兵杀死于江都宫内。不久之后，隋也被唐王朝所取代。唐人许浑在《汴河亭》一诗中感叹道："广陵花盛帝东游，先劈昆仑一派流。百二禁兵辞象阙，三千宫女下龙舟。凝云鼓震星辰动，拂浪旗开日月浮。四海义师归有道，迷楼还似景阳楼。"意思是说，杨广不惜民力，开山造河去扬州看花，护卫禁兵人众力强，三千宫娥随侍南下，沿途鼓乐震动星辰，龙舟锦旗迎风飘荡。四海义军归服于有道之君，隋炀帝酒色淫乐的迷楼，不啻另一座陈后主华林园中的景阳楼！

二、无冥不搜，无险不涉

古代中国是一个中央集权制的国家，依靠庞大的官僚体系行使治理的权力。制定政策并负责执行的官僚阶层在整个社会中拥有着支配的地位，可以为家族谋取庞大的利益。因而做官成为全体社会成员最好的出路，金榜题名则是读书人的毕生追求。为官者大多脱离乡土，异地任职，官员在全国范围内的流动便成为常态。有了一身官袍，就可以占用国家的交通资源，周游天下，因而宦游在中国封建社会极为普遍。官员大多具有较好的文化素养，每到一地，都要了解当地的风土民情，在品山鉴水的过程中认识山川形便。这样日积月累下来，就不断加深了主流文化对这片土地的认知，逐步形成全社会的家国共识。因此宦游不仅是中国文化层累叠加的重要途径，对中国传统知识体系的完善做出了极为重要的贡献，也是不断拓展并加速固化民族活动空间的有力手段，促进了中国人天下观的形成与进步。任何文化的成熟，都须经由不间断的探索，宦游正是起到了这样重要的作用。

王士性是与徐霞客齐名的中国古代杰出的地理学家，字恒叔，号太初，浙江临海人，生于明代嘉靖二十六年（1547 年），卒于明代万历二十六年（1598 年），著有《广游志》《广志绎》两部杰出的地理学著作，还有记录其遍及全国游踪的《五岳游草》。虽然王士性在家读书时就已遍游浙江山水，但他对全国风土民情的深入考察，并形成自己的地理学思想，还是要从他万历五年（1577 年）中进士之后，借在河

王士性像（倪玉屏　摄）

南、四川、广西、云南、山东等地为官的机会，才得以酝酿成熟的。

王士性首入仕途，在河南为朗陵（今河南省确山县）县令。到任之后，他深入民间，考察地理民情，发现了地方经济困顿之因，并采取了相应的对策。他发现，朗陵南边的土地多为稻田，但北边却多为干旱之地，加上有盗贼作乱，人口稀少，市面上一片萧条景象。于是王士性决定用商品经济的办法，在城中设立市场，招徕四方客商，聚集人气，并由此解决城中粮食不足的窘境。他把县府与县学后面的空地利用起来，市场开设之后，"生气渐复"，得到了当地父老的认可。认识环境，因地施策，朗陵治政的经历，对他后来学术思想的形成，

起到了一定的作用。由于地方治绩优秀，不久之后他就升迁了。

　　万历九年（1581 年），王士性回开封府述职，尚未上路，王士性就已决定，借由这次的述职，全面考察河南的风景名胜与风土人情。其一路经行路线为：由朗陵出发，到南阳游卧龙岗，观诸葛武侯像，至裕州（今河南方城），经扳倒井拜汉光武像，去昆阳（今河南叶县）访孔子问津处，拜岩光祠，过宝丰游香山寺，经汝州、登封上嵩山，历览少林寺、达摩面壁石诸景，由轩辕岭下山至巩县，游虎牢关、敖山、鸿沟、广武山，寻访楚汉相争等人文遗迹，再游古阳城、周公测景台和观星台、轩辕三女墓到古郑州，由中牟行 25公里至圃田薮，登梁孝王平台、大禹庙，入开封游寿山艮岳，入周王府，游玩相国寺、铁塔之后，才到布政司述职，其间游赏蓬池，

南阳武侯祠（南阳市博物馆　李远提供）

至朱仙镇祭拜岳飞，到许昌凭吊关羽，再至郾城。这并不是一条合理的述职线路，迂回绕行三四百公里去游览名胜，有景之地又常为之逗留，路途上花了 35 日，总算基本"尽悉中州之胜"，但王士性犹有遗憾："卫源、王屋、邺都、洛城，盖犹有待。"（《五岳游草·游梁记》）这一段游历，为他认识河南的地方利病与地理特征，打下了基础。

王士性后入北京为京官。《五岳游草·入蜀记》详细记载了王士性从北京到四川主持科举考试再经三峡出川的行程及其沿途的旅游活动。万历十六年（1588 年），王士性从宝鸡入汉中，一路观赏自然风光与秦汉三国遗迹，兴致盎然。进入栈道后犹不忘探奇猎险："前列双峰，左山深处有寺，树石苍翠错落，栈中第一胜地也。""此地青山夹驰，绿水中贯，丰林前拥，叠嶂后随，去来杳无其迹，倘非孔道，真隐居之适矣。""旧有龙在洞口，石山园如车盖百丈，顶又起一石如浮图，大奇也。"

来到成都之后，他先后游览了青羊宫、讲经台、武侯祠、浣花溪、水月楼、大慈寺、诸葛井、濯锦桥、薛涛井、昭烈陵、升仙桥、工部草堂、真武宫、石犀寺、支机石等名胜，几乎将成都的著名景观一网打尽。

试事完毕，王士性不经原路返回，而由三峡出川，经木马驿一路前行，沿途游山玩水，一路来到嘉定州（今四川省乐山市），观赏了东坡遗迹，又登峨眉等山，一览川蜀风光。经犍为、叙州（今四川省宜宾市叙州区）、泸州而至重庆。顺江而下，经涪陵、丰都、万县、夔州、巴东而至夷陵（今湖北宜昌）。一路游玩了石宝寺、巴阳峡、张桓侯庙、观图亭、杜公草堂、白帝、滟滪堆、瞿塘峡、巫山、高唐观、弹穿峡、神女庙、瞿门关、莲花滩、香溪、归峡、马肝峡、空舲滩、黄陵庙、石牌峡、南井关等著名景点。

王士性在长江一线滞留过程中，游玩了武当山。随后接到朝廷旨意，王士性升任广西参议，因即由鄱阳湖西上，一路游赏滕王阁、白鹿洞、赤壁矶、洞庭湖、岳阳楼、君山、长沙岳麓书院、衡山、衡阳石鼓书院，经潇水南下，穿越潇湘大地，到广西桂林上任。

这一行程，横穿关中、汉中、川中、鄂中而至潇湘，"问奇吊古，无冥不搜，望远登高，无险不涉"（《王士性地理书三种·尺牍·寄陈伯符》），将关中遗迹、锦官美景、三峡风光、江汉云烟、潇湘风情尽收眼底。在广西、云南任上，他先后留下了《桂海志续》《游七星岩记》《泛舟昆明历太华诸峰记》《游云南九鼎山记》《游鸡足山记》等游记。

酷嗜旅游的王士性，一生游踪遍及全国，除福建一省之外，其余的两京十二省，都曾接纳过他的游屐。晚年的王士性，在南京官署中任一闲职，有充足的精力与时间来总结一生的宦游经历，写出了《五岳游草》《广游志》《广志绎》等著作。作为一本人文地理学的名著，《广志绎》将感性而零碎的旅游考察经验，上升为系统而理性的科学思维，从而将王士性造就成与徐霞客齐名的人文地理学家，这也是晚明官吏宦游带给人们的一个意外惊喜吧。

王士性对旅途中观察到的比较特别的自然与人文现象都进行了记录。王士性游武当山，看到山上不少地势险峻之处均有道士结庐其上，表面上看是苦行修道，王士性却心知肚明，知道其实质上是通过这种特立独行的修真之法，吸引人的关注与关心，从而获得布施与捐赠，"止眩奇以求施耳"。而游嵩山少林时，他也敏锐地感觉到了少林的特异之处，与少林周边禅寺的和尚"手持贝叶，口诵弥陀，六时工课，行坐不辍"相比，少林寺中只有外来游僧勤修佛课，"本寺僧则啜酒啖肉，习教武艺，止识拳棍，不知棒喝"。少林僧以武闻名，在明朝时候也是远近知名的。

王士性在把握全国地理格局的基础上，分析各地的地理环境、民情风俗、宗教文化、物产交通，并比较其间的差异。比如论及各地的民生经济发展，王士性认为需要根据自然环境因地制宜，"川陇下大

少林寺（郑州市文化广电和旅游局提供）

木，吴楚竞鱼盐，吴人又工淫巧，闽滇粤聚番舶，秦晋挈牛羊马驼，
又多巨贩"。甘肃、四川的木材，两湖、江浙的鱼盐，苏州的手工技
艺，福建、云南、两广的海上贸易，陕西、山西的畜牧业以及长途贩
运的商帮，都是各地具有核心竞争力的民生产业，即便受到冲击，
也都可以自我平衡。但是，河南的情况比较特殊，"独中州受河、淮、
汝三渎，而无罟网、舟楫之利，汝、洛山剑立而不饶竹木，大贩不集，
而百口皆聚食于其土而不能离跬步，操赢奇"，河南水虽多但无鱼盐

之利，山虽多而竹木稀少，吸引不到商帮来此经商，人们只能依靠单一的农业，没有其他增收的途径。这样就导致一旦农业收成不好，就会盗贼蜂起。经济上不占优势的河南，治理难度剧增。

地理学上环境决定论的观点，王士性早于西方学者二百多年就认识到了。比如南北饮食的差异，是由于人们生活环境的不同而决定的。"海南人食鱼虾，北人厌其腥；塞北人食乳酪，南人恶其膻"，之所以如此，是因为"水土积习，不能强同"。百里不同风，千里不同俗，空间环境的差异，带来了人们社会生活领域中的诸多不同。王士性站在全国的高度，分析了各地风俗的差异。在广大的北方农村和西部地区，虽然商品经济也有不同程度的发展，然而传统的乡村生活风貌依然顽强地保留了下来。王士性在深入地分析了河南的地理环境与民生特产后认为"中州俗淳厚质直，有古风，虽一时好刚，而可以义感。语言少有诡诈，一斥破之，则愧汗而不敢强辩"，民间还设有互帮互助的"告助""吃会"，这与"儇巧繁华，恶拘检而乐游旷"的南方地区显然有巨大的区别。在总叙一省风俗之后，王士性还深入分析省内各地的风俗异同。以河南为例，省府开封"在八郡中为繁华，多妖姬丽童，其人亦狡猾足使"，其他各郡风气各各不同，"睢、陈难治，以多盗故，光、罗山难治，以健讼（好打官司）故。卢氏、南召难治，以好逋（逃废债多）故。洛中难治，以豪举（豪族不法）故"。

在纵观古往今来的发展变化后，王士性形成了动态的地理观念："天运循环，地脉移动，彼此乘除之理。"地理现象不仅不断发展变化，而且还在地域间不断转移。他精准地判断出中国经济文化重心南移的趋向，"自昔以雍、冀、河、洛为中国，楚、吴、越为夷，今声名文物反以东南为盛"。在此基础上他进一步预测，中国的经济文化重心，有继续向岭南和西南转移的可能。他在湖北游历时，不断思考楚地变迁的动因，提出了"岂天运地脉，亦待人事而齐哉"

的观点。王士性用动态、变化与发展的视角，观察人类社会变迁，并且注重人类的主观能动性对社会发展的作用，有此见识者，明代之前，唯此一人。

王士性对下层民众保持着极大的善意与尊重，对一般文人大加抨击的民间游乐以及下层民众操持的各色服务性"贱业"，发表了不同流俗的观点。苏州虎丘的中秋赏月曲会，全城市民趋之若鹜，被不少文人批评为喧闹粗俗，王士性则赞之为"绝景"，为之赞叹不已。王士性分析北方人民喜爱的泰山进香之旅，之所以能够兴盛不衰，是因为当地的人民像蚂蚁一样辛勤劳作，提供饮食、香火、住店等服务，"饮食香楮，贾人旅肆，咸借以为生"，泰山方才能够接待四方香客。

王士性还是晚明时期具有先进与开放经济思想的学者，他指出泰山进香旅游的兴盛，为当地居民收入的增长开辟了一条新的途径。与之相同，杭州西湖"业已为游地，则细民所借为利，日不止千金，有司时禁之，固以易俗，但渔者、舟者、戏者、市者、酤者咸失其本业，反不便于此辈也"。杭州的劳动者们从服务西湖游客的衣食住行中获得了生活之资，官府屡禁而不绝，这种粗暴的干涉，反而损害了当地居民的利益。这些话虽然用字不多，但意思明了，思想深刻，意识到旅游发展对其他社会服务业的带动作用，意识到旅游是促进社会稳定、增加百姓收入的重要手段，意识到每个地方均须据其地利，选择适合自己的发展道路。

王士性的《广志绎》，突破了过去地方志式的对各地位置、幅员、山川、人口、风俗等内容的简单、分类式的记载，将作者对人文社会的缜密观察作如实的描写，力图从中得出一般性的发展规律。王士性之所以能获得如此高的成就，是其在旅游过程中注重对"星野山川之较，昆虫草木之微，皇宬国策、里语方言之赜"仔细观察、深入思考的结果。

　　像王士性这样经由宦游做出杰出文化贡献的毕竟是少数，绝大多数的官僚借助国家的交通体系周游天下，呼朋唤友，携带亲戚，一路吃请，各地迎送，甚至把使用驿传的官方凭证出让给各种关系户，在靡费民脂民膏的道路上越走越远，一发而不可收，败坏了官场风气，掏空了国家财政。晚明旅游家陈第自费到处旅游，他关注到了晚明驿站的崩坏，写了一首《驿异夫》的诗，其中就描述了驿政害民的情形：官员入驿，供役的民夫就要从早忙到晚，一刻不得息，还要遭受驿吏与官员的侮辱，"驿吏骂且笞，使客怒作色"，逼得百姓只能破家支应驿站的费用，而家中的妻儿则缺衣无食，民夫们"泣对妻子言，早祈死路侧"。驿政的败坏，极大地加重了贫苦百姓的负担，宁可死在路边，也不愿应驿站之役。明代王磐曾写过一首《朝天子·咏喇叭》，生动地反映了下层民众对官员们假公济私、损公肥私行为的痛恨："喇叭，唢呐，曲儿小腔儿大。官船来往乱如麻，全仗你抬声价。军听了军愁，民听了民怕。哪里去辨甚么真共假？眼见的吹翻了这家，吹伤了那家，只吹的水尽鹅飞罢！"

　　旅游最为兴盛的晚明时期，官员无度宦游的问题最为突出，王士性曾经观察到，天下山水名胜之处，如"嵩山、庐岳、雁荡、武夷，士大夫车骑馆穀，专为邑中之累"，极大地加重了地方与民众的负担。明代王世懋在《王奉常集·游三门集津记》中就曾无意中透露出官员宦游之扰民：一个卖桃的山民从山上下来，王世懋上前询问自己前来探访的古碑何在，山民回答道："向故有民家及诸碑碣，达官来游者多，民害之，皆埋碑徙舍去。"居民因不胜众多官员宦游之扰，宁愿把古碑埋到地下，舍家而去，也不肯再留在当地。明代宦游扰民愈演愈烈，以至于到了崇祯皇帝的时候，国家财政再也无力负担驿传运转的费用，不得不废除驿传，陕北的李自成因此失业，走上了造反的道路，并最终攻下了北京城，逼得崇祯皇帝在景山上吊自尽。

第九章

士子缙绅，山人商贾：

有钱仗势的旅游者

除官僚阶层之外，科举考中之前的读书人、因各种原因致仕归家的乡绅以及依附于官僚权贵的师爷幕僚、门客山人等，都与权力有着千丝万缕的关系。他们享有较高的社会声望，具有较强的社会影响力，也就自然受到社会的诸多优待，在出门旅行时同样会得到诸多的支持。商人阶层虽然政治地位不高，但经济实力较强，通过一些手段也可以获得诸多的出行便利。虽然他们不可能像官僚那样，享有基本不受限制的政治特权，但他们拥有的社会资源与经济资源，仍能使他们出行无忧，故而他们同样是旅游人群的主要构成部分。

一、士子赶考，乡绅归老

先看看读书的士子们吧。在古代中国，由于文化的传播手段比较落后，书籍稀少，无论是正经的文化教育，还是多样的社会教育，都非常重视游历，提倡"读万卷书，行万里路"，学子们在学习过程中要不断探访各地风景名胜、文化古迹、风俗民情，以陶冶情操、增长见识、锻炼才干。游学是读书人一生中必有的经历，人数多、范围广，影响至为深远。

早在秦汉时期，游学已是士人的传统，河洛之地作为帝国统治的核心地带，更是领一时风气之先。《后汉书·列女传》中记载了一则故事，一个名叫乐羊子的人，其妻子勉励其刻苦求学：

　　河南乐羊子之妻者，不知何氏之女也。羊子尝行路，得遗金一饼，还以与妻。妻曰："妾闻志士不饮'盗泉'之水，廉者不受嗟来之食，况拾遗求利以污其行乎！"羊子大惭，乃捐金于野，而远寻师学。

　　一年来归，妻跪问其故，羊子曰："久行怀思，无它异也。"妻乃引刀趋机而言曰："此织生自蚕茧，成于机杼。一丝而累，以至于寸，累寸不已，遂成丈匹。今若断斯织也，则捐失成功，稽废时月。夫子积学，当'日知其所亡'，以就懿德；若中道而归，何异断斯织乎？"羊子感其言，复还终业，遂七年不返。妻常躬勤养姑，又远馈羊子。

　　事情是这样的，乐羊子在路上拾得一块金饼，带回家交给妻子以为家用，哪知道妻子不仅正色拒绝，还说出了一番道理："拾金不还，昧为己有，不是君子的操行。"羊子听了非常惭愧，决心提升自己的素质，就出门寻找名师求学。一年之后，羊子归来，妻子不解，学业未成，何故归来？羊子解释道："没有其他的缘故，只是念家。"妻子听了之后，找出一把刀来，走到织机前面，说道："丝绸不是一天织成的，而是一天一天不停地织，才能达到成衣的长度，如果今天停机不织，前面的努力都将白费，永远不可能成为可用的材料。人的学习也是这个道理，日积月累，才能成就才德双全的君子，若中途辍学，就如同半途停织的丝绸断片一样。"羊子听了妻子的话，幡然醒悟，再次上路求学，7 年未曾归家。妻子在家奉养婆婆，还常常补给在外求学的羊子。

　　科举制实行之后，游学的风气不仅没有消减，反而通过制度化的异地考试，使得参加考试的士子们，除了跟随老师在家乡勤学之外，还要定期外出，游学赶考成了一个周期性的循环。明代科举制度规定，不论是乡试还是会试，均以 3 年为一周期，各地学子均须在规定时间内赶到指定的考试城市，参加考试。这一考试制度，造成了周期性的赶考大军，也给游学带来了新的形式：其一，赶考士子在路途上寻芳访胜，与友朋相互交流切磋，激发自己的才思；其二，赴考士子在考试城市宣泄放纵，以缓解考试的压力。

古代的学校——泮宫主体建筑（魏向东 摄）

　　谢肇淛的《小草斋文集·燕行记》详实记载了他在万历十六年（1588 年）赴京会试的情景：他元月二日从江苏镇江渡江，乘舟北上，看见江豚出没波涛间，向东望去，"碧海涨天，洪涛万里，而金焦二峰挺然砥柱，始信山川吐奇，固天所以限南北也"。他下面的行程与一路观赏的景点是：在邵伯埭"求谢东山遗爱故址"，到淮阴"拜漂母祠"，到下邳观张子房进履圯桥，经彭城、沛，渡沙河，宿汶上，至景州，观汉董子故里及汉细柳营，再经献县、河间府，二月二日至鄚州，"时期益逼，穷日而驰，即有古迹，应接不暇"，四日过潞河，入京师。谢肇淛一路行来，一路观察，发表了很有见地的见解：富贵权势，只是过眼烟云，能流传不朽者，全在于是否具有区别于流俗的文化内涵；这些文化的载体，千年之后还有源源不断的士子前来凭吊，

发思古之幽情。这些见解，均为其在赶考路上所见、所思、所得。古
人所谓见多而识广，谢肇淛的经历正说明了这个道理。

　　士子在应考城市有一段不短的停留时间，他们往往会提前到达，
先寻下住处，这使得房屋租赁成为该城居民一个极为赚钱的行当。
明人所撰之《杜骗新书》中载：在举办考试的城市中，每逢科考之
年，来自各地的举子极多，不论大小房屋，举子俱出重金租下，作
为短期居住之所；住下之后，举子们不是忙着找门路打点人事，就
是三五好友欢聚，认真点的温习文字，不在意的则看风景，下勾栏。
正如《初刻拍案惊奇》卷十六《张溜儿熟布迷魂局　陆蕙娘立决到头缘》
中所刻画的那样："正是那十一月中旬光景，五人夜住晓行，不则
一日来到京师。终日成群挈队，诗歌笑傲，不时往花街柳陌，闲行

进士第（魏向东　摄）

遣兴。"

考试过后，外出看风景，游玩胜地，自然也是这些终日苦读、一朝出门的士子们的选择。万历四十八年（1620 年），河南鄢陵人郑二阳在北京参加完会试后，候选之暇，甚觉无聊，就与侯德征、山人杨懋修同游西山。就在这一年的考试中，来自河南鄢陵的五位学子梁廷栋、梁廷翰、常自裕、郑二阳和苏守范同年中榜，成为一朝佳话。

明代的科举士子，不论是在考前，还是在考后，也不论是在路上，还是在城中，旅游都是他们经常做的一件事。在他们的生命中，游与学是不可分割的，这也使得赶考的士子们成为旅游大军中别具特色的一道风景线。

乡绅是中国封建社会中一个特殊的群体，主要由家居官员、有功名的士子等在乡村有影响的人物构成。这些乡绅，有着丰厚的物质条件，又有着充裕的闲暇时间，同时他们大多具有一定的知识修养与人生阅历，因而对精神生活的追求欲望，远比一般人更为强烈。

中国古代的地方政治，多把持在乡绅手中，那些因各种原因而退居在家的官员，通过错综复杂的关系网，影响着地方资源与利益的分配。与现任官吏一样，他们也同样能利用政府资源服务于自己的游兴，"日选胜于泉石而追逐之"，把山水之游当成了自己的正经事务。所谓"游山玩水，是缙绅归老事"（郑鄤《天山自叙年谱》），说的就是乡绅们的日常生活状态。

《明史》中记载了一个叫安希范的官员的退养生活，可以作为上面所说的注脚。安希范，无锡人，年少多才亦多金，年方弱冠，即得中进士功名，万历二十一年（1593 年）削籍还乡，一抵家门就闭户不出，专门造了一座画舫，两侧分列 12 扇绮窗，上面画了陶渊明、张翰、苏轼、米芾诸名人贤士的画像，以之作为自己水上漂游时的精神伴侣。

　　与安希范相比，河南人王祖嫡就没有那么好的家境了，但其因病家居之时，同样经常出游，并致力于地方的各项建设事业。王祖嫡，字胤昌，别号师竹，河南信阳人，出生于军户家庭，其父被同僚诬陷，失去了世袭军职，家道中落。幸亏其母袁氏识文断字，亲身督促王祖嫡兄弟读书，方才使王祖嫡学有所成，考中了进士，被选为翰林官，长期在北京供职。

　　王祖嫡是个极孝顺的人，曾三次迎奉母亲入京供养，但母亲水土不服，总是不习惯在北京的生活，王祖嫡就时常请假回乡侍奉。其母病逝后又在家守孝，迟迟不入京履职。故而在万历十八年（1590年）致仕之前，其实有一半时间，王祖嫡都是在家乡信阳度过的。王祖嫡为自己的家居生活修了一座园子，称作"丘园"，以作颐养之所。虽然他的身体不是太好，却非常喜欢旅游，为官的时候借出使地方之便游过关中、荆楚、江南等地，家居时则时常出游信阳周边的山水。

　　淇县有个云梦山水帘洞，王祖嫡去玩的时候正值大雨，山色朦胧，风光绮丽，但山路却极不好走，王祖嫡就以重金激励轿夫，有能将他冒雨抬到水帘洞的，就每

鹤壁市淇县云梦山水帘洞（鹤壁市文化广电和旅游局提供）

人奖励百钱，结果穷困的轿夫们"欢呼争应"。这个洞穴虽然在官道旁边，但没有大路连接进洞，故而很少有人知道，更没有人知道洞中的胜景。王祖嫡冒雨入洞之后，洞口的水帘在雨水灌注下尤为壮观，他见此奇景心中大喜，特地写了一篇《云梦山水帘洞记》，收入《师竹堂集》。

由于王祖嫡长期居家，地方上的很多事务，地方官都会征询他的意见，他也积极参与地方建设。许州（今河南省许昌市）辖下有临颍和郾城两县，两县中间的小商桥，是宋时岳飞部将杨再兴大战金兵的地方，杨再兴勇猛过人，率300骑歼灭金兵2000人，最后力战而亡。王祖嫡为诸生时到省城会试路经此地，了解到当地人竟然都不知道杨将军的英勇事迹，这使得他十分寒心。王祖嫡考中进士后，他的两位同年恰好分别担任这两县的县令，王祖嫡就嘱托他们在小商桥建祠祭祀杨将军，两位同年慨然应诺。此后经过诸多程序，几经反复，在王祖嫡持之以恒的督促下，祠堂终于建成。王祖嫡再经此地时，看到已经建好的祠堂，赞叹道："美哉！壮且丽矣。"后来他还专门写了《宋杨将军祠碑记》，叙述了建祠的缘起与过程，勒石立于祠中。这一彰显忠义文化精神的地方文化景观，正是在像王祖嫡这样的地方士绅的关心督促下，才能够特立于世，并成为地方具有标识性的文化符号。

二、诗文游食，山人奔走

古人出游，极少有孤身上路的。一方面，出门在外有诸多不便；另一方面，远方的陌生空间会发生许多难以预测的不确定事件，所以人们大多呼朋唤友，成群结队地游山玩水。像徐霞客那样一主一仆，飘然远游，是需要非常大的勇气的。另外，旅游不仅是标识游者社会身份的一种手段，也是调节人际关系、加强人际联系的一种工具。

山光水色（魏向东 摄）

一方面，三五友人啸山傲水，可以暂时脱离名利交织的现实世界，在自然的环境中获得感情的沟通；另一方面，面对云卷云舒、变幻莫测的山光水色，同游者之间机锋迭出的交流，既可缓解旅途的疲劳与寂寞，又可使人身心畅快，得到审美上的情感共鸣。故而组团出游，才是古人的常态化出游方式。

那么，同游的都有些什么人呢？除了地位相同的同僚、关系紧密的亲故、感情融洽的朋友外，旅游者往往还会带不少依附于自己的帮闲文人、门客山人，以及侍从仆役，为自己提供精神和物质上的诸多帮助。如明代李维桢游太湖，据他自己在《太湖两洞庭游记》中交代，他的游伴有冯元敏、周公瑕、朱贞吉、汪仲淹、蒋茂弘、汪永叔、许山人子长、张都尉左虞、汪山人子建、毛山人豹孙、蔡孝廉士良、涵村陆山人伯相、其弟士坚等。在这份名单中，有好友，有同僚，有地方文化人，还出现了好几位山人。

山人是什么人？为什么出游时要带上他们呢？

山人是明代旅游中的重要角色，是以游山玩水为职业、以诗文游食于公卿之门的一类特殊人群。山人，虽宋代时即有此称，但晚明时山人才真正发展起来，他们人数众多，以至晚明时京城山人人满为患，政府甚至下令将之逐出京城。山人的构成也很复杂，很多科举受挫的士子摇身一变，就成了山人；也有很多读过书的贫寒子弟，以山人身份依附于达官显贵，陪同他们游山玩水，从而找到了生活的出路。

明朝隆庆万历之际，著名的布衣山人宋登春，出生于新河县六户村（今河北省邢台市新河县新河镇六户村）一户农家，少年时期父母双亡，依靠兄嫂生活，家境十分贫困，但他天资聪颖，又很好学，逐步成长为一个能诗善画的青年。他酷爱饮酒，但由于家中贫困，时常无酒可饮，所以暗自发奋，努力自强。他本想做一个任性使气的大侠，学了一身的骑射功夫，但这些都不能换来买酒钱，故而继续"沈酣落魄，里中目为狂生"。人倒霉的时候，坏事儿一桩连着一桩，在他30岁的时候，妻子儿女5人于一年间相继死去，宋登春一夜之间须发皆白，自号"海翁"。在这个伤心之地，他再也留不下去了，就把破家托付给兄长，带义子（侄子）宋鲸弃家远游。一路上，他以书画换取旅资，结交朋友，希望碰到赏识自己的贵人，找到翻身改命的机会。

宋登春先是来到北京一带，后又去往渤海、山东，登过峄山，看过秦始皇遗碑，但就是没找到赏识自己的人。宋登春认为是自己的诗文功夫还不到家，于是"还居长白山一萧寺"，找出行囊中随身携带的汉魏盛唐名家诗，闭关揣摩了3年。此后自觉大有长进，有了觅食的本钱，就继续上路远游，去了文气浓郁的江南，但依然一无所获。回程走徐州青州，归于新河家中。停留了短短数日，再次出门，"出居庸，循太行山而西，穷关陕泽潞诸边塞"，沿着大明北方边境一路行游，经由关中进入四川，"游峨眉山，溯巫巴"，来到湖北地界，在此往复来回了一段时间，依然无所着落，于是"北走大梁"，再从开封回湖北。

这一次的路途转向，预示着宋登春的人生转折即将来临。就在从河南回湖北的路上，他所乘坐的驴"蹶于唐氏之淖"，将其随身书囊中的书弄湿了，他只得将书取出来，在大街上晒书。这个奇异的举动，引起了唐氏主人的注意。请他吃了顿饭，一番言语试探之后，唐氏主人非常认可宋登春，将之收入门下，日与交游，并将他的诗集刻印成书，传播开来。这样宋登春才在湖北一带获得了声名，为人所重。

宋登春挟书画之才，游走天下十年，却一直未能得到主流文人的青睐，正如他自己所说："鄙人游天下，将徧（遍）矣。皇皇栖栖，无所止泊。"其实他是很不甘心的，他在《秋日野望》一诗中就流露出这种情绪："老马空知道，穷猿岂择林。十年书剑客，寂寞到如今。"在半生潦倒的时候，他的作品得到赏识，诗集得以出版，不但遂了自己的扬名之望，在文坛上有了一席之地，关键这本诗集到了应该到的人手上。这个人就是当时荆州知府徐学谟。徐学谟非常赏识他的诗画，与之交游频密，并为之授室授地，成为宋登春的供养之主，宋登春这才得以安生，定居江陵天鹅池（今湖北省石首市天鹅洲经济开发区），更号"鹅池"，后人也称之为"宋鹅池"。

此后，徐学谟罢官归家，宋登春一人留在江陵，生计无着，想着去见徐学谟，又没钱置办行装，就化装成和尚，一路托钵化缘，行乞于途，来到徐家。归江陵后又经几番挫折，穷困无以为生，只得重施故技，隐姓埋名，化身为僧。直到徐学谟再次来到湖北为官，宋登春才再次露面，受徐学谟的供养。徐学谟退休回家之后，宋登春又一次陷入生计无着的境地，再次投奔吴中徐家，后投钱塘江而死，有《宋布衣集》传世（以上据徐学谟《宋登春传》）。

"考其游迹，几遍天下，囊中亡一钱自随"的宋登春以山人为业，以诗画之才、游历之丰，见知于有权有势的当道之人，获得生存的资本。他一生没有参加科考，没有官职，致力于诗画创作，现存诗文300余篇，内容多以游历览胜、思乡交友为主题，语言质朴清丽。其画作也有较高成就，善画先古人物并兼山水，是"江夏派"画法传人，惜无画作传世。宋登春在诗画创作上成就颇高，在明代文化史上具有一定地位。

像宋登春这样出身贫寒的山人，为数不少。如当时最为有名的山人王叔承，《明史》本传称其"少孤"，家中贫寒，不得已做了赘婿，又不为丈人所喜，被赶出家门。王叔承身无分文，只得带着老婆回到自己的穷家，贫苦更甚，后客于大学士李春芳处，生活才得以改善。因而孤寒已极的山人，一旦能作点小诗、有了一点旅游经历之后，就迫切地想得到贵人的赏识，从而解决衣食之忧。而那些家境尚可的山人，在无法通过科举途径获得功名之后，也希望能以山人的身份扬名于公卿间，得到社会对其个人价值的认可。

其实要成为山人也并不是一件容易的事，必须具备游食的基本技能。首先，晚明山人要会写作诗文，并要想方设法请当时的名流给自己的诗文作品作序吹嘘，以博得声名。其次，山人要有较为丰富的旅游经验，广泛出游名山胜水，同时善于将旅游时所观察到的自然风光、人文景观与社会生活中的各种信息，内化为自己的知识储存，在与名公巨卿清谈中，以口舌之利得到主人们的肯定。

这样的群体对旅游助益很大：其一，其游走于权贵之间的特征，使旅游的知识被广泛传播，加深了人们对各地风光、风情的了解，有利于开阔眼界；其二，山人还利用自己的旅游专业知识，为想要出游的官吏们提供陪游讲解服务；其三，有些山人致力于诗文创作，将许多旅游景观整理成系统的文字资料，扩大了传播面；其四，有些山人为获得更大的声名，远走一般人不常去的地方游赏，对开辟新的旅游地做出了贡献。故而山人群体虽大多数游走权门，但因其多善诗书、懂旅游，在客观上促进了旅游的发展。这是社会中下层知识分子与旅游的一段善缘。

三、只将生事系江湖，利市何愁远行役

尽管中国古代一直实行"重农抑商"政策，但商人的数量还是相当庞大，各地经济的差异性、不平衡性和地域的广阔性形成了我国规模巨大的市场，提供了无数商机。中国古代的行商大致分为三种：一是辗转全国各地从事贸易活动的大商人，二是跨州越府的中等规模商

人，三是地区性的中小商人。商人游走在生产者和消费者之间，游走在城乡之间，用不等价交换赚取地区差价。商人自古重利轻别离，只要有利可图，哪怕远走天涯，也甘之如饴。行商和小贩，是当时商路上最活跃的人群。他们人数多，线路复杂，目的地广泛，在中国封建社会的每一个时段都留下了足迹。

我们以商品经济最为发达的晚明时期为例，看看商人是如何商旅兼顾的，又有哪些不同于官僚士绅的旅游特点。

商旅一体，寓旅于商。晚明商人们风尘仆仆地奔波于道路之上，既是长距离贩销的商业活动，同时也是一个观赏人文景观、游览山水名胜的旅游过程。凌濛初在《初刻拍案惊奇》卷二十四《盐官邑老魔魅色　会骸山大士诛邪》中，用生动的文笔，记述了一个徽商在经商途中游玩的经历："一日，有个徽商某泊舟矶下，随步到弘济寺游玩。寺僧出来迎接着，问了姓名，邀请吃茶。茶罢，寺僧问道：'客官何来？今往何处？'徽商答道：'在扬州过江来，带些本钱，要进京城小铺中去。天色将晚，在此泊着，上来耍耍。'寺僧道：'此处走去，就是外罗城观音门了。进城止有二十里。客官何不搬了行李，到小房宿歇了？明日一肩行李脚踏实地，绝早到了。若在船中，还要过龙江关盘验，许多耽搁。又且晚间此处矶边风浪最人，是歇船不得的。'徽商见说得有理，果然走到船边，把船打发去了。搬了行李，竟到僧房中来。安顿了，寺僧就陪着登阁上观看。"在从商途中，一有闲暇，商人都乐意游玩消遣一下，以消除旅途的疲劳。

长途贩运的商业风险、商业时机的稍纵即逝，均使商人的生活趋于紧张，需要一定的宣泄渠道，因而商人普遍喜好纵情娱乐的生活。尤其是到了陌生的环境中，日常的道德约束就会大大减轻，因而时常出门在外的商人普遍有道德弱化的倾向。凌濛初《初刻拍案惊奇》卷二十二《钱多处白丁横带　运退时刺史当艄》借用一则唐代故事，塑造了一个明代商人追欢逐乐的嘴脸。其中讲述了一个极大的商客借了江陵商人郭七郎几万银子，到京都做生意，"郭七郎在家想着这注本钱没着落，他是大商，料无所失，可惜没个人往京去讨一讨。又想一想道：'闻得京都繁华去处，花柳之乡，不若借此事由，往彼一游。一来可以索债，二来买笑追欢，三来觑个方便，觅个前程，也是终身受用。'真计已定"。可见"繁华去处，花柳之乡"，乃是郭七郎立意前往的最大动力。

正是由于商人们商旅并重的活动特征，晚明大量出现的商书，不仅仅为商人指示路途远近、险易等从商须知的事务，还都注明了商路串联的旅游风景。最受当时商人欢迎的商书是新安商人程春宇的《士商类要》，曾被书坊数度翻印。

徽州商人是晚明时期与晋商齐名的大商帮，活动范围极广，有"无徽不成镇"之说。其主要活动区域有东南沿海的浙江、福建、广东，长江中部的湖南、湖北，西南地区的云南、贵州、四川，北方地区的河南、陕西等，以及全国各大商业都会。根据方一桂为《士商类要》一书所作序中披露，程春宇父母早逝，"甫成童而服贾，车尘马迹，几遍中原"。可见程春宇童年生活并不宽裕，双亲早逝，因为生活所迫，童年时即自力更生而出外经商。其主要的活动区域，正是河南、陕西一带。

与一般经商者不同的是，程春宇不仅关注商务、利润等，而且在经商途中，对各地的气候物产、风土人情、风俗美恶等均留心注意，或咨询故老，或求助经籍，从而对全国主要的商业地区有了比同时代其他商人更多的了解。正是在此基础上，他在晚年"倦游安税驾"之后，才能够以"一腔觉世深情"，"取生平睹记，总汇成编"，为从商者指点迷津。

《士商类要》全书共四卷，首二卷以一卷半的篇幅，记载商路的水陆里程，半卷记载"客商规略""杂量统论""船脚总论""为客十要""买卖机关""贸易赋""经营说""选择出行吉日""四时占候风云"等与经商有关的事务；卷三为商人须知的各种常识；卷四则阐述商人的自我修养，内容较为庞杂。此书是程春宇自己经商的实践经验总结，其中记载了在商路中的一些旅游景点，这是与其他商书不一样的地方。

旅游依赖交通。晚明时期，随着商品经济的发展，商贸流通日益频繁，大量出行的中小商人无法享用驿站的服务，对商旅服务的要求非常迫切，因而服务于商人的商路系统得以出现。作为一种民用的交通体系，虽然主要利用国家原已开辟的交通路线，但各项商旅服务，如饮食、住宿、雇募交通工具、购买旅行指南等，却多依赖市场提供。

商路的形成进一步带动商旅的发展。出外经商者的增多，带来对商路知识的需求。《士商类要》一书，虽然主要目的在于为商人的远程贸易提供行路指南，指示全国各地的道路系统、为商要诀、注意事项等，但该书还同时记载了不少可供商人消遣、娱乐的内容，其中尤为重要的是，程春宇根据自己的旅行经历和选择标准，给读此书的人提供了一份全国各地的重要旅游景点名录。在某种意义上，《士商类要》一书，不仅可以看作是程春宇自己在全国行商旅游的行踪记录与经验总结，也可以看作是对全国商人，尤其是新安商人在全国进行商务旅游的行动指南。

程春宇在《士商类要》所列的 100 条商路中，介绍了 106 处旅游景观，其中人文类 70 处、自然类 36 处，人文类景观占有绝对的优势地位。而在人文类景观中，在河南的数量最多。下面将《士商类要》中所涉河南景观列表于下：

《士商类要》中所涉河南景观

名称	明地名	今地名	备注
曹操被陈宫所获处	河南开封府中牟县	河南省中牟县	商路 48
伏羲陵、八卦台、孔子绝粮亭	河南开封府陈州	河南省淮阳县	商路 85
羑里城	河南彰德府汤阴县	河南省安阳市汤阴县	商路 89
武王观兵台	河南怀庆府孟津县	河南省洛阳市孟津区	商路 91
老子讲经台	河南河南府新安县	河南省新安县	商路 91

续表

名称	明地名	今地名	备注
蔡中郎祠	河南开封府陈留县	河南省开封市陈留镇	商路 54
二程夫子祠	河南河南府	河南省洛阳市	商路 54
紫金山韩文公墓	河南怀庆府孟县	河南省孟州市	商路 91
北邙山东汉陵	河南河南府	河南省洛阳市	商路 95
甘罗墓	河南河南府	河南省洛阳市	商路 95
杜工部故里	河南河南府巩县	河南省巩义市	商路 54
秦赵会盟处	河南河南府渑池县	河南省渑池县	商路 95
嵩山	河南河南府登封县	河南省登封市	商路 54

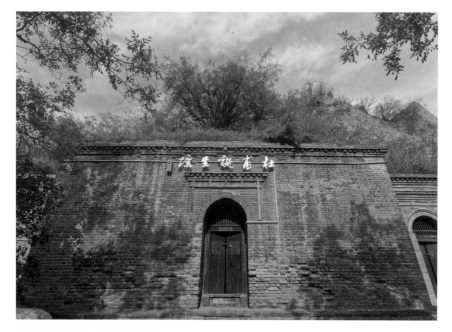

巩义杜甫诞生窑（聂作平 摄）

　　从这些选入的景点性质来看，商人感兴趣的主要是与历史名人和历史事件有关的景点，这与文人士大夫偏好自然山水有了非常大的区别。尤为值得注意的是，明代通俗文艺十分发达，演义小说成就可观，讲史、唱戏等通俗艺术形式受到社会各个阶层的广泛欢迎，而经过通俗文艺放大的历史人物故事，自然在人们的脑海中留下了鲜活而深刻的印象。商人阶层是通俗文艺有力的推动者，其本身也就受到最直接的影响，连带着影响到其旅游偏好。在《士商类要》一书中，就有不少这样的旅游吸引物，涉及河南的就有曹操被陈宫所获处，这明显是两汉故事与《三国演义》的产物。

　　这一类景观在商人旅游清单上的出现，反映了商人阶层的文化价值观念更深地受到世俗文化的影响，也是近代文明进入之前中国大众文化的一种自觉，这在文化史上是引人注目的一种新现象。正如王尔敏先生在《明清时代庶民文化生活》一书中所指出的那样："一切表现于最普通、最习见、最庸俗、最简单之衣食住行嬉戏游乐，此即大众文化主体，实涵泳于世俗生活之中，却是多数人所有，是以颇值得看重。"

　　除行商外，住商也是其所在城市旅游活动的积极参与者。以扬州为例，张岱《陶庵梦忆》载，清明之时，举城居民出外郊游："四方流寓及徽商西贾、曲中名妓，一切好事之徒，无不咸集。"很显然，文中特别标出的徽商、西贾，既指代了晚明商帮中两股最重要的力量，即徽州商人与山西商人，又突显了商人才是清明踏青的重要人群。可见商人们不仅是旅游的积极参与者，也是旅游的积极推动者。

　　城市夜生活的兴起，也与商人有着脱不开的干系。程春宇积年经商，有着丰富的经验，对商人的行为有着清楚的了解。他在书中曾就商人好夜游的行径，提出了善意的忠告："浪荡之徒，专欲夜游，或饮酒而街坊闯祸，或玩戏而殴妓骂娼，或赌博而忍饥寒，或鼠偷而陷缧绁，或罹不测之灾，靡可尽述，夜游为害若此。"程春宇对夜游不以为然，大力抨击夜游中出现的饮酒斗殴、观戏狎妓、赌博破财、小偷小摸等现象，并专就此事特标名目，劝导商人，却反而说明当时商人喜好夜游是非常普遍的现象。

　　商人喜城市、好人文，偏向于世俗生活的旅游偏好，与商人阶层的职业特点密切相关。商人的行为方式受到经商的职业限定，或穿行于道路之上，或居停于城市之中，其主要居停地大都在原材料产地和交换市场所在地。城市作为聚集人流、物流、信息流的场所，是最重要的商业利润实现地。因此，只有在交通线附近与城市周边地区的景观，商人们才有暇游览。自然景观分布与商人居停地的不一致性，限制了商人对自然景观的选择。

　　根据经济发展水平、交通便捷程度以及商人的旅行偏好，晚明时期形成了一个全国性的商业旅游网。在这一旅游网中，以南京、苏州两大城市为中心的南直隶地区，聚集了对商人阶层最具吸引力的旅游景观，是商人旅游的中心地带；南北贯通的大运河一线、洛阳到西安的传统大道以及长江干线，是商旅往来频繁的交通走廊，也是商人在经商过程中乐于走访的地区，是商人旅游活动发生最为频密的地区。

　　晚明时期，商品经济的发展，商业旅行的频繁，商人数量在城市中的急剧增加，以及其追欢逐乐的生活倾向，不仅促进了城市生活的丰富多彩，而且带动了城市旅游的繁荣兴旺。

第十章

快乐城市，宁静乡村：下层社会的旅游者

　　中国古代的旅游在晚明时期达到极盛，旅游者的构成群体空前扩大，上至达官贵人，下至平民百姓，几乎社会各个阶层都参与了旅游活动。尤其在一些经济文化相对发达的地区和城市，一些社会下层成员有了享受旅游的机会与能力，并切实地付诸行动。但就总体情况而论，晚明旅游依然以士绅这一社会精英阶层的旅游为主导，商人与市民则是城市旅游的生力军。广大的乡村居民，尤其是经济文化较为落后地区的居民，除分享节庆的快乐、表现对宗教的虔诚外，真正参与旅游活动，尤其是中长途旅游活动的人数是屈指可数的。由此可见，城乡的旅游发展水平有着较大的差异。

一、城中歌舞庆佳节，城郊酣饮正踏青

　　宋、元以来商品经济的发展，使城市逐步由单纯的政治、军事中心向政治、经济、文化中心转型，中心城市地位不断强化，政治、经济、文化、人力资源向中心城市集中。城市生活越来越繁华，对区域的辐射影响力、人口的多元吸引力都不断增强。失地农民与地主都向城市汇集，城市人口随之不断增长，城市也提供了诸多新的谋生途径，新兴的市民阶层初步形成。

　　由于城市生活的特点，市民阶层具有一定的可供自己支配的休闲时间；通俗文艺的传播，使市民的文化审美能力得到了启蒙；晚明城市商品经济的发展，使市民阶层的文化消费能力有了较大的提升，尤其是经济发达的江南地区，城市居民的经济条件在明中期之后有了较大的改善。故而在明代的杭州，作为城市商品经济繁盛标志的夜间消

费有了发展，"北关夜市"受到人们的热烈欢迎。清人姚廷遴《历年记》记述，以棉织业为中心的松江地区，百姓生活比较富裕，早餐有菜，晚餐有酒，男女老少头上有饰品，服装雅而美，饮食器具精美，小菜口味上佳。商品经济发达的松江地区，百姓生活已经脱离温饱状态，可以说是小康了。一早一晚，早有所食，夜有所玩，从某种意义上来说，明中期之后江南地区率先掀起的这种生活享乐之风，也是百姓经济能力提升的表现。

明杭州"北关夜市"图

晚明时期，城市通俗文艺因其投合了市民阶层的欣赏口味而盛行起来，出现了一大批通俗作家与作品，话本小说的发展尤其惹人注目。晚明短篇小说集的代表是冯梦龙的"三言"系列和凌濛初的"二拍"系列。凌濛初多用现实事件作为故事题材，内容基本上都是发生在明朝的人和事，其现实性很强，能准确地反映晚明市民的心态、行为、生活方式。他在《二刻拍案惊奇》第八卷中总结晚明城市市民的生活娱乐模式，大致是"歌楼舞榭，倚翠偎红，绿水青山，闲茶浪酒"。除了在城中追欢逐乐之外，每当春和日丽之时，市民就成群结队地去郊外游赏聚饮，"迟迟丽日，拂拂和风。紫燕黄莺，绿柳丛中寻对偶；狂蜂浪蝶，夭桃队里觅相知。王孙公子兴高时，无日不来寻酒肆。艳质娇姿心动处，此时未免露闺容。须教残醉可重扶，幸喜落花犹未扫"（《初刻拍案惊奇》卷十一）。名目繁多的城市娱乐与花费较少的近程郊游，是城市居民参与旅游的主要形式。

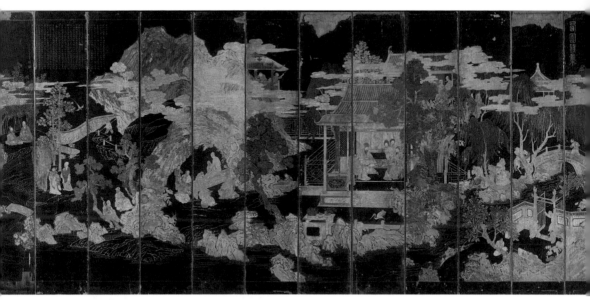

［清］宋祖法《荣寿序》之《西园雅集图》屏风（驻马店市博物馆提供）

　　其实不仅经济发达的江南地区如此，在经济日渐凋落的北方，集聚了众多资源的中心城市，同样呈现出世俗生活的欢乐场景，尤其是在传统节日期间，举城欢庆，如痴如狂。就拿全国政治中心的北京来说，由于集聚了大量的官宦人家，其节日欢庆的狂热程度丝毫不亚于江南。

　　按照农事节律，中国传统节日从年初一直排到年尾，节庆游乐也就有了一个较长的时间周期，尤其是在春天的节日，基本上都成为人们追欢逐乐的机会。根据王士性的观察，北京妇女是节庆游乐的生力军，"每岁，元旦则拜节。十六过桥走百病，灯光彻夜。元宵灯市，高楼珠翠，毂击肩摩。清明踏青，高粱桥盘盒一望如画图。三月东岳诞，则耍松林，每每三五为群，解裙围松树团坐，藉草呼卢，虽车马杂沓过，不顾。归则高冠大袖，醉舞驴背，间有坠驴卧地不知非家者。至中秋后游踪方息"。意思是说，游乐节目从元旦（当时指春节）一直排到中秋，不仅持续的时间长，而且北京妇女玩起来尤其疯狂，在野外席地而坐，就地开赌，在城内醉骑毛驴，倒卧长街。由此可见，在日常生活中备受压抑的妇女，一旦有机会释放激情，就会比男性还疯狂。所以王士性认为，北京妇女是最热衷旅游的女性人群，"都人好游，妇女尤甚"（王士性《广志绎》）。

在明清时期的河南地区，开封作为河南的首府，也是经济文化资源最为集中的首位度城市，城市游乐有着自宋以来的悠久传统。一年之计在于春，在一岁肇始的时节，春节、元宵、立春等节日交织在一起，人们的闲暇时间比较多，节日活动缤纷多彩，春季的节日就是开封最为热闹的日子。江西泰和人萧士玮游开封时，正好碰上立春，他在《汴游录》中记载了开封迎春仪式："市人蚁聚，皆簪蝴蝶彩花于头，妇女从帘幕中，高髻峨峨，劣得尺余，衫短裙长，窃学宫妆。"由此简单的记载，也可以看到开封城内妇女，人人头上插花，平常缺少在公共场所活动机会的她们，趁此机会穿上短衫长裙，顶着长长的高髻，化着好看的宫妆，争奇斗艳，将迎春仪式看成了比拼时尚的场所，其开心欢畅的情绪溢于其表。

其实开封最重要的春季节日是三月三日上巳节。这个节日的起源与活动内容，与春秋时期的河洛民间风俗密切相关。《诗经·郑风·溱洧》记载了发生在溱水边的郑国男女春嬉之事："溱与洧，方涣涣兮。士与女，方秉蕳兮。……溱与洧，浏其清矣。士与女，殷其盈矣。"熙熙攘攘挤满河滨的男女青年们，以水洗濯身体、祓除灾厄。春天的河边生机勃勃，青年男女自然就会玩闹动情，也就自然蕴含了自由择偶的意思，因而深受人们的欢迎。春秋时期的河洛地区，民风是很自由开放的，不仅郑国如此，卫国也一样。《汉书·地理志》中的"卫地有桑间濮上之阻，男女亦亟聚会，声色生焉"，就描述了卫国的青年男女在濮水边私会嬉游的情景。

魏晋之后，上巳节的时间被确定为三月三日，水边沐浴以祓灾祈福的仪式，慢慢演变成了临水宴客和郊外踏青的风俗，后又演化为临水浮卵、水上浮枣的习惯，逐渐成为人们所熟知的游戏"曲水流觞"。
在当时的都城洛阳，每年都大规模地举行上巳节的庆祝仪式，晋人成公
绥为此专门作了《洛禊赋》记述这一节日盛事："祓除鲜禊，同会洛滨。
妖童媛女，嬉游河曲，或盥纤手，或濯素足。临清流，坐沙场，列罍樽，
飞羽觞。"这段话说了两种人群在洛水滨的两种节日活动：青年男女盥
手濯足，在河边嬉戏；有身份的人则在举行曲水流觞的雅戏。

［清］宋祖法《荣寿序》之《兰亭修禊图》屏风（驻马店市博物馆提供）

　　这个节日及其仪式一直传承下来，风靡全国。江南地区，每逢上
巳，万人空巷，士庶民众皆出居水边。东晋开国皇帝司马睿初到江
南，欲收拢吴地人心，亲去水边"观禊"，引起了在水边修禊的吴人
的轰动。北方地区，《邺中记》载：后赵皇帝石虎三月三日举办临
水会，皇家公主嫔妃、名官巨宦的家眷都到会参加，"临水施帐幔，
车服粲烂，走马步射，饮宴终日"。到了唐代的时候，初唐诗人陈子
昂，在洛水之滨还写下了"暮春嘉月，上巳芳辰。群公禊饮，于洛之

滨"的诗句。

明代的开封，依然保持着上巳过节的传统，只是仪式内容有了很大的不同，大多是城市居民的节日聚会与商业和娱乐相结合的商业庙会，其举办的地点在靠近汴河的吹台。小说《歧路灯》第三回"王春宇盛馔延客，宋隆吉鲜衣拜师"中记载了明清时开封在吹台举行上巳节活动的盛况：

> 原来祥符宋门外有个吹台，始于师旷，后来汉时梁孝王建修，唐时诗人李白、杜甫、高适游咏其上，所以遂成名区。上边祀的是夏禹，都顺口叫做禹王台。每年三月三日有个大会，饭馆酒棚，何止数百。若逢晴朗天气，这些城里乡间，公子王孙，农父野老，贫的，富的，俊的，丑的，都来赶会。就是妇女，也有几百车儿。这卖的东西，整绫碎缎，新桌旧椅，各色庄农器具，房屋材料，都是有的。其余小儿耍货，小锣鼓，小枪刀，鬼脸儿，响棒槌之类，也有几十份子。枣糕，米糕，酥饼，角黍等项，说之不尽。

开封禹王台（刘克明 摄）

该书主人公的母亲王氏，百般劝说其夫允许全家一起去看三月三大会，在未得到明确同意的情况下，就让家中仆役准备，两个家奴也是高兴异常：

　　到了次日，王氏早把端福换了新衣，先吩咐德喜儿，叫宋禄
将车收拾妥当。……这宋禄小厮儿们，更要上会，早把车捞在胡
同口等候。德喜儿换了衣服，喜欢的前后招呼。娄潜斋、谭孝移
引着两个小学生一同上车，出南门往东，向繁塔来。早望见黑鸦
鸦的，周围有七八里大一片人，好不热闹。但见：

　　演梨园的，彩台高槳，锣鼓响动处，文官搢笏，武将舞剑。扮
故事的，整队远至，旗帜飘扬时，仙女挥塵，恶鬼荷戈。酒帘儿飞
在半天里，绘画着吕纯阳醉扶柳树精，还写道："现沽不赊。"药
幌儿插在平地上，伏侍的孙真人针刺带病虎，却说是"贫不计利"。
饭铺前摆设着山珍海错，跑堂的抹巾不离肩上。茶馆内排列着瑶草
琪花，当炉的羽扇常在手中。走软索的走的是二郎赶太阳，卖马解
的卖的是童子拜观音，果然了不得身法巧妙。弄百戏的弄的是费长
房入壶，说评书的说的是张天师降妖，端的夸不尽武艺高强。绫罗
绸缎铺，斜坐着肥胖客官。骡马牛驴厂，跑坏了刁钻经纪。饴糖炊
饼，遇儿童先自夸香甜美口。铜簪锡钮，逢妇女早说道减价成交。
龙钟田妪，拈瓣香呢呢喃喃，满口中阿弥陀佛。浮华浪子，握新
兰，挨挨挤挤，两眼内天仙化人。聋者凭目，瞽者信耳，都来要聆
略一二。积气成雾，哈声如雷，亦可称气象万千。

吹台在开封城外，是开封市民郊游的主要去处。随着城市经济的
发展，在春和日丽的时光，城市居民们不时走出城市，在城郊山清水
秀的地方，寻找与自然接触的机会，放松紧张的身心。中心城市周边
都陆陆续续地出现了不少郊游胜地：杭州有西湖，南京有摄山，广州
有西樵山，松江有白龙潭，北京居民出城郊游的地点主要在西山。明
人童佩在《童子鸣集》卷五《游西山记》中记北京人在清明节时，

多涌向西山游乐，"其间弄丸走狗，蹴鞠较射，弹词吹曲，道士僧伽，游仙说法，方伎艺术，鱼龙百戏，观游之人，环列如堵"，站在后面看不到的人，"踰墙上树，屋蹲肩立，彼呼此挈，顿足拍掌"，为之喝彩不已。另外一些人则携壶载酒，"布席柳荫，催花陌上，尊罍隔面笑歌，把臂飞觞，斗草樗蒲六博，藏阄授壶打马，咸多游侠豪举"，在柳荫之下欢呼豪饮，游戏赌酒，不醉不休。喝醉之后，"乘马如船，籍草为榻，科头脱帽，蓝舆扶掖，不复辨路人南北"。童佩所记的这类欢乐场景，如小型聚饮、游戏赌赛、衣衫脱落、醉不认路等，生动地反映了城市居民踏青郊游时的快乐景象。

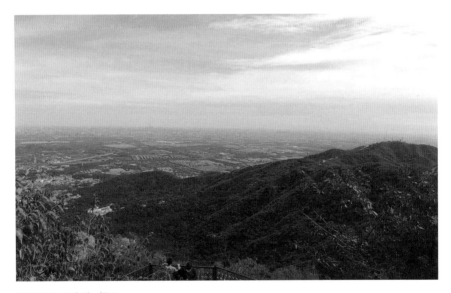

北京西山（牛伟 摄）

　　城郊旅游地的出现，吸引了大量的城市居民往返来游，呈现出短时多次、由城而郊的空间行为特征。吸引市民前往出游的不仅有佳山佳水，更有亲友相聚的世俗欢乐。他们旅游时的主要活动内容，"或肆之筵，或奏之伎"（明方弘静《素园存稿》卷十一《游高岭记》），有一种纵情啸呼、饮酒食肉、快意人生的粗放做派。万历四十六年（1618 年）

六月十六日王心一游净业寺时，在《兰雪堂集》卷四《重游净业寺观水记》一文中记述了豪客出游的情景："而隔林豪客，坐拥红裙，丝竹相和。"这就是当时不少市民出游情景的真实写照。

一些自命清高的士绅，对这类热闹喧嚣、混乱无序的世俗欢乐场景很反感。陈勋游北京西山，至碧云寺，见游人于此饮宴，就用鄙夷不屑的笔调在《陈元凯集》卷三《游西山记》中指斥道："伧夫来游之，酒卤杂遝，竽缶嘈哜。"袁宏道也对山水佳境之中游人只知闹哄哄地饮酒的情况深表不解："山情水意，了不相属，于乐何有也？"（《袁中郎小品·游高梁桥记》）市民阶层在旅游中所体现出来的重视世俗快乐的倾向，虽然受到士大夫们的严厉抨击，但这其实是时代影响的结果。

娱乐是人类出于自己的意志主动参与的一种愉悦身心并发展身心的文化活动。文化活动的功能之一就是享受，享受生活是娱乐活动的主题。宋、明以来，城市商品经济的发展，市民阶层的勃兴，物质财富的充裕，闲暇时间的日益增多，使社会生活方式也发生了较大的变化。晚明是一个重娱乐、重享受的社会，城市生活中日趋普及的娱乐活动，不可避免地受到市民价值观的影响，更为重视人本的享受，具有浓厚的市井平民气息，越来越趋向于世俗化。这种世俗化的娱乐倾向，当然就会在市民的旅游生活中明显地表现出来。

城市居民的旅游偏好，主要是受到商品经济的影响，注重官能享乐，注重世俗娱乐，喜爱热闹。在这种求乐思潮的浸染下，城市节庆活动趋于丰富，注入了更多的娱人内容，神格的意味日趋淡薄。而城郊因其符合市民阶层短时、多次的出行条件，成为市民集中的旅游地，并在市民市井意识的渗透下，成为世俗生活的欢乐场。

二、迎神赛会，泰山进香

在广大的北方地区，犹如汪洋大海般的乡村却依然延续着几千年的传统，男耕女织，自给自足，日出而作，不轻远离，保持着质朴的生活习尚。刘志琴在《晚明史论——重新认识末世衰变》一书中总结道："农业和家庭手工业相结合的自然经济结构，使得广垠的农村过着简单古朴的生活，对商品经济的需求甚少。因而消费者聚居在繁华的城镇，生产者分散在寂寥的农村，成为明后期经济生活的两极。"在这样单调而闭塞的乡村生活状态下，旅游是难以发展起来的。

受制于乡村地区的区域差异与经济发展水平，乡村居民基本上没有旅游机会，但这并不是说乡村生活中就没有游玩与快乐。他们获得人生欢悦主要是通过下面这些途径。

一是父老相传的传统娱乐。比如，自东汉末年战乱以来，中原一带战火不断，大量的游牧民族进入中原，带来了民间崇尚武力的强悍民风。民间以骑射为乐，《魏书》卷五十三中记录了一首民谣，这样唱道："李波小妹字雍容，襄裙逐马如卷蓬，左射右射必叠双。妇女尚如此，男子安可逢。"不仅男子精于骑射，北方妇女也豪气不让须眉。有关强身健体的运动项目备受民众欢迎，《太平御览》中引王隐《晋书》载，颍川（今河南省禹州市）、襄城（今河南省襄城县）两郡相邻，每年都进行角抵比赛，襄城选手每每失利，太守深感颜面无光，责备功曹刘子笃。刘子笃只得狡辩道："相扑下技，不足以别两郡优劣，请使二郡更论经国大理、人物得失。"事实上，被刘子笃斥为下技的相扑，也得到不少贵游子弟的喜爱，他们常以相扑赌戏。北齐时由于统治者的喜爱，相扑甚至进入了宫中，成为固定的表演节目。

二是基于农耕生产的节日庆祝。中国以农立国，祭祀农神是农业民族头等重要的大事，自先秦以来就有祭社稷之举。社，是土地之主；

稷，是五谷之长。祭社稷的时间一年中有两次：春季社日在仲春之月，秋季社日在仲秋之月。春社祈求五谷丰登，秋社庆祝农业丰收，故称之为"春祈秋报"。民间祭社的地方称为社坛，坛上植树，称为社树。高大参天的社树往往被人们当作社的标志和社神的化身，所有的祭社活动均在社树旁进行。社日时人们于社树下搭起大棚屋，左邻右舍均会集于此，宰牲酿酒，以祭社神。祭过之后，再一起聚餐，享用祭品。整个社日活动，使村社农民汇聚在一起，气氛热烈而祥和。社日，是辛苦一年而少有娱乐的农民的盛大节日，是枯燥单调的农村生活中难得的尽情放松之时，故而深受村社农民的喜爱，广为流传。明代无锡人邹迪光在《始青阁稿》卷十五《游天台山记》中描述了江南乡民社日的欢乐："儿童拾穗嬉游，父老报岁，饮社颜酡，真仙人乡也。"开心的乡村父老们，一个个喝得脸色透红。北方也是如此，山东兖州府巨野县秾芳亭，是地方居民秋收之时"祭赛田祖先农、公举社会聚饮的去处"，到了社日，"合乡村男妇儿童，无不毕赴，同观社火。你道如何叫得社火？凡一应吹箫打鼓、踢球放弹、勾栏傀儡、五花爨弄诸般戏具，尽皆施呈，却像献来与神道观玩的意思。其实只是人扶人兴，大家笑耍取乐而已。所以王孙公子，尽有携酒挟伎特来观看的。直待诸戏尽完，赛神礼毕，大众齐散，止留下主会几个父老，亭中同分神福，享其实余，尽醉方休"（《二刻拍案惊奇》第二卷《小道人一着饶天下　女棋童两局注终身》）。

三是基于民间信仰的迎神赛会。中国古代的民间信仰十分丰富，创造了不少神灵，并且还创设了庙宇和祭祀的仪式。民间祭祀与佛道信仰一起，让乡村百姓在满足了精神慰藉之后，还得到了娱乐放松的机会。万历四十三年（1615 年），熊明遇在北京城郊的乡村，碰上了一次祭奠关羽的祭赛活动，他在《文直行书》卷十六《西山记游》一文中描述了民间祭赛活动的具体情形：城市郊区有很多关公庙，男子带头，举着大旗，敲锣打鼓，带着数十上百的妇女，到各寺庙祭拜关公，在道路上一边叩拜，一边大声宣唱佛号。这种"近于巫风"的固定祭赛仪式，很是引人注目。这些迎神赛会及其所组织的相关仪式，在当时生活极为单调的乡村中，是百姓最重要的娱乐机会。

四是参加乡村当地的庙会游乐。明代民间宫观众多，庙宇林立，对各种神灵的祭祀一般都在庙中进行，有一定的祭神活动。由于吸引的百姓众多，庙会又带来了庙市，不少摊贩在庙内、庙外经销各式货物，由此庙会又成为乡村商品的流通中心。这样商业贸易、休闲娱乐、社会整合等功能就充实在庙会之中，庙会由此也成为乡村民众的盛大节日，充斥着娱乐与狂欢的精神。沈德符在《万历野获编》中描述北京城隍庙市时说："每月亦三日，陈设甚夥，人生日用所需，精粗毕备。羁旅之客，但持阿堵入市，顷刻富有完美。"凌濛初在《二刻拍案惊奇》第三十八卷《两错认莫大姐私奔　再成交杨二郎正本》中塑造的小说人物北直张家湾的莫大姐，因"闷得不耐烦，问了丈夫，同了邻舍两三个妇女们约了，要到岳庙里烧一炷香"。其烧香的情景："当下莫大姐自同一伙女伴，带了纸马、酒盒，抬着轿子，飘飘逸逸的出门去了。……轿上挂着纸钱，又有闲的挑着盒担，乃是女眷们游耍吃酒的。……莫人姐同一班女伴，到庙里烧过了香，各处去游耍。挑了酒盒，野地上随着好坐处，即便摆着吃酒。女眷们多不十分大饮，无非吃下三数杯。……天色将晚，然后收拾家伙，上轿抬回。"

晚明的乡村居民，主要的游乐行为基本发生在其居住地的周围，社火是在本村本乡进行的，参加庙会也主要是到本地的庙宇，偶尔的进城观光更是指向其所在地区的中心城市。由此可见，乡村居民游乐活动的时间长度与空间范围都是极其有限的，大多属于在本地的一日游行为。这类一日游的空间行为方式，构成晚明乡村居民游乐活动的主体。但这并不是说乡村居民就没有旅游活动，尤其在宗教朝觐的远程旅游上，乡村居民受到宗教信仰的驱使，穿州过郡地烧香求神，也是经常发生的事。

　　据谢肇淛《五杂俎》载，"渡江以北，齐、晋、燕、秦、楚、洛诸民，无不往泰山进香者"，而"均州之太和山，万方士女骈阗辐辏，不减泰山，然多闽、浙、江右、岭、蜀诸人"。即谓山东、山西、河南、河北、陕西、湖广的百姓多往泰山进香，而福建、浙江、江西、广东、四川的百姓多往武当进香。河南地方的百姓，距这两地都不太远，路上所费也还能承受，故而与谢肇淛所说的情况略有不同，在泰山与武当，都能看到河南香客的身影。

武当山（王越　摄）

　　明王祖嫡曾来到武当山，在《师竹堂集》中留下了一篇《游太和山记》，其中记载了他在路上和山上的所见所闻。时当十月，王祖嫡

南阳卧龙岗（南阳市博物馆 李远提供）

出游武当山，经过南阳，登上卧龙岗吊祭诸葛亮，"登清高阁，极目修途，行人如蚁，祈拜之声，震动原野，皆谒武当"。王祖嫡在南阳登高望见的逶迤南下、犹如蚁群一样的庞大进香民众，当然是从河南各地以及北方诸省汇集过来的。在小说《歧路灯》中，就有河南百姓武当进香的实例。其第八回中指出："且说腊尽春来，到了正月初四日。王春宇与那同社的人，烧了发脚纸钱，头顶着日值功曹的符帖，臂系着'朝山进香'的香袋，打着蓝旗，敲着大锣，喊了三声'无量寿佛'，黑鸦鸦二三十人，上武当山朝顶去了。"武当山上聚集了众多的各地香客，王祖嫡登上武当山，只见"往来之人，何止万数"，连连感叹："盛哉盛哉。"可见当时进香旅游的规模之大。

但河南百姓更主要的还是去往泰山。传说碧霞元君是一个为众生造福的神，能够满足人们的各种愿望，是明清时期北方民间最为崇信的女神。而泰山是碧霞元君信仰的中心，也就成为宗教朝觐旅游最为发达的地方。来自全国各地的香客人数众多，王士性《广志绎》中载，进香客"戴甲马，呼圣号，不远千里，十步五步一拜而来者，不知其为何也"。为方便香客登山，地方官府还整修了十八盘破旧的山道，在两边加上绳索，并从十八盘侧开辟登山新盘路，以分流人群。沿登山路两侧，有不少当地的居民"沿途卖浆，不乏饮啖"，摆上了很多提供饮水和食物的小摊，香客"如此安得困也"。

对于平常很少出门的乡村百姓来说，以他们的能力是无法完成这样的长途旅行的，所以民间出现了大量的香社，由富有旅行经验、通晓进香事务的香头组织民众，并带领他们长途跋涉。根据叶涛在《国家政策与明、清时期民众的泰山进香活动》一文中的记载，他发现在泰山保存了大量的民间进香的香社碑，在他所搜集的363块香社碑中，记录了411次民间进香活动，时间涵括明清两代，数量最多的是明代万历到崇祯年间所立的碑。现存泰山最早的一块香社碑，是"嘉靖二十六年归德府商丘县、凤阳府宿州香社施财碑"，进香的香社，主要来自山东、河南、江苏、安徽、浙江、河北、山西。

"这烧香，一为积福，一为看景逍遥。"驱使人们来到寺院的除了祈求神佛庇佑之外，还有就是走出家门看风景的诱惑。小说《醒世姻缘传》中载，两位道婆"引诱了一班没家法、降汉子、草上跳的婆娘，也还有一班佛口蛇心、假慈悲、杀人不迷眼的男子，结了社，攒了银钱，要朝普陀，上武当，登峨眉，游遍天下"。

《醒世姻缘传》是反映明清之际北方社会生活的一部小说，西周生撰，故事发生的地方在山东。其第六十八回、六十九回，写了姓侯、姓张的两个香头，看素姐家中有钱，又容易哄骗，就千方百计地撺掇素姐去泰山进香的故事。

素姐道："咱这里到泰安州有多少路？"道婆道："人说有二百九十里路。这路好走，顶不上别的路二百里走。沿路都是大庙大寺，一路的景致，满路的来往香客，香车宝马，士女才郎，看不了的好处，只恨那路不长哩。"素姐问道："那山上有景致么？"道婆道："好大嫂，你看天下有两个泰山么？……要没有好处，为甚么那云南、贵州、川、湖、两广的男人、妇女都从几千几万里家都来烧香做甚么？且是这泰山奶奶掌管天下人的生死福禄。……好不灵验哩。山上说不尽的景致，象那朝阳洞、三天门、黄花屿、舍身台、晒经石、无字碑、秦松、汉柏、金简、玉书，通是神仙住的所在。凡人缘法浅的，也到得那里么？"

一席话说的个素姐心痒难挠，神情飞越，问道："那些会里去的道友，都坐的是轿，骑的是马？得用多少路费？路上有主人家没有？"两个道婆说："这烧香，一为积福，一为看景逍遥，……都骑的通是骡马。会里雇的长驴，来回是八钱银子。……雇驴下店报名，五两银子抛满使不尽的。还剩五两买人事用的哩。"

素姐下定决心，跟香头去泰山进香，是因为"泰山奶奶掌管天下人的生死福禄。……山上说不尽的景致"，更还有一路上的风景：

（素姐公公）狄员外叫人收拾行李，捎的米、面、腊肉、糟鱼、酱瓜、豆豉之类，预先料理。……（素姐丈夫）狄希陈知道自己有了不是，在家替素姐寻褥套，找搭连（褡裢），缝裹肚，买辔头，装酱斗，色色完备，单候素姐起马。……睡到次日五鼓，素姐起来梳洗完备，……头上顶着甲马，必欲骑着社里雇的长驴。……（狄希陈）只得与他牵了驴儿，夹在人队里行走。……然后一群婆娘，豺狗阵一般，把那驴子乱窜乱跑。……这日尽力走了一百里，宿了济南府东关周少冈的店内。……老侯老张看着正面安下圣母的大驾，一群妇女跪在地下。一个宣唱佛偈，众人齐声高叫："南无救苦救难观世音菩萨！阿弥陀佛！"齐叫一声，声闻数里。号佛已完，主人家端水洗脸，摆上菜子油煠的馓枝、毛耳朵，煮的熟红枣、软枣，四碟茶果吃茶。讲定饭钱每人二分，扞油饼，豆腐汤，大米连汤水饭，管饱。众人吃完饭，漱口溺尿，铺床睡觉。

　　…………

这一班进香的乡村妇人一路笑闹，来到泰山脚下的泰安州。泰安有许多专事接待香客的旅店，都在教场那儿争抢各地香客，素姐这支队伍的香头有相熟的店家。

　　有旧时下过的熟店宋魁吾家差的人在那里等候香客。看见老侯两个领了许多社友来到，宋魁吾差的人远远认得，欢天喜地的，飞跑迎将上来，拉住老侯两个的头口，说道："主人家差俺等了几日了，只不见来，想是十五日起身呀？路上没着雨么？你老人家这向身上安呀？"一直牵了他驴，众人跟着到了店里。宋魁吾看见，拿出店家胁肩谄笑的态度迎将出来，说些不由衷的寒温说话。洗脸吃茶，报名雇驴轿，号佛宣经，先都到天齐庙游玩参拜。回店吃了晚饭，睡到三更，大家起来梳洗完毕，烧香号佛过了，然后大众一齐吃饭。

　　老侯两个看着一行人众各各的上了山轿，老侯两人方才上轿押后。那一路讨钱的，拔龟的，舍路灯的，都有灯火，所以沿路如同白昼一般。

　　…………

沿着山路慢慢往上，天色也渐渐地亮了起来。香客们先到碧霞山元君祠缴纳香税，给元君娘娘烧香。

> 那管香税的是历城县的县丞，将逐位的香客单名点进。方到圣母殿前，……素姐骝着狄希陈的两个肩膀，狄希陈两只手攥着素姐两只脚，倒也看得真实。也往殿里边舍了些银子。
>
> 烧香已毕，各人又都到各处游观一会，方才各人上轿下山。……宋魁吾治了盒酒，预先在那里等候与众人接顶。这些妇女一齐下了轿子，男女混杂的，把那混帐攒盒，酸薄时酒，登时吃的风卷残云，从新坐了轿回店。……到了店家，把这一日本店下顶的香头，在厂棚里面，男女各席，满满的坐定，摆酒唱戏，公同饯行。当中坐首席的点了一本《荆钗》，找了一出《月下斩貂蝉》，一出《独行千里》，方各散席回房。
>
> …………

《醒世姻缘传》的这两回将民间去泰山进香的诸多情形讲得非常细致：一帮没怎么出过门的底层妇女，交钱给香头，由香头组织队伍，制定行程，安排食宿，管理行进中的秩序；在泰山进香之时，香头带着她们上山拜庙，缴纳香税，赏玩风景，进香旅游两不误。所以素姐等一行人虽然劳累，却很开心，从此之后就迷上了这种活动。

虽然泰山的香客数量庞大，但比起汪洋大海一般的乡村百姓，其数量仍然仅仅是沧海一粟。虽能够承担一定的花费，但远程上香的人毕竟还是有限的，所以两个香头想尽办法，也要拉上家资富饶的素姐去泰山进香。由此可见，乡村居民的中长途旅游是不发达的，受到地区经济文化发展水平的严重制约，广大的内陆乡村居民，依然继续过着沉闷而单一的生活。

在古代的中国，旅游其实是一种奢侈品，主要用来满足人们的精神文化享受，需要消耗时间、消费金钱，不是一般的人家可以轻易消费的。对于长期在温饱线上挣扎又大多是文盲的底层社会的乡村民众来说，旅游其实是一件遥不可及的事情。只有到了社会主义新中国，人民生活水平大幅提升，义务教育极大提高了全体民众的文明素养，普通的民众才可以来一场说走就走的旅行。"世界那么大，我想去看看"，也才能在河南发出声来，引发社会的强烈反响。

下篇

游之道

第十一章

旅游动机，多彩纷呈：
古人为什么旅游

是什么样的力量，推动着人们踏上旅程？

人类生活在一个地域差异极大的自然环境中。自然环境的不同，导致了不同空间的自然景观、社会风貌、政治文明、经济活动、文化传统都存在许多的差异。人类旅游的行为，就是基于地域差异与文化差异而产生的远方崇拜心理的一种直接反映，这种对神秘自然的探索、对其他文明生活图景的向往而引发的空间行为模式，有着广泛的受众。由于自然景观具有不可移动性，人们要认识它的庐山真面目，只有通过自己的空间位移才能得以实现。同样，地域间的文化差异，也只有旅游者通过亲身体验，才会有切身的感受。地域差异是形成旅游动机的关键要素，也是旅游活动得以形成的客观基础。以中国古代旅游最为兴盛的晚明社会而言，这是一个社会控制松动、经济相对发达而人的思想相对解放的时期。阳明心学对个体的关心、对欲望的肯定，使人们的行为选择呈现出自主、自由与多样的特点，深藏于人们内心深处的对不同环境与异地生活的向往，脱离日常生活去实现头脑中诸多美好理想的强烈欲望，使得晚明旅游者的旅游动机呈现出多样而纷繁的特点。

一、教育经历，文化动因

世界上所有的人，都不仅仅是一个生物单体，而是会受到其所在地的文化环境熏陶，形成自己的价值观、世界观与相关的行为准则，是一个个活生生的社会文化复合体。人所做出的任何举动，都受到自己的文化背景、知识结构与生活阅历的影响。

对文化素养较高的士绅旅游者来说，长期接受的文化教育，使他们对儒学、佛学等非常熟悉，对中国历史也比较熟悉，因而对圣人王者、名人义士、寺庙宫观、重大历史事件遗址等有着非常自然的亲切感，对各种不同的区域文化与生活方式也有着天然的了解欲。从嘉定四名士之一的唐时升身上，可以看到文化熏陶对其旅游决策的影响。他在《三易集》中的《游孔林记》一文中，清楚地表述了自己出游的动因：

孔庙（马雪琴 摄）

"余读太史公书，言浮江淮，涉汶泗，讲业齐鲁之都，观仲尼庙堂，盖寤寐想见其处。"大致意思是说，他读到太史公司马迁为写作《史记》，专程来到孔子曾经活动过的区域，追寻孔子的足迹，瞻仰孔子的德业，在孔子生活的地方接受圣人的启蒙，所以也对儒教圣地心向往之，日思夜想，夜不能寐。正是这种内心深处的文化执念，驱使他跨越千里来到曲阜拜谒孔庙、孔林。

相承不绝的儒学教育，使孔、孟的圣人伟业深深根植于中国文化人的心灵之中，孔、孟的故乡及其遗泽，当然深受儒学士大夫们的推崇，前去拜谒者络绎不绝。明代关中学派的代表人物、将阳明心学与程朱理学融为一体的集大成者——西安人冯从吾在《少墟集》卷十三《东游稿序》中称其读孔孟之书，壮孔孟之业，恨不能肋生双翼，飞去其地。这个念头深藏在其心中三十多年，一直只能"神游泰岱"，现在借任上巡察地方之便，能够一偿夙愿，真乃是生平一大幸事。当时文坛领袖王世贞的弟弟王世懋，在从北京返回家乡江苏太仓的途中，特别绕路，去往孔林。他在《王奉常集》卷十中说，自己任官已有二十多年，却从未到曲阜拜祭过孔庙，人生若未拜过孔林，就不符合"在三之义"。所谓"在三之义"，指的是"父生之，师教之，君食之"（《国语·晋语一》）。人生在世，父亲生养之，老师教诲之，君主以俸禄衣食之，人才得以存于人世，如若不敬事父、师、君，就与禽兽无异了。把到孔林拜祭上升到人伦道德的高度，可见在文人士大夫的心中，孔子及儒教圣地的地位是多么崇高。

最有意思的是张元忭的孔林之游。张元忭，浙江绍兴人，当时的名士，也是明末散文家张岱的曾祖父。他在《不二斋文选》卷四中追述其孔林之游动机的产生过程。北上途中，他在扬州遇到了来自海南的黄生，两人联船而行，相互逐渐熟悉了起来，说起出行的目的，黄生告诉张元忭，要去拜谒孔林，登上泰山，尽游周边诸名胜。张元忭一听，遇到了志同道合、意气相投的人，正与自己平常的想法吻合，于是马上相约同行，以遂"素志"。两人往返十日，不仅携手拜谒孔林，而且登泰山、观沧海，寻访古今名人留下的摩崖石刻，比起以往经由书中的描述而产生的梦中图景，更显真实而壮观。张元忭十分开心，称之为"胜游"。

除山东孔孟圣地外，关中河洛一带的汉唐故都，也是人们心中渴望一游的地方。这个区域是中国文化的核心地区，千百年来的王朝兴废、金戈铁马、英雄悲歌，都沉积在这块土地上，先民的智慧创造、汉家的威仪、唐宋的风采，依然存留在苍烟夕照之中，令人思接千载，神思畅游在历史的时空中。

王世懋曾经两次到关中，他十分骄傲，专门写了《关中纪行》一文（收入《王奉常集》卷十二），叙说他在河洛一线直至关中的游踪。他的哥哥王世贞没有他这么幸运，虽在书籍著述之中常与关中谋面，却未曾实地进入，"每以不识关中为恨"，便写了一封书信给他弟弟，要求他游玩归来，专作一本游记，"以当汝兄卧游"。

王士性是游遍天下的人，他在北方有两次重要的旅游行程：一次是从任职的河南确山县到开封述职；一次是从北京到四川主持科举考试，从北京经邯郸过洛阳入关中。这两次游程，王士性不但一路通过游记予以详细记叙，还创作了很多抒发胸中感喟的诗词，看河山壮丽，发思古幽情。王士性的旅途诗文，均收入《五岳游草》中。

在从北京到四川的游程中，王士性一路走来一路诗。在易水边感慨燕太子丹与荆轲的刺秦壮举："怜交重离别，岂图生死分。丈夫会报仇，刎颈何足云。"在邯郸歌咏这座英雄城市在秦军重压下的威武不屈："莽荡邯郸道，荒台目暮云。雄风披旧烈，匹马走秦军。"到邺城感叹铜雀台昔日的豪华壮丽变成了一地的颓垣断瓦："古瓦磨作砚，层台变蒿莱。况复台中人，荣华安在哉！"到卫辉的苏门山，惊奇于山峰的平地兀起："太行何迢迢，连岗饶翠积。蜿蜒落苏门，一鉴抱几席。"到洛阳感怀人生的际遇无常，世事的物是人非："洛阳城里人，北邙泉下客。昨日歌舞场，今朝已陈迹。"到函谷关感知雄关当道的险峻坚固："雄图控百二，攒峰拥如簇。左挟洪河流，右枕秦山腹。一线界分陕，建瓴落高屋。"登上华山绝顶，他兴奋得一连写下了四首诗，歌颂"西来秋色满长安，拔地三峰秀可餐。秦晋河山千里迥，崤函风雨二陵寒"。到了骊山则想起唐明皇与杨贵妃的香艳往事，"绣岭俯山巅，温泉注山麓。中有华清宫，明珠耀人目"。来到马嵬坡，则惋惜杨贵妃的香消玉殒："看花沉香亭，赐浴温泉津。誓言对牛女，世作连理身。"从河洛到关中，一路上的风景都有着深厚的历史文化内涵，使人流连不舍，深深着迷，就如同马嵬坡前杨妃墓，"千载坟前土，还迷行路人"。

此外，到寺庙观光，与高僧访谈，与奇人相见，也是人们出游时较为常见的一种文化动机。名山大寺多有高僧奇人，士绅旅游者对此尤具兴味。河南人王祖嫡也是一个酷爱旅游的人，他在《师竹堂集》卷十一《送闵山人南还序》一文中坦白自己一生游历南北，其中一个十分重要的动机是"访古所谓玄踪仙迹技流剑客之类"，所以王祖嫡登山时往往不畏奇险，越是没人去的地方，就越要去找隐居的奇人。

　　一般的人游嵩山，都是奔着五岳的名头去看山景的，但王世懋却与一般人不同，他游嵩山，本意并不在嵩山而在少林寺，而且也不是去看武僧的武术表演。他在《王奉常集》卷十一《宿煖泉寺游嵩山少林寺记》一文中说得非常直白："初余意雅慕少林，愿与高僧谈，而嵩山之胜止一寓目，不求甚竟。"原来王世懋是因为达摩祖师在此创立禅宗，少林寺历来又多高僧，所以想到这儿来寻找高僧，发微禅机的。

嵩山少林寺西方圣人殿（郑州市文化广电和旅游局提供）

　　河南新安人吕维祺，是明代著名的理学家。他认为，凡名山大川，必定是天地灵气所聚集的地方，而一些得道高人，则会隐居其中，以体味天地之奇妙，修炼无上之大道。他见王屋山山高地广，认定其中必有名贤，就入山探访。路上碰到一个道士，指着五老峰告诉他，有三位老人隐居于此，但寻常见不到他们的踪迹。吕维祺就"更解杖头钱千许"（《明德堂文集》卷十《游十方院记》），付给山中修炼的道士，请他代为租一块地，建上几间茅屋，作为寻访三位老者的基地，以期终能一见。

晚明旅游者在文化方面的动机，缘于自幼接受的儒学教育、潜移默化的文化环境，带有浓厚的发怀古之幽思的特征。无论是探寻历史文化遗迹，还是凭吊历史文化名人，无论是入寺访僧，还是下车问俗，他们都喜欢从历史的角度追源溯始。因此，具有深厚历史文化底蕴的地区与景观，就会得到人们的喜爱，而成为著名的旅游目的地。

二、山水探胜，回归自然

中国传统文化认为：人来自自然，又回归自然，自然是人的精神家园。忘情于天地山水之间，平时郁积的种种情结，都会迅速化解并释放到自然中，心灵得到自然的洗涤，便能从昔日的有我之境跨入天人合一的无我之境。因而人与自然的关系是一种融汇合一的关系，人与天地万物共同构成一个和谐的宇宙，一切相类相异的事物都是和谐的，故人们常常能在听涛观云中获得心灵的安宁。传承不绝的隐士意识，正是这种主动认同自然的文化观的产物。

同时，自然之道也是人间社会一切道德与规则的源头，因而比照自然，也会促进人的素质的提升。在中国传统的旅游观中，山水不仅是一种客观的存在，也是人在自然环境中的投影。人们在欣赏山的伟岸与水的多姿时，常常比照自己的道德修养，故而名山胜水就成为传统中国人在天地之间陶冶身心的最好去处，在诸多自然美景的选择中一直占据最重要的地位。长期以来，饱受传统文化熏陶的文人阶层，无不对山水情有独钟，从神话传说中的昆仑、蓬莱等神山，到国家祭祀中的岳渎崇拜，从道家的洞天福地，到隐士的归隐林泉，从谢灵运到李白，从苏轼到徐霞客，畅游山水似乎已经成为文人的标识。在游风兴盛的晚明时期，自然山水更是成为人们出游的主要场域。

山水比德的传统山水观在晚明依然具有很大的市场。浙江余姚人胡敬辰自幼便受到了山水胜览的教育，他回忆说：刚刚束发，年纪还小的时候，便想着要看遍山水奇景，以山水为友，将天下名山放在嘴中细细咀嚼。故他在游杭州西湖十八涧时，就在《游十八涧记》中感慨道："而至涧以流山之静，则非智乎，仁者未之有及也。"从其全文中可知，胡敬辰游十八涧，一则是因要避俗人之扰，故选择游人稀少的十八涧；二则是因涧水屈曲盘绕，因势而前，酷似智者，与其思想情感有深深的共鸣。

　　江苏江阴人缪昌期与徐霞客关系密切，是东林党早期的得力干将。他与浙江新昌人胡维霖同游赤壁，时当九月，与五百年前苏轼之游相差两月。其时"云冉冉其欲奔，风凄凄其欲怒"，怒云奔涌，江风悲号，江山不改但风景迥异，与苏轼在前后《赤壁赋》中所描述的情景不同。故缪昌期有点失望，而胡维霖却有不同见解，认为风景迥异，

［明］仇英《赤壁图》

正是自然造化之奇，从而给人以不同的感触与陶冶。他进一步发挥道："从来忠臣孝子，高人韵士，一遭震撼，始触其不平之气。"（《长啸山房汇稿》卷二《游赤壁记》）所以写出来的文章受山水英气激发，将个人的际遇化作惊涛骇浪，使得读者深受感染，激发出胸中一股浩然之气。胡维霖的说法，其实是山水比德说的翻版，有斯景方有斯文，山水化在文章中。

晚明已经有不少人跳出了山水比德说的藩篱，他们纯以山水观赏为快意之事，从山水眺览中获得身心的满足，而不一定非要在欣赏过程中去探究人生的至理，磨砺自己的道德情操。陕西旬邑人文翔凤在《文太青先生文集》之《游城南杂记》中指出："地之精妙在山川，天之精妙在风月，物之精妙在花竹，即就其所值兼之，无佳客鉴赏其妍，与麋鹿禽兽出入林卉何异？"只要佳客能发现山川风月、林木花

卉之美，旅游就有所值，若不能发现其中的美好，就如同禽兽出没于林草之中。浙江平湖人、藏书家沈懋孝则在《长水先生文钞》之《游石湖记》中说明了山水对身心的放松作用："天壤之下，高山可以驰吾神，深林可以藏吾思，神清意合，两者难并。"山林才是放飞神思的好地方！袁宏道游庐山，《潇碧堂集》卷十三《由天池逾含嶓岭至三峡涧记》记述了他庐山观光的一日行程："一日之中，耳穷于鸣泉，目眩于幽碧，舌燥于叫愕，踵蹇于促曳，是亦天下之至观也。"袁宏道的游山感受全在于身体感官的满足，满耳泉水叮咚，满眼幽山碧水，嘴中不停地惊奇感叹，双脚艰难地跋行，身体疲累得不停地摇晃，仍然不舍得停下来，全副身心都沉浸在如画的美景中而不能自拔。这与一般理学冬烘的游山感言全然不同，令人耳目一新。黄汝亨则干脆把山水比作美人："我辈看名山，如看美人，颦笑不同情，修约不同体，坐卧徙倚不同境，其状千变。"（《寓林集》之《姚元素黄山记引》）以看美人的心态看山水，山水如同美人，一颦一笑，高矮胖瘦，坐立倚靠，形态千变，各有其美。其重感官之乐，不言而喻。

　　晚明人对山水确实是真爱，游山的意愿不仅强烈，而且长久。江西才子杨思本虽然一生未能通过科举考试，但其才华深为时人所知。境内的麻姑山名列道家三十六洞天之一，杨思本一直想去游山，但始终未能成行，这就成了杨思本的一桩心病。后与其友人相聚聊天时，大家各自谈论游过的奇山异水，有一个姓董的士子说起曾经游过麻姑山，介绍了麻姑山的山光水色、奇松神酒，更使杨思本心痒难耐，就下定决心，治装出游。像杨思本这种情况，在晚明游记中屡见不鲜，浙江钱塘人黄汝亨游赏绍兴山水，兰亭、大禹陵、会稽山都游玩过了，但秦望山、云门寺却未曾得睹真容，念念不忘了二十多年，这一强烈的愿望仍然难以磨灭，最终还是出门一游，方才了却了这个心愿。

　　对山水的偏爱，是晚明士绅旅游者最为重要的旅游动机，不少人甚至以标榜自己耽于山水、好游成癖为荣。王祖嫡在《师竹堂集》

绍兴风光（刘克明 摄）

卷十五《游灵洞山房记》中说："予雅有泉石膏肓疾，一丘一壑之奇，必欣然探之。"范守己也在《御龙子集》之《吹剑草》中说自己"素有山水癖，遇佳胜处辄至忘返"。山水之癖，是身不由己的事，是无法救治的膏肓之疾，一旦碰到山水绝佳处，就会忘了回家的时间。

晚明士绅普遍酷嗜山水，这种强烈的动机将他们的脚步引向了远离城市的山野，其空间行为模式呈现出以城市为基地上山下乡的特征，并且尤为钟爱风光无限的险峰峻岭。"野性癖石"的袁宏道，每每登山之前，先要了解险峰有几处，山石为何形状，然后就向险峻之处出发，走在平坦的路上浑身不得劲儿，而一旦到了"悬石飞壁"的奇险之地，则兴奋异常，欢呼纵跃，不能自已。视险路为坦途，视山水为归属，而且越险越有精神，真是用性命在游山水啊！

华山自古为天险，游览之人绝少，"而仕宦尤难，何也"？"多病好奇"的王祖嫡在《师竹堂集》卷十四《游华山记》一文中细细地分析了仕宦为官者登华山的"四难"：第一难是山路险峻，无法坐轿

华山天下险（何涛　摄）

上去；第二难是华山处处皆险，不像其他山只有一二险峻之处；第三难，寝具、食具都须自己背负，山路狭窄，他人无法代劳；第四难，衣服需要贴身穿着，不可宽袍大袖。所以一般游览华山的人，大多至青柯坪而止，少有能登上山顶的。

王祖嫡就是不信邪，不顾天雨体弱，一路经由千尺幢、百尺峡、望仙台、猢狲愁、车厢谷、度仙桥到云台峰，再经金天洞、日月崖、三官洞，度华山绝险之阎王碥，过巨灵石登天门，由玉皇洞至镇岳宫，登西峰。由西峰而下，经舍身岩、老君洞登南峰，此为华山三峰最高处。"兹游也，天下之绝险，而亦天下之绝奇。"在常人难以到达的地方探奇历险，见到了在书斋中见不到的自然奇景，接触到了迥然不同的山水景象，看到了多种多样的地形地貌，这是不少具有探险精神的士绅非常值得向世人夸耀的一件事。这种山水探胜的狂热实践，不仅丰富了个人的经历，使他们有了对自然、对社会更为深刻的认识，更重要的是，他们的探险足迹，极大地扩展了旅游活动的范围，使不少原本陌生的地方进入了人们的视野，使不少蛮荒的山岭变成了旅游的场域。这对加深人们对生活着的这片热土的认知，对旅游的兴盛与发展，都有极大的促进作用。

对名山大川的真心向往，是每一个受过中国传统文化教育的人的必有情结。中国不少的文学作品、地理著作，都借用品山鉴水的方式，以优美的文字表达出山水的美妙，在文化传承中这些优秀作品会不断地被人们所传诵，所咀嚼，从而内化为人们内心深处的意象与需要。正如北京大学唐晓峰教授在《人文地理随笔》中所说："我们流连山水的性情因以油然而生，代代相传。"而这种内生的文化情结，正是带动人们走出城市、走向山野的原动力。

三、人际交往，获取声望

古人旅游时，由于信息流通不畅，外面的世界显得陌生而又危险，所以大多是呼朋唤友、成群结队地出游。这种组团出游，也不是什么人都可以加入的，或者是身份阶层相近，或者是地缘相亲，或者是志趣相投，或者是相互之间有着利益的纠葛，所以旅游也成了调节人际关系、加强人际联系的一种工具。

在前面叙述到的王士性等人的诸多宦游事迹中，官员们每到一地，当地的地方官员大多是要陪游的。通过尽心的招待，双方之间由不熟悉到熟悉，建立起基于或同乡或同年等种种由头的联系，拓宽相互之间的人脉关系网络，这是为官者尤为重视并乐意为之的一种交往方式。比如明文献学家、藏书家王圻，上海人，万历时在朝中任职御史，出使地方时，当地地方长官胡心谷了解到王圻素来喜欢登临山川，就专门下发命令，让山上僧寺的一干人等清除荒草，修整道路，填平坎坷，等候王圻的大驾光临。而王圻在记叙此游的《王侍御类稿》卷八《游鹤雾二山总记》一文中，也客气地称胡心谷为"胡为君"。

像这类情况，在官吏作为旅游主力军的时期是极为多见的，并且会牵涉到官场之中的绝大部分人，相干的、不相干的都会踊跃赴游。万历三十八年（1610 年）进士、官至户部主事的河南新野人马之骏，曾在苏州浒墅关主管大运河上的税务征收，修复了苏州名胜虎丘的石刻"虎丘剑池"中的"虎丘"二字，故世有"真剑池，假虎丘"之说。

虎丘剑池（邵炎　摄）

后来马之骏入京为顺天府通判，收到了两次游景山的邀请，邀请者，据他在《玄远堂全集·文列集》之《景山记》一文中记载，"一赴李郡伯招，一赴林阳仲明府招"。官员之间相约出游，以加深彼此的了解，密切双方间的关系，是官吏宦游的一个重要动力。

访师求知也是这类动机中的一种重要类型。古人的游学，是自春秋以来士人开广见闻、获取声名的重要手段，两汉的士人通过拜师求教而声名鹊起，唐、宋的士子通过干谒权门以自高身价，明、清的士人通过座师同年以结成党援。同学一门，同游一方，是加深彼此关系的不二途径；同学出游，同年聚会，是最为常见的交友形式。

与许多在游学中重视交游的人相比，当然历代也不乏在游学中更重视求学的纯粹士子。晚明的时候，婺源诸生余绍祉，年已 45 岁还未中举，就下决心弃科举而专学问。从古人的求学事迹中，他认识到"此事岂容坐致"的道理，学问不是坐在家中"作一闭户先生"就能做出名堂的。为拓宽自己的视野，融通自己的学问，他决心到处于文化中心地带的吴越之地遍访佛学名师，交流切磋性理之道。崇祯十三年（1640 年），他搭舟前往宁波天童寺，向密云大师请得语录，又到阿育王寺参拜舍利，方才回舟。此行一路惊险，但余绍祉并不后悔，他在《访道日录》中有了痛彻的领悟：人生在世，不通根本的性命之道，就如同行尸走肉，而没有遇到明了人生大道的"至人"，没有研习到正确的知识，就不可能明白人生的道理。在游学之后，余绍祉将自己的著述结集为《晚闻堂集》，流传于世。

宁波天童寺的天王殿（刘克明 摄）

探亲访友是旅游的另一种动机。浙江嘉兴人冯梦祯，是明代的文化名人，也是一位著名的诗人。他于万历五年（1577年）中进士后，入翰林院为编修，后因得罪了大学士张居正，受到弹劾，遂退隐杭州。他在文坛、官场有着深广的人脉。万历三十三年（1605年），冯梦祯制订了一份出游江都与太湖的计划。据他自己在《快雪堂集》卷二十八《乙巳十月出行记》中的叙述，原来这一年的冯梦祯悲喜交加，既有喜事降临，又同时收到了不好的消息。喜事有两个：他的小儿子冯去邪刚与包氏完婚一月有余，他要去拜望一下亲家；友人周本音、胡仲修约游太湖、洞庭两山。不好的消息也有两个：一是在翰林院的同僚江都李汝培有父丧，二是友人太湖苕溪凌玄房有母丧，都需要前去吊唁。故而他决意先到江都和苕溪去慰问同僚和友人，然后再到太湖与友同游，与亲家相聚。

　　文人之间同气相集、诗酒唱和的情况就更为多见了。人生在世，总要干一番事业、有几个好友，而友情需要经常性聚会加以维系。崇祯七年（1634年）进士、江西德化人文德翼在《求是堂文集》卷十三《游麻姑山记》中记录了一次朋友间久别重逢的聚会。他与南丰汤恪素、广昌何观我、新城杨东曦、峡江鲁公子、南城刘幼立等友朋相别甚久，相遇之后"皆惊视相笑，或有三十年相思者，有二十年相别者，遂订游姑山"。

　　最有意思的是陈勋。他是福州人，于万历二十九年（1601年）中了进士，但他性情孤直，特立独行，只与几个说得来的朋友交往。在北京久居无趣，很是愁闷，常常引领西望，眺望西山山色，方才神清气爽。他常想逃离北京，到远离尘嚣的西山去，但可惜没有朋友能够在西山给予接待，提供食宿，所以久未成行。后来，听说友人汪调甫曾借居山中读书，与庙里一个叫通忍的和尚关系不错，于是借着这个由头与通忍搭上了线。陈勋就与汪调甫以及另一个说得来的朋友吴万卿相约同游西山，并特地写了四首诗寄给通忍，让他做好准备工作。终于等到了通忍的回信："山花且发，已为公等扫片石矣。"（《陈元凯集》卷三《西山游记》）陈勋大喜，乃与汪、吴同游西山，巩固了友情。

　　旅游既是加强人际关系的重要手段，也是树立个人声望的良好途径。人们常常利用自己的见多识广，在社交圈中获得他人的尊重，从而满足自我价值实现的需要。这在古代士大夫身上，表现得比较明显，晚明时期游记数量暴增，即说明了旅游者迫切需要让他人知晓自己的旅游经历以获得敬重的隐性心理需求。对这种隐晦心思，游记中也有一些表白，如王世懋《王奉常集》卷十一《游匡庐山记》中记他任官江西，上任之时，就考虑到归家之时乡中父老问起庐山景象，倘或答不上来，就会大失颜面，方才有了庐山之游。黄汝亨到南京吊唁逝世的老师之后，遍游四郊名胜，又与友朋畅叙友情，这使得他觉得以这

段游历 "归而语客，差可不俗" （《寓林集》卷九《三游记》）。其希冀通过旅游经历，炫耀与众不同，获得认可与尊重的心态跃然纸上。

对于大多数的士绅旅游者来说，无论是就近游览周边的山水林泉，还是远程探访名山大川，都有区别流俗、独标清高的用意在。他们希望自己的一生中做些其他人做不到的事，有些一般人无法拥有的独特经历，尤其在艰苦的付出之后征服常人无法企及的高度，就能给自己带来高度的心理愉悦。在他们看来，这正是树立卓尔不群的个人声誉的大好机会。明末广东著名诗人邝露，生于世代书香之家，是个文武双全的人物，不仅工于诗词，写得一手好字，还通晓兵法骑射，对古文物鉴赏也有独到的眼光，收藏了不少珍品。这么一位浊世佳公子，还具有莫大的勇气，即便是人生险境，也能甘之如饴。他在《峤雅》之《海览》一文中，记述了自己的游海经历。当时碰上滔天巨浪，满船皆惊，而邝露却"游目若素"。船工看见大为惊讶，以为他有独特的修炼之道，邝露很淡定地说："这有什么险的呢！以前我在旅游中碰到的危险于此不遑多让。前年的时候南走越南、荆楚、山东、江浙，不仅在海上航行，还身处北地的乱贼之中，处陆陆沉，蹈海海啸，其危险与此不相上下，但只要心情平和，自然脱险而出。"此话一出，满船拜服。身处险境而安然若素，这固然是其胆略有异常人，却也更能体现出他超凡脱俗的高大形象。

晚明不少士绅，虽则身体不强于人，甚而体弱多病，不胜跋涉之劳，但依然勇于登攀险峰。童佩，字子鸣，福建龙游人，少小家贫，不能入学，随父从事长途贩运，主营的商品是书籍。作为书商的子弟，他自小与书打交道，自然爱上了读书，在贩书的船上手不释卷，日夜攻读。成年之后，他善作诗，也继承了书商的传统技能，善于考证书画，曾到昆山向当时的名人归有光问学，才名由此传开来。童佩生平好交游，由于出身的缘故，与一班文名甚高的山人成了好朋友，遍游天下名山大川，自己也成了天下知名的山人。逝世之后，晚明著名山人王穉登为他撰写了《故龙丘高士童君子鸣墓志铭》，载于《童子鸣集》中，说他有游历天下的雄心，但身体太弱，心有余而力不足，虽然强自出游，但往往因体力不支而半途而废。尽管如此，他依然不改游志。游九华山的时候，正好下大雪，雪深过膝，人们都躲在家中，百里不见人迹。童佩骑驴而往，找不到可以炊煮饮食的人家，只能以雪水为食，用竹枝探雪的深浅跋涉前行。无人探访的山中雪景一一落入童佩目中，他兴奋得发狂，在雪地中欢呼大叫。之所以如此兴奋，正是因为他看到了一般人见不到的美景，可以"夸于人以为奇"。

四、朝山进香，不约而同

宗教旅游是世界上最古老的一种旅游形式，并且一直延续到现代。宗教旅游是以朝觐、礼佛、祈福、取经，或在寺院做法事追悼亡灵，或以宗教考察为主要目的的旅游活动。宗教信徒出于对自己信仰的虔诚，或受名山古寺、教堂圣殿以及丰富多彩的古代宗教建筑样式的吸引，都热衷于这种既能达到宗教信仰目的，又能通过旅行游览活动获得享受乐趣的宗教旅游。

在古代中国人的公共生活领域与精神世界中，宗教是一个经常出现并历久弥新的话题。经过千年的发展，佛教、道教等宗教的教义在中国百姓心中已根深蒂固。中国佛道二教的名寺古观遍布名山胜地。古联云："世间好语佛说尽，天下名山僧占多。"宗教信仰与寺庙宫观所处的优美自然环境，对人们构成了巨大的吸引力。

加拿大学者卜正民在他的著作《为权力祈祷——佛教与晚明中国士绅社会的形成》中，详细分析了寺院对士绅阶层的吸引力，他指出：寺院之所以吸引参观者，除了因为它们环境优美和隐居场所传奇外，还因为它们提供历史的和艺术的文物奇观。在博物馆之前的时代，寺院保存着中国的许多古代文物。此外，寺院空间可以方便士绅作短期的居所和集会之地，还可用作辩论传道的讲堂。寺院所处的自然环境、所营造的文化环境、所独具的公共空间功能和宗教氛围，是吸引士绅阶层纷至沓来的重要原因。

　　这在古人的游记中也得到了充分反映。晚明无锡一个著名的士绅邹迪光，到宜兴善卷洞去旅游。他看到洞旁有个寺庙，大门称为龙岩，内有涌金亭，寺院道路宽阔，两旁古树参天，遮天蔽日，寺内圆通阁下立了许多高大的石碑，仔细一看，竟然都是唐、宋时期的旧物。大殿称为释迦文殿，是唐大中十年所建。邹迪光在他所写的《始青阁稿》卷十五《游善权（卷）洞记》中不惜笔墨，仔细地将其记述下来。吴文奎在《苏堂集》卷七《黄梅记游》中记其游湖北黄梅的禅宗五祖寺的见闻，寺中藏有五祖遗蜕、五祖所用的托钵，另外还藏有镇山摩尼珠、冰玉镇纸、佛骨念珠、唐时铁鼎、元泰定赐金襕衣等宝物，可见五祖寺全然就是一个文物博物馆。位于黄山的莲花庵虽没有那么多的文物，但寺僧非常善于打造素雅的文化环境。寺中所用的香炉、钟鼓架、绳床等器物，都用质朴古雅的树根打造，深得时人好评，被夸为"足当一景"（明汤宾尹《睡庵稿》卷十三《黄山游记》）。

江苏宜兴善卷洞（刘克明 摄）

　　有意思的是，晚明人游记中还记载了对传教士所建教堂的兴趣，将之看成一种奇异的文化景观并加以观赏。天启六年，焦源溥在京为御史，将转外任，而北京名胜西山还未游过，所以决计前往。出北京西门，看到了著名传教士利玛窦的墓，他在记录本次游程的《逆旅集》卷十一《游西山记》中特意做了记录："观西洋利西太葬所，其所奉教主暨制作器械，精绝巧至，不类中华。"

　　晚明时期，不仅士绅阶层中的大多数依然把寺观当成心灵的避难所，而且广大的城乡居民更把宗教偶像看成现实世界的拯救者、美好愿望的寄托者。尽管宗教在明代的发展水平不如唐、宋时期，但经过时间的积淀与教义的世俗化，其影响力却更为巨大，善男信女比比皆是，尤其是那些能够"救苦救难"的具有世俗功利性质的菩萨、罗汉、真人，在社会上具有很大的号召力。当时民间影响最大的神佛是碧霞元君、真武大帝、观音大士，最著名的进香胜地也就分别是泰山、武当山和普陀山。

泰山碧霞祠（三泗道长　摄）

烧香拜佛，最主要的目的是获得神佛的庇佑，以解决俗世的烦扰。拜泰山碧霞元君是因为元君掌管天下人的生死福禄，所以其信众遍布北方大地，每年去进香的民众数量众多。进香之时，信众要斋戒洁身，穿上庄重整洁的服装，来表示自己的虔诚之心。不管是什么身价的人，哪怕是最底层的村妇与山民，都要一路持戒，口宣佛号。民众如此虔敬的原因，乃"贪生而又畏死，故祝延者与求胤者，香火相望"（谢肇淛《五杂俎》卷四）。百姓拜碧霞元君的原因，主要有两个：一个就是贪生怕死；第二个就是拜求男婴，以求血脉传承。这个分析，一针见血地指出了普通民众在宗教信仰上的功利性特征。

不仅民间的宗教朝觐活动开展得如火如荼，士绅旅游者等主流文化阶层也并不排斥进香之旅。一旦对神佛的崇拜成为普遍的习俗，则任何个体都会向世俗的力量妥协。在士绅们所写的游记中，常常见到他们"焚香礼大士"（费元禄《甲秀园集》卷二十《吴越纪行》）等相关记载。熊明遇《文直行书》卷十六《西山记游》中载，在北京出游西山的时候，正好碰上四月八日浴佛节，北京重要的佛教寺庙都在西山，北京的居民在这天都"盛游西郊"，熊明遇与他的朋友们也随波逐流，一并前往西山观赏浴佛盛典。

浙江普陀山"进寺下马"碑（魏向东 摄）

有意思的是，碧霞元君、观音大士的号召力，远远超过了儒者视为天地间第一圣人孔夫子的影响力，泰山进香者远远超过拜谒孔林、孔庙者。当时著名的学者，也是理学大家的冯从吾观察到这一现象，百思不得其解。因为他熟读孔、孟，认为圣人遗迹就应该是天下人最向往的地方，现在看到世人不远千里、不惮艰辛地到泰山进香，而弃近在咫尺的曲阜孔庙于不顾，"竟无有一人香火奔谒也者"，他就感到不符常理，"心甚怪之"（冯从吾《少墟集》卷十三《东游稿序》）。这其实一点也不奇怪，因为经过长期的宗教洗脑，普通百姓们从心底相信，碧霞元君、观音大士能救苦救难、送子送福，解决自己在人间俗世无力解决的问题，满足自己追求幸福生活、解决世俗烦恼的需要。这就是驱动百姓长途跋涉去进香旅游的强劲动力。

五、逃避日常，说走就走

摆脱日常生活环境，是现代旅游者最为常见的旅游动机之一，古代旅游者同样有这方面的需要。日常生活环境，可分成自然环境与社会环境两个方面。就自然环境来说，明清官员聚集的首都北京，由于地处北方，气候较为干旱，缺少水源，沙尘暴天气较多，空气较脏。苏州人王心一来自江南水乡，向来"厌苦尘污"，在"以水为奇遇"的北京，到处寻找有一方碧水之地，于是就有了频繁到"面临清波，汪洋数十顷"的净业寺观水的游程（王心一《兰雪堂集》卷四《净业寺观水记》）。同样，来自福建省连江县的董应举也不习惯北京的沙尘暴，因北京"尘高十丈，每于马上见西山云气，心辄欲飞"（董应举《崇相集》），故经常躲到空气清新的西山去。

北京西山（牛伟 摄）

逃离日常生活之烦扰，则是晚明旅游者出游的又一动因。袁宏道的弟弟袁中道，也是一个文化大家，与其兄齐名，但在很长的一段时间内，都没考上进士，所以一半时间居于家中，一半时间则到处看风景。他是一个不怎么能够安定下来的人，在家中住上几个月后就按捺不住出游的心思。他自己总结自己的这种行为，是因为长居家中，经常面临众多的应酬、纷繁的家事，不请自来的各种熟人不断上门打扰，"了无一息之闲"。不堪其扰的袁中道说走就走，逃避这些红尘俗务，出外旅游，以求一个清净。他也总结了自己不安于家的原因，大致有三端："一者，名山胜水，可以涤浣俗肠。二者，吴越间多精舍，可以安坐读书。三者，学问虽入信解，而悟力不深，见境生情，巉途成滞处尚多；或遇名师胜友，借其雾露之润，胎骨所带习气，易于融化，比之降服禁制，其功百倍。"（袁中道《游居柿录》）处名山胜水可远离俗务，有清幽环境可安坐读书，遇名师胜友可解疑去惑，所以出游才是人生正道。

脱离日常环境，自然是要寻求异于平常的收获，求奇求异的心理需求，驱动着人们踏上远方的行程。胡敬辰长居绍兴，对周围山水已经麻木，后听人介绍镜湖小隐山红叶与众不同，他"正苦习游者面熟"，还从未去过小隐山看红叶，就产生了浓厚的兴趣。他在《檀雪斋集》卷十三《游小隐山记》中描述自己的急切之态，"趣棹急访之"，马上登船，迅捷而访。胡敬辰所苦的是周围均是已经熟悉的景物，而对从未一见的景观则充满了向往，这其实是旅游者的普遍心理。

人们总是对有别于日常平淡生活的陌生环境充满向往之情，李若讷在《四品稿》卷六《南行记》中说的话，就代表了这样一种典型的心态："风尘之人慕江山水月，不啻以冰消烈，在江山水月者，反狃而不知其佳，此世界缺陷，若限浮生受福缘也。"日常的环境与重复的生活，会使人们趋于麻木，哪怕是在环境极为优美的江山水月中，也会因为久处其间而不知其美，而异质环境与文化的点滴精彩，都会使人激动不已。这是世界的一大缺陷，好像就是专门限定人生不可太过圆满啊。王心一也有同样的观点，他在《兰雪堂集》中说：人处于熟悉的环境中，哪怕是海市蜃楼，也都会认为只是寻常景象，一旦进入陌生环境中，只是见到相似的人都会惊喜不已，更何况世界那么大，还有很多人们不认识、不熟悉的奇事怪物。

躲避世间纷扰、红尘喧嚣的意念是如此强烈，不少人往往心生一念，就马上付诸行动，临时起意而马上成行的事例屡见不鲜。

与袁宏道齐名的明代文学家谭元春，是明末文学流派竟陵派的创始人，天启间乡试第一，但却一直未能考上进士。他日常喜欢纵情山水，游遍了湘中、鄂西的名山大川。某一日，谭元春忽然想起自己是

南岳衡山祝融峰（周翔宇 摄）

湖广竟陵（今湖北省天门市）人，虽然家乡周边的山水皆已游遍，但荆楚之地名气最大的南岳衡山竟尚未登临，"自念其为楚人"，楚地唯一的衡山竟然未睹真颜，心下着实有愧，突然之间说了一句"我且欲之岳"（谭元春《谭友夏合集》卷十一《游南岳记》），说完就出发去了衡山。南岳的秀丽风光，深深地打动了谭元春的心，他挥毫写下了许多讴歌南岳的诗篇，还把自己的诗集命名为《岳归堂集》。

　　前面提到的邹迪光，常年居住在无锡。无锡是太湖边上的一座城市，太湖美丽的风光，引起邹迪光无限美好的想象，他一直想到太湖中畅游一番，但因身体有病，难以成行。身体稍有好转之后，于八月中秋登上无锡的锡山山顶，远眺太湖，"见湖山点点，猛发意兴"，

当即驾舟而往（邹迪光《调象庵稿》卷二十八《游洞庭山记》）。

从明人游记中可以看出，晚明人们的出游动机多种多样，呈现出明显的多样性特点。人们的年龄不同、身份不同、地域不同，甚至心情不同，其旅游动机也就各不相同。而且一次单独的旅游活动，并非只由一种动机驱动，可能会有多种动机交织在一起。因而单独的旅游活动中的旅游动机并不单一，也呈现出复杂多变的情形。但在多样多变的总基调下，通过对不同人群的分析，还是可以发现，身份相近、阶层相同的旅游者具有某些共通的旅游偏好：士绅旅游者偏好山水之游，儒学士子多有文化朝圣之举，同僚朋友间的应酬之旅比较常见，而乡村百姓与其他的旅游群体一样，都是宗教朝觐之旅的积极参加者。

第十二章

通达五岳，便是天下：
古人到哪儿旅游

中国古代的山水，有多种分类体系。从政治的角度来说，岳、镇是对天下名山重要性的分等定级。第一等重要的山，称之为岳，共有五座，即泰山、嵩山、华山、衡山、恒山，与长江、黄河、淮河、济水四渎并列，作为国家一级的地理标识，具有政治权力的象征意义，是要受到历代封建政权香火祭祀的。其次一等的称之为镇，指的是镇守一方的主山，与岳山有五相同，天下镇山也有五座，分别是山东东镇沂山、浙江南镇会稽山、陕西西镇吴山、辽宁北镇医巫闾山、山西中镇霍山。在此之下，每个地区也都有自己的镇山，作为一方之主山，由此构成了遍布全国的山水网络。在这个网络中，五岳高居首席，成为中国山水文化的杰出代表。

一、高山为岳，五方一体

在远古的时候，大地一片莽荒，一眼望不到边，只有矗立于原野之中的巍峨高山能够遮断人的视线，只有漫无边际的汪洋大海能够阻断人前进的脚步。作为地表上最为引人注目的地理物象，高山大川自然就成为人们出行的目标导引，也就具有了方位辨识的意义。对于原始人类而言，有山有水的地方不仅能提供丰沛的食物，也是聚集栖居的理想环境。山水既为人们的生活提供了坚实依靠，也为确立部落活动的空间边界提供了醒目的地理标志。

华夏先民主要活动在黄河中下游一带。在河洛平原与黄河下游平原，有两座壁立千仞的高山峻岭，周边的山丘都匍匐在它们脚下，在周围广袤原野的映衬下，显得尤为高大。其顶峰直插于天，高不可攀，

山是地表最突出的标志（魏旭东 摄）

山中古木参天，云气缥缈，深不可入，就好似神仙秘境，神圣不可侵犯。这两座山便是河南登封的嵩山和山东泰安的泰山，它们是这一时期华夏先民活动区域的中心地标。围绕着这两座山，发现了大量的早期人类活动遗址。仅河南嵩山周边，就有距今9000年到7000年的裴李岗文化遗址43处，数量之多、分布之密为全国之冠；距今4500年到4000年的龙山文化遗址更是星罗棋布。华夏民族的人文始祖黄帝据传就诞生于嵩山余脉凤后岭下的轩辕丘，尧、舜二帝的许多重大政治活动也都发生在嵩山，大禹的妻子涂山娇在这儿化为巨石，破石而生夏王朝的第一任君主启。

黄帝的时候，据说就调查了其活动范围内的名山大川，封了五岳。岳的意思，就是高大的山，"五岳"就是雄踞于神州大地五方的五座大山。

对神秘莫测的山岳顶礼膜拜，是原始先民中的普遍现象。山为人们提供了山花林果、飞禽走兽等生活资源，人们不明白生生不息的动植物资源从何而来，只好将一切归之于神力，山"出云风以通乎天地之间，阴阳和合，雨露之泽，万物以成，百姓以飨"（《尚书大传·略说》）。山通联天地，有让万物和合生长的神力，百姓才获得了丰足的食物。山又是神秘的，"山林川谷丘陵，能出云，为风雨，见怪物，皆曰神"（《礼记·祭法》）。山高大险峻，一般人难以攀登，很多时候其顶峰隐没在云中，似乎上接于天，因而原始先民认为山是沟通天地的通天大柱，当然也是神仙居住的地方，于是乎山神崇拜便成为普遍的信仰。

战国时代的列国混战，给百姓带来了极大的痛苦，大一统的意识由此萌发。成书于战国时期的《尚书》《周礼》《山海经》等著作，都不约而同地探讨了统一空间的问题。《尚书·禹贡》提出了九州之说。《山海经·山经》则把天下分为"五藏"，以河南省西部为中心区域，称为"中山经"，以此为基准，按不同方位分设东山经、西山经、南山经、北山经。如此，广阔的空间范围，就被纳入到了一个统一有序的空间体系之中。这种大一统的空间意识，得到了同样是战国时期兴盛起来的阴阳五行学说的支持。五行学说认为，自然界与人类社会的发展变化，都受土、木、金、火、水五种物质元素支配，按照一定的次序循环转移。五是一个神奇的数字，《周易正义》说："天数五，地数五，五位相得而各有合。"这样人们就构建起了一个地有五方的天下模式，由五岳统领的五方空间共同构成了整个中国。正如唐玄宗御制的《西岳太华山碑序》中所说："天有四序，星辰辨其分；地有五方，山岳镇其域。"（《全唐文》卷四十一）一年四季，以星辰的运转予以确定；地有五方，以高大的五岳各镇一境。这就是一个时空流转顺畅自如的完美世界。

这种对天下的构造，得到了普遍的认同。南朝梁任昉的《述异记》，记录了一则盛行于秦汉时期的民间俗谈：华夏先民的活动空间，是开天辟地的盘古大帝化身而来，他以"头为东岳，腹为中岳，左臂为南岳，右臂为北岳，足为西岳"，东西南北中，五方是一家，是血肉相连、不可分割的统一整体。为了证明大一统的正当性，人们还从华夏社会的起源时期就予以了追溯。按照司马迁在《史记·封禅书》中的记载，夏、商、周三代，立都于黄河与洛水之间，"故嵩高为中岳，而四岳各如其方"。禹每五年巡狩一次五岳，每次都是从中岳出发，遍访东、南、西、北四岳，以显示对这些空间的有效统治。

　　山岳在现实生活以及精神世界中的重要地位，当然需要固定的名目与仪式将之固化下来，使之成为凝聚人心的力量。成书于战国后期的儒家经籍《周礼·大宗伯》中说："以血祭祭社稷、五祀、五岳。"山岳崇拜列入国家祭祀，从此成为历代王朝固有的做法，在国家政治生活中占据了重要的地位。

　　《史记集解》中称："天高不可及，于泰山上立封禅而祭之，冀近神灵也。"大意是说，与上天沟通、获知天意最便捷的地方，就是与天最为接近的岳山之巅。秦始皇统一六国后，借用了山岳崇拜和五行学说的说法，到泰山举行了封禅大典，在泰山之巅，告成功于上天，表示自己是受到天地认可，代天来统御万民的，奉天承运，具有统治的正当性与合法性。从此，五岳又具有了代天授权于地上人君的政治象征意义，五岳的政治地位与天同高。

　　汉武帝在这个基础上，正式创立五岳制度，在封禅泰山之后，登礼天柱山（在今安徽省潜山市），将之封为南岳；进一步明确了对五岳的祭祀仪规，下令在五岳建立祭祀岳神的岳庙，从而将五岳崇拜制度化了。秦、汉帝王对五岳的尊崇，确立了五岳在政治话语体系中的崇高地位。此后的历代帝王为了表示自己得到上天之宠，对五岳的尊崇不断加码，唐玄宗封五岳为"王"，宋真宗封五岳为"帝"，明太祖则封五岳为"神"。

　　五岳的组成也是在汉代得到明确的。《汉书·郊祀志》载，汉宣帝于神爵元年（公元前61年）颁布诏书，以泰山为东岳、华山为西岳、霍山（即天柱山）为南岳、恒山为北岳、嵩山为中岳。五岳的组成到隋代有了新的变化。随着汉文化的影响力向四方的辐射，汉民族的活动空间不断扩展，作为疆域分界的地理标识，局限于中原地区的五岳已经不符合现实的状况，于是隋文帝于开皇九年（589 年），诏定湖南湘江之滨的衡山为南岳。元、明、清三代立都北京，而曲阳恒山位处北京之南，与北岳的名称不符，于是明代就以山西浑源恒山为北岳，清代顺治十八年（1661 年）正式移祀北岳于浑源恒山。五岳至此再未改变（详见下表）。

五岳概况表

山名	岳名	位置	海拔高度
泰山	东岳	山东泰安	1532.7 米
华山	西岳	陕西华阴	2154.9 米
衡山	南岳	湖南衡阳	1300.2 米
恒山	北岳	山西大同	2016.1 米
嵩山	中岳	河南郑州	1491.7 米

五岳不仅指简简单单的五座山，在中国文化语境中，它们有着多重含义。

首先，五岳是中国山水的杰出代表。人们将五座大山的景观风格，用精练的语言加以概括：东岳泰山之雄，西岳华山之险，中岳嵩山之峻，北岳恒山之幽，南岳衡山之秀。又有人提炼五岳的山形走势：恒山如行，华山如立，泰山如坐，衡山如飞，嵩山如卧。其山水风景都是顶流的存在，自古以来就流传着"五岳归来不看山"的美誉。目前，除了北岳恒山，其余四岳全部都是国家旅游景区中等级最高的 5A 级景区。

其次，五岳是中国历史文化名山，沉淀了丰富的文化内容。仅以嵩山而言，其不仅获得世界文化遗产的金字招牌，成为全人类的共同财富，而且遗存至今的文化遗迹含金量极高：嵩山中岳庙，是我国最早的道教庙宇；嵩岳寺塔始建于北魏，为我国现存最古老的砖砌佛塔；嵩阳书院是宋代四大书院之一；嵩山西部北麓少林寺，是佛教禅宗发源地，也是少林拳的发源地。

嵩山少林寺少林拳（郑州市文化广电和旅游局提供）

再次，五岳是封建王朝政权合法性的法理来源之一，是封建帝王代天受命、封禅祭祀的地方。宋代之前的封建王朝，每代均有帝王到泰山举行封禅仪式，向上天告成功，向万民显权威。故而五岳在封建政治话语体系中，代表着封建政权沟通天地神人的信仰支柱，是政治权力获取与有效行使的法理支撑，也是封建君主受命于天、统御万民的政治象征。

最后，对五方五岳的建构，形成了中华文明的整体空间体系，表明中华文明是一个血肉相连、互相支撑的文化统一体。在这个体系中，五岳不仅代表着中华文明的有效传播范围，是中国文化向外传播的空间地理标志，也给中国古人的天下观划定了大致的空间规模。中国古人所谓的"天下"，是一个以汉文化为主导的文化空间，以中原地区

东岳泰山（牛伟 摄）

南岳衡山（周翔宇 摄）

中岳嵩山（郑州市文化广电和旅游局提供）

西岳华山（魏向东 摄）

北岳恒山（罗奕筱 摄）

为中心不断向外扩散，华语正音，汉风唐韵，五岳内外，尽为华夏。在这个"天下"，五岳，便是中国古代文化疆域上引人注目的文化高地，也是华夏文明光耀天地的硕果丰碑。

对中国古人来说，到过五岳便是把天下走遍了，游赏过五岳风光便是把天下的美景看尽了。因而，人们在表达自己走遍天下的雄心壮志之时，往往用五岳来指代具体的旅游目的地，从而就把形而上的天下观落实到形而下的旅游过程之中。明代万历年间名臣张居正是中国古代伟大的政治家和改革家，他在繁忙的政务之余，同样有"遍游寰中诸名胜，游目骋怀"的志向，在游玩过南岳衡山之后，就发愿乘"齿壮力健"之时"遍游五岳"（张居正《张太岳文集》之《游衡岳记》），以认清他一生为之奋斗的这片土地。像张居正这样抱有"遍游五岳"之志的有识之士为数不少，虽然由于地理空间的阻隔，真正游过五岳的人寥寥可数，但这并不妨碍人们对五岳的普遍向往。故而"足迹欲遍五岳"的王士性，根据自己的旅游经历，写下了一本《五岳游草》，深受时人追捧。与王士性一样，年届古稀的陈第在登顶五岳之后，也写出了一本书名一模一样的《五岳游草》，同样受到时人的青睐。这样的一系列表白心志的重量级著作的面世，其实反映的正是人们深藏于心底、心系于家国的五岳情结，表明的是人们以知行合一的态度去认知天下的文化实践，催生的是周游宇内、维护并强化中华文明统一大空间的旅游动机。

遍游五岳，便是游遍天下！

二、洞天福地岳唯五，收拾都归一杖中

"洞天福地岳唯五，收拾都归一杖中"，这句诗出自陈第完成五岳之游后所作的《五岳游草》，诗名《归自五岳抱病口占》，表达了陈第历经艰辛之后游遍天下的自豪与满足。陈第确实值得自豪，在游

风大兴的晚明时期，他是为数不多的完成了五岳之旅的旅游家。其游踪之广，当时只有王士性、徐霞客等寥寥数人可比；其出游目的之纯、出游意志之坚、出游频率之密，只有徐霞客可比；而其出游年龄之高，则当时无人可比；尤为难能可贵的是，他的出游，并不占用国家的资源，不利用官府的驿传体系跨越空间，这也只有徐霞客堪与比拟。所以复旦大学周振鹤先生在《徐霞客与明代后期旅行家群体》一文中，就曾慧眼独具地指出："徐霞客的旅行是私出，完全以个人的经费出游，并非借宦游以济资，如果不是视旅行为生命的第一需要，是绝不可能这样做的，在这一点上，能与他相比者，恐怕只有陈第一人。"

陈第（1541—1617 年），字季立，号一斋，福建省连江县人。陈第是一个文武双全的人物，在军事、旅游、音韵、藏书等方面都做出了杰出的贡献，是中国历史上少有的儒将。

嘉靖四十一年（1562 年），戚继光追歼倭寇至福建连江，刚刚 20 出头的陈第献平倭策，进入军伍，随戚家军转战南北，屡立战功，深受戚继光、俞大猷赏识。其后进入俞大猷幕府，受到了军事上的系统训练，并经由俞大猷推荐，授京营教官。后又得到戚继光的器重，升任游击将军，坐镇蓟门 10 年，多次击退鞑靼入侵。万历十一年（1583 年），戚继光南迁广东，陈第也被谗罢归。回到家乡后，陈第建"倦游庐"，另辟藏书楼"世善堂"，一心读书，专心研究古代音韵，著有《毛诗古音考》《屈宋古音义》《伏羲图赞》《尚书疏衍》等著作。

万历三十年（1602 年），名将沈有容率军出击盘踞台湾的倭寇，沈有容邀陈第共参军务。舰队行进到澎湖时，突遇大风，巨浪滔天，舰队有倾覆之危，陈第乃放声高歌，稳定了军心。军队登陆台湾之后，经过激战，歼灭了倭寇，驻扎大员港（今台南安平港）休整。陈第乘此机会，深入踏勘当地土著居民的民情风俗、生活习惯，写出了具有很高民族学、历史学和地理学价值的有关台湾的早期文献——《东番记》，这也是我国研究台湾的首篇珍贵历史文献。

台南安平古堡（魏向东 摄）

陈第致仕居家期间，闭门读书。虽然家中藏书丰富，陈第仍感觉不足以开广见闻，听说南京焦竑家富藏书，便在64岁时来到南京搜访图书，并亲自到焦竑家抄读未见之书。在此期间，他不论是出游在外，还是赁居南京，都购买了大量书籍，归家之时，专门配了两辆大车运书。经过不懈的努力，其先后积书至1900余种，1万余册，其中珍稀善本达300余种。陈第世善堂是福建藏书楼中内容最丰富、数量最庞大的藏书楼，他还将藏书编成了《世善堂藏书目录》2卷。

陈第很早就立下了遍游五岳、游历天下的壮志，在从边关辞官回乡的途中，顺道游历了东岳泰山。回家之后，牢记"父母在，不远游"的古训，尽心侍奉病中的老母，母亲去世后也没有马上踏上旅途，因为他觉得自己还没有完全准备好。从《一斋公年谱》中可以看到，陈第57岁之前，因其"有母在，弗忍游也，读书未富，亦未可以游"，所以就广阅图籍，一边进行他喜爱的音韵研究，一边为日后的出游做了大量的知识储备。

57 岁之后，陈第的出游就经常化了，而且越游越远，不死不休。现根据《一斋公年谱》，将陈第一生游踪系年整理如下。

陈第一生游踪系年

时间	年龄	游踪
万历十一年（1583）	43	从边归，登泰山，谒阙里，览南都金陵牛首燕子诸胜
万历十七年（1589）	49	至潮，谒韩文公祠
万历十八年（1590）	50	游石门寺
万历二十五年（1597）	57	始出游，夏归自清漳，冬与林培之先生游
万历二十六年（1598）	58	入粤居罗浮，游西樵，出海观涯山至石牌洋
万历二十七年（1599）	59	游西粤苍梧，访沈刺史于康州，憩足三洲
万历二十九年（1601）	61	同沈有容、王锷游南台，留经月，秋再至清漳
万历三十年（1602）	62	舟过澎湖外洋
万历三十一年（1603）	63	游粤东
万历三十二年（1604）	64	再入金陵
万历三十三年（1605）	65	泊舟彭蠡
万历三十四年（1606）	66	游滕王阁
万历三十六年（1608）	68	冬入金陵
万历三十九年（1611）	71	登嵩山
万历四十年（1612）	72	入潼关，登太华，上终南
万历四十一年（1613）	73	游武当，养病雁荡
万历四十二年（1614）	74	歌咏恒山之上
万历四十三年（1615）	75	浮洞庭，登岳麓，上衡山
万历四十四年（1616）	76	病愈，入蜀，将游峨眉，次年卒

　　陈第一生之游大致可分成三个阶段。万历二十五年（1597 年），陈第决意出游，此时正好东莞林培之被谪来闽，为盐运知事，林培之久闻陈第大名，两人遂定交。万历二十六年（1598 年），林培之告归养母，邀陈第入粤游罗浮山，于是二人一路游玩了石竹山、莆田九鲤湖、泉州清源山，经漳州、潮州、惠州而入罗浮，停留四月有余，又同游西樵山，至端州（今广东肇庆）游七星岩。陈第在《游七星岩记》中感慨七星岩的兴废，指出明朝嘉靖、隆庆年间重新修复了景观环境，"今亭台交映，山水益增奇矣"。

　　万历二十七年（1599 年），陈第进入广西桂林，同乡有个叫薛慕南的，正好在桂王府中主事，就借住于薛府而遍游桂林。陈第沉迷于广西的山水美景，在《游粤西记》一文中说自己"以慕佳山水至，日乘肩舆，令奚儿载酒，恣其所之所闻，三十里内外无不游也"。因为喜爱桂林山水，就天天乘着小轿，让小奴带着酒水，随意游赏，桂林城内城外三十里范围内游玩殆尽，大加感叹："嗟夫，粤西山川奇秀，甲于天下。"万历二十八年（1600 年），陈第寄寓于康州（今广东省德庆县）沈士庄刺史署中，不时来往于广东、广西之间。万历二十九年（1601 年）回到福建，并借将军沈有容等人之力，游于闽南等地。此后两年间俱在福建，边读书，边游观。

　　以上可以看作陈第出游的第一阶段，旅游的范围主要局限在两广与福建三省，而且多借友人、官员与同乡之力。

　　从万历三十二年（1604 年）出游南京始，陈第进入其旅游的第二阶段，也进入到当时游人最集中，也是旅游名胜最集中的核心区域。这期间，陈第以南京为中心，往返江西、安徽、湖广、吴越之地，游览了齐云山、黄山、滕王阁、庐山、武当山、黄鹤楼、九华山、天台山、雁荡山等名胜，将江南风光、荆楚胜迹都揽入囊中。在旅游过程中，陈第十分注重考察各地的风俗民情，比如他在齐云山、九华山旅游时，对两山僧道用各种手段威逼利诱，让人购买香火、捐钱布施的伎俩十分反感，就此写了一篇名为《进香解》的小诗，对僧道的嘴脸有一番生动的描述："齐云众道士，列坐天门旁。遥望进香客，问客来何方。氏族既已辨，争请入门墙。赠送计厚薄，款待分炎凉。九华僧亦似，终年为客忙。客本徼冥利，重之鼓笙簧。远近诸男妇，奔走胥若狂。不期名胜地，翻成驵侩场。我本来游山，不爇一炷香。僧道请具疏，为延福祚长。我乃峻拒之，形色反苍黄。岂知凶与吉，由人自主张。恶即为地狱，善即为天堂。方寸苟瞒昧，忏悔何能偿。世人信不及，祈请频周章。"两山僧道一见客来，就打听客人的各种信息，对症下药地设计话术，如果客人布施钱财多就笑脸相迎，名胜之区变成了锱铢必较的生意场。

陈第以南京为中心的游览活动，得到了在江西德兴为官的兄长以及老友沈士庄等人的资助与支持，善良的普通乡民也为其提供了帮助。陈第在江西饶州府的时候，不清楚去齐云山的路程，在船上碰到熟悉情况的"景德镇布衣"叶永坚。这个叶永坚非常热心，为陈第解说得明明白白，陈第开心地与他一起小酌了几杯。第二天陈第来到叶家，叶永坚专门杀了鸡，准备了家宴款待陈第，热情得就好像多年不见的老朋友一样。陈第十分感动，专门写了一首《谢叶永坚》的诗表示感谢。在为这首诗所作的序中，陈第对普通百姓的淳朴善良深有感触，感叹自己在外旅游，从不麻烦"达官贵人，而获爱于村民野老"。

通过这一阶段的旅游经历，陈第积累了丰富的旅游经验，坚定了游毕五岳的志向。他的儿子陈祖念怜父年近七旬，还在外四处飘零，苦苦劝其归家，陈第就写了《豫戒诗寄儿祖念并诸亲友》一诗，以申明自己的立场：虽然"今年六十九，鬓发同秋霜"，但生性喜欢闲云野鹤般的自由生活，"我本游汗漫，野鹤共翱翔"，生平之志就是要游遍天下，"生既耽五岳，死岂恋一方"，所以反复叮嘱自己的儿子，"慎勿泥世俗，启土携归乡"，这首诗就是自己的遗嘱，不游毕五岳，誓不还乡，"作诗比遗令，小子永勿忘"。

陈第旅游的第三阶段从万历三十九年（1611年）71岁时始，他由南京出发，踏上了遍访五岳的旅程。首先拜访的是嵩山。经安徽，渡淮水，入河南，这一路上的行走是非常辛苦的，路途上常常找不到住宿的地方，饮食也得不到保障，"荒村问沽酒，未得一壶倾"。就这样辛辛苦苦地走了两个多月，才到达嵩山。陈第在嵩山流连了一个多月，游览了天中阁、观星台，观看了秦槐汉柏等名胜古迹，然后再由原路返回南京。归来的时候正是寒冬，雨雪纷飞，路途泥泞，备尝艰辛。他在《宿州阻水》一诗中叙述了当时的窘况："归路何辛苦，长途潦不消。危桥斜迫水，平地骤生潮。"不但大水漫路，路况糟糕，雇请的仆役也偷奸耍滑："舟子呼难至，舆夫懒自骄。黄昏询客舍，犹隔一村遥。"

次年秋天，陈第从南京出发往游西岳华山。经安徽入河南，沿途路过今商丘、开封、中牟、郑州、荥阳、洛阳、新安、渑池等地，观黄河之三门砥柱，然后出潼关进入陕西，登上华山，到骊山观秦始皇葬处，游骊山温泉，登终南山，宿重阳宫，直至十一月中旬，方归南京。

在经过洛阳的时候，陈第参加了当地士绅的一场聚会。洛阳一位叫作许春元的士绅，对陈第在耄耋之年独自远程出游感觉不可理解，于是就有了下面一段问答：

> 又问："游已几年乎？"曰："已二十余年，凡三五年一归省坟墓，余遇佳胜辄留连岁月。"问："何以不思家？"曰："始亦思家，既而知其无益，故不思也。"问："何以独携一仆？"曰："野鹤闲云，一仆多矣。"问："何以独游，不更招一侣乎？"曰："仕则同朝，商则同货，故其侣易得，今游而已，孰肯舍身家而耽山水乎？"问："游难矣，必何如而后能游？"曰："游有五，不怀安、不惜费、不思家、不怯死、不立我。"（《五岳游草》卷五《龙台嘉会序》）

在回答士绅们如何才能远游的问题时，陈第阐明了自己的"五不"旅游理念，即不耽于安逸，不疼惜花费，不思念家乡，不害怕死亡，不要有私心。其中最重要的是不要有私心，在旅途中不要根据一己的成见，去理解和处理各种人和事，而要以公平无私的态度对待旅游中发生的一切，这样才能保证旅途的顺畅。

万历四十二年（1614年）五月，74岁的陈第再次由金陵出发，往游山西之恒山。他在《止酒诗序》中记述了大致的行程："五月初三发轫，七月十一税驾，凡六十八日，奔走五千余里，加以紫荆关外涉河渡岭，艰难万状。"根据陈第一路的考察，这时的恒山一带，不仅经济穷困、生计艰难，"于时伤亢旱，田野动愁悲"（《恒山述》），"人烟千里少，山色九边长"（《塞外》），而且治安败坏，"林莽伏寇贼，杀人同枭鸱"。他还记载了极其恶劣的道路状况，"一日十余渡，乱流行委蛇"，"归途值水潦，到处常淹迟"（《恒山述》）。在这种困苦的环境中，旅途食宿更是没有保障："借宿依茅屋，人家独困穷。麦豆客为饭，箪瓢已自空。"（《雨宿磁窑村在恒山下》）陈第不由得慨叹"生平山水游，独此最艰危"（《恒山述》）。

万历四十三年（1615年），陈第进行了他一生中最后一次的远程旅游，由南京买舟往游南岳衡山。遍游五岳的目标即将完成，陈第欣喜万分，他在《小舟咏》一诗中描述了自己出游时的欢快心情："人生七十称古稀，我今七十且有五。居恒羸倦不胜衣，谈及名山随鼓舞。"虽然路途之中蜷缩在小舟中很不舒适，"今往衡湘买小舟，小舟伸缩难自由。此身拘滞蓬窗内"，但"心与云水同悠悠"。诗的最后，他铿锵有力地唱出了自己的旅游宣言："我今稍健纵闲游，何畏旅骸委沟壑。"陈第，不是在旅游，就是在旅游的路上，哪怕生命遭遇不测，也在所不惜！

陈第由长江上行入湖北，登黄鹤楼、岳阳楼；下湖南，泊舟城陵矶，登岳麓山，浮游洞庭湖，又到汨罗江凭吊屈原古迹；最后南下衡山，登顶祝融峰观日出。回程取道江西，入闽归家。毕竟是75岁的老人了，这一次的南岳之行，终于伤了身子，五月游衡山时中了暑，下山后又感染上了疟疾，由此种下了病根。

"洞天福地岳唯五，收拾都归一杖中"的陈第，归家后即身体不适，此后一年间，陈第在病榻上完成了《五岳游草》。万历四十五年（1617 年）正月，77 岁的陈第一病不起，驾鹤西去。其子陈祖念在为《五岳游草》一书所作跋文中，总结了其父旅游的不凡之处：

> 家大人之游，必聚粮而出，踽踽独行，童仆一人，行李两篑，中置壶觞数事，五经数卷，所至不见贵人，不受馈遗，东西南北，惟其所之，飘然而往，倏然而来，若野鹤翱翔，非世俗所能羁绁也。

陈第就是这样一个以旅游为人生真趣的大旅游家。陈第以毕游五岳为目标，单人独行，以耄耋之年仗剑天涯，不受世俗的牵绊，如闲云野鹤般自由翱翔，在河北、山东、浙江、江苏、安徽、江西、福建、广东、广西、河南、山西、陕西、湖南、湖北、四川以及台湾等十六个省区留下了自己的足迹。他在五岳的巍巍山峦上，铭刻出志在天下的雄心壮志；在华夏文明的璀璨星空中，悬挂起一颗照耀九州大地的旅游之星。

三、天地之中，崧高维岳

在中国古人所建构的五岳五方、同为一体的空间体系中，需要一个中央的原点，来象征地理意义上的"中国"。夏、商、周三代主要活动于黄河中下游一带，华山、嵩山、泰山三座高大的山岳由西而东，通过黄河联系在一起。三山一河是当时华夏先民活动的核心区域，故而在周王室东迁洛邑之后，以嵩山为中央，东泰山、西华山，将王朝的中心空间给标识了出来。嵩山居中，故为中岳，象征着嵩山一带是华夏的"天地之中"，处于华夏文明的中心地位。后来的中原、中国、中华等称呼，其实即从此而来。

嵩山，古称"外方"，夏商时称"崇高""崇山"，西周时称

"岳山"，位于河南省西部，属伏牛山系。嵩山东西横卧，绵延60多公里，西邻古都洛阳，东临古都郑州，总面积约为450平方公里。由太室山与少室山组成，共72峰，海拔最低处为350米，最高处为1512米。主峰峻极峰位于太室山，高1491.7米；最高峰连天峰位于少室山，高1512米。嵩山是中原地区第一名山，《诗经》中赞之为"崧高维岳，骏极于天"。

中原地区是华夏文明的发源地，长期以来，在中国古代社会发展中一直居于核心地位。而嵩山作为中原地区的第一名山、五岳中的中岳，自然就得到了历代政权的高度重视，大量的名人在此盘桓，丰富的文化于此沉积，经由历史的涤荡，形成了一座含金量极高的文化宝库。显然，仅仅数千言是不可能说尽嵩山的文化全貌的，下面仅从嵩山的政治地位、地理区位、三教会同三个方面，说一说嵩山在中国文化中的重要地位。

在五岳中，泰山是封建帝王举行封禅大典的圣地，前后有秦始皇、汉武帝、汉光武帝、唐高宗、唐玄宗、宋真宗6位帝王于此柴燎告天。另外还有一位帝王，也是唯一的女皇帝武则天，则是在嵩山举行的封禅大典。故而嵩山与泰山一样，也是代表天命授予人间帝王以治理天下大权的神圣之地。

为什么武则天一反既往，选择在嵩山举行这一盛典呢？除了嵩山靠近武则天的神都洛阳之外，当然还有其他的原因。人们推测，嵩山位处天地之中，是与上天沟通最为方便的地方，西周周武王灭商的时候，就曾经到嵩山举行过柴燎的仪式，而周的国号与武则天的武周相同，武则天的武姓又是从周王室的姬姓中分离出来的，作为周王室的子孙，有什么理由不尊崇祖宗的做法呢？尤其是李唐王朝在泰山封禅，武则天与唐高宗共同主持了封禅仪式，表明夫妻共治天下。如果武则天在改唐为周之后，也到泰山封禅的话，就表明武周代唐自立，在上天那儿和天下臣民面前都不好交代。

嵩山峻极峰（郑州市文化广电和旅游局提供）

天册万岁元年（695年），武则天在嵩山的峻极峰修筑了一座登封坛，举行声势浩大的封禅大典。次年，武则天又登上嵩山峻极峰，封嵩山之神天中王为天中皇帝，其妻天灵妃为天中皇后，奉嵩山为天下五岳之首，还在峻极峰立下"大周升中述志碑"，为自己歌功颂德。为了庆祝封禅成功，武则天改年号为"万岁登封"，将嵩山脚下的嵩阳县改为登封县，把阳城县改为告成县，以表示她登嵩山，封中岳，大功告成之意。

大周久视元年（700年），77岁的武则天再次驾临嵩山。久病初愈的武则天这次是为了感谢嵩山保佑她身体康复而来，她在峻极峰投下了金简一枚，内容为：

上言大周国主武曌好乐真道，长生神仙，谨诣中岳嵩高山门，投金简一通，乞三官九府，除武曌罪名。
………

　　1982 年 5 月，登封一个农民捡到武则天当年投下的金简。该金简长 36.2 厘米，宽 8 厘米，厚约 0.1 厘米，重 223.5 克。这枚金简是迄今为止发现的为数极少的和武则天直接有关的历史文物，价值极高，现藏河南博物院。

　　嵩山崇高的政治地位，与它处于"天地之中"是密不可分的。所谓天地之中，不仅指嵩山位于中原中心的地理区位，还因为它在天地之中的资源禀赋与文化创造是无与伦比的。

　　先说天。早在西周王朝立国之初，周公为了更好地控制东方的殷商遗民，就谋划着在适中的地方建立一座新都。于是他就发起了一次大规模的天文测量，在全国设了五个观测点，筑土圭、立木表，测量日影，发现了冬天日影长、夏天日影短的规律，确立了二十四节气中的春分、秋分、夏至、冬至四个重要的时间节点。经过比较，发现阳城在夏至时表影长一尺五寸，恰在地球南北的中心点上，故而判定这里就是天地的中心。这为在阳城附近的洛阳建立东都找到了依据。在周公测天之后，嵩山一带就理所当然地成为中国天文活动的中心、历法制定的原点。

武则天金简（现藏于河南博物院）

　　开元五年（717 年），著名天文学家僧一行奉唐玄宗之命主持修新历法。他以登封为中心观测点，历时 10 年，根据实测结果，于开元十五年（727 年）编成了《大衍历》，并将周公时期的土圭木表更改为石圭石表，刻上了"周公测景台"五个大字。

周公测景台（刘克明 摄）

　　元代，忽必烈命著名的科学家郭守敬主持了大规模的天文观测活动，以提升历法的精确度，这就是著名的"四海测验"。至元十六年（1279 年），在天下分设十四路监候官，登封依然是全国的中心观测站。郭守敬由北而南，行程数千里，分别巡视了各个观测点，并亲自主持了登封的观测工作。今天登封的观星台，就是郭守敬创建的，是"四海测验"中 27 座观测站唯一存世的古天文台，距今已有 700 多年历史。它不仅是我国现存最早的天文台，也是世界上最古老的天文遗址之一。

　　通过大量的工作，至元十七年（1280 年），郭守敬测算出二十四节气的准确时间，编制出了当时世界上最先进的历法——《授时历》。其所确定的一年时长，比现在世界上通用的格里高利历（1582 年颁布）早了 300 多年。《授时历》编成后，前后沿用达 364 年之久，并在朝鲜、日本、越南等国家广泛使用。这是中国古代在天文学上对世界的杰出贡献，而嵩山就在其中扮演了极为重要的角色。

登封嵩山国家地质公园之三皇殿（杨宗兴 摄）

再说地。2004 年，登封嵩山国家地质公园被联合国教科文组织列为"世界地质公园"。之所以能获得这一殊荣，是因为地球在亿万年的演进中，在嵩山刻印了地质演化的地学百科全书，见证了华北古陆 30 多亿年的发展演化。嵩山经历了六次成陆、六次成海的沧桑巨变，最终以连续出露太古宙、元古宙、古生代、中生代、新生代五个地质历史时期岩石地层序列，岩龄古老和发育完全、类型齐全的独特地层构造，被冠以"天然地质博物馆"的美名，被誉为"五世同堂的地质史记"，成为研究地壳演化规律、追溯地球演化历史的理想场所。

嵩山山系中最古老的岩石，是距今 36 亿年至 25 亿年前的太古宙花岗绿岩系。其在海底岩浆喷发后，经由地壳运动的应力作用和温压效应，成为褶皱变形的片麻岩，地质学家将之命名为登封群。距今 25 亿年至 18 亿年元古宙时期由古代浅海沉积物变质而成的石英岩、片岩和白云类岩石，地质学家则将之命名为嵩山群。

距今 25 亿年前后，嵩山地区发生了被称为"嵩阳运动"的剧烈地壳运动，嵩山慢慢露出海面，形成山脉，这是嵩山首次成陆。距今 18 亿年前后，嵩山地区发生了被称为"中岳运动"

嵩山地壳运动地质遗迹（杨宗兴 摄）

的全球性地壳运动，嵩山第二次成陆，而华北平原的地质基底也由此次运动得以塑造成形。距今 5.43 亿年前后，嵩山地区又发生了被称为"少林运动"的地壳运动，形成了现在的嵩山山系。这次运动的痕迹，在少林寺依然清晰可辨，少林寺前面是元古宙地层，后面则是寒武纪地层。

距今 2.5 亿年前，在爬行动物和裸子植物崛起的三叠纪，发生了延续时间很长的被称为"燕山运动"的地壳运动，中国大地上的很多山脉，都是在这次运动中形成的。受到地壳应力的挤推，嵩山南北两侧出现了东西方向的大断层，形成了壁立千仞的悬崖峭壁，造就了嵩山"骏极于天"的景观特征，形成了今天嵩山的山势和地貌。

嵩山地质经受了反反复复的水火考验，存留了丰富的古生物化石资源，既有海象生物化石，也有陆象生物化石，还有古脊椎动物化石。这些古生物化石是考察地质和古生物演化的宝贵资源。嵩山的植物资源也比较丰富，据统计，嵩山共有维管植物 147 科、643 属、1540 种。其中蕨类植物 21 科、36 属、70 种，裸子植物 5 科、9 属、10 种，被子植物 121 科、598 属、1460 种。

在嵩山的古树名木之中，最受人瞩目的是"将军柏"。将军柏在

登封嵩阳书院汉将军柏（郑州市文化广电和旅游局提供）

嵩阳书院内，原有三株。据传，当年汉武帝刘彻游嵩山，见柏树高大茂盛，遂封为"大将军""二将军"和"三将军"。"三将军"明代已毁；"大将军"高12米，围粗5.4米，树身斜卧，树冠浓密；"二将军"高18.2米，围粗12.54米，虬枝挺拔，生机旺盛。这两棵柏树树龄已有4500年，是我国现存最古最大的柏树。

对天空的观测，确定了苍茫宇宙中天下之中的位置。地壳的水火碰撞，塑造出华北大地的基本模样。在这天地之中，则生存着万物之灵长的人类。嵩山位在王畿，古往今来，多少英雄豪杰，在此上演着人间的悲欢离合；多少名人贤士，在此留下了文明的奇珍异宝。仅以碑刻来说，作品就多达2000余件，颜真卿、苏轼、黄庭坚、米芾、蔡京等书法名家，都在山上留下了墨宝。最大的碑刻为现存于嵩阳书院的《大唐嵩阳观纪圣德感应之颂碑》，

大唐嵩阳观纪圣德感应之颂碑（洛阳博物馆提供）

李林甫撰文，裴迥篆额，徐浩书，碑高9米，宽2.04米，厚1.03米，是我国目前现存最大的唐碑。

嵩山还是三教合一体现得最为完美的地方。嵩山的佛教文化丰富而灿烂，创建于东汉的法王寺，是中国最早的佛教寺院之一。菩提达摩在少林寺首传禅宗，"面壁洞""卓锡井""炼魔台""立雪亭"，都是达摩祖师和他的嫡传弟子慧可传承禅法的遗迹，少林寺也就被称

为禅宗祖庭。嵩岳寺塔是我国现存的最早砖塔，也是中国乃至东亚唯一的一座十二边形密檐式塔，具有极高的建筑价值。另外还有会善寺、永泰寺、金清凉寺等，也都有着丰富的文化内涵。

嵩岳寺塔（刘克明 摄）

嵩山是道教第六小洞天。登封中岳庙始建于秦，原名太室祠，是我国道教最古老的道观之一，有文字记载的历史迄今已有 2000 多年。庙内保存着北魏寇谦之撰书的《中岳嵩高灵庙碑》。中岳庙占地 10.8 万平方米，庙院南北长 650 米，东西宽 166 米，沿中轴线建有名山第一坊、遥参亭、天中阁、配天作镇坊、崇圣门、化三门、峻极门、嵩高峻极坊、峻极殿、寝殿和御书楼等建筑，共七进十一层院落。峻极殿，亦名中岳大殿，面阔九间，进深五间，寓意九五之尊。现存中岳大殿为清官式重檐庑殿式建筑，气势高大雄伟，是中岳庙内最大的建筑，也是中原地区最大的古建筑。

登封中岳庙（刘克明 摄）

　　嵩山也是儒家文化的重镇。位于嵩山南麓的嵩阳书院，与河南商丘的睢阳书院、湖南长沙的岳麓书院、江西庐山的白鹿洞书院，并称为宋初四大书院，理学创始人程颐、程颢等长期在此教书授徒，是著名的理学圣地，在中国文化史中具有重要地位。另有东汉建的太室阙、启母阙、少室阙，是中国最古老的国家级礼制建筑典范。

嵩阳书院（刘克明 摄）　　　　　岳麓书院（刘会敏 摄）

　　作为中华大地上最古老的山岳之一，嵩山展现了中华文明的悠远与延绵，体现了三教融合的文化传统。更重要的是，嵩山"天地之中"的丰富内涵，不仅造就了中原文化核心区的文化高地，更象征着地理意义上的"中国"与文化意义上的"中心"。正是由于嵩山博大厚重的文化价值，2010 年 8 月，坐落在嵩山腹地及周围的"天地之中"历史建筑群〔少林寺（常住院、初祖庵、塔林）、东汉三阙（太室阙、少室阙、启母阙）、中岳庙、嵩岳寺塔、会善寺、嵩阳书院、观星台〕被列入世界文化遗产名录，成为全人类的共同财富。

第十三章

仁山智水，旅游向善：
旅游引领良风美德

中国古代的游览之道，深受儒家学说的影响。儒家关于旅游的观念，根据对象的不同，有不同的说法。对于封建君主来说，儒家要求不淫于游，要将更多的精力花在治国理政上，所以对于君主的巡游，大多抱有限制的态度。对社会下层的普通百姓，则要求"父母在，不远游"，将农民固着在土地上，以保证社会秩序与社会生产的稳定。而对于承担社会治理责任的社会中坚阶层，也就是封建士大夫们，则鼓励其出门游览，希望他们在出游的过程中扩大视野，增长才干，提升修养。儒家向来是以德服人的，对士大夫们的出游，更多的是希

孔子像

望他们在山水之中领会美好的道德之美，修炼成仁人君子。故自孔子提出仁山智水、山水比德的旅游观之后，这种旅游观一直是封建社会正统话语体系中的旅游之道。宋代理学兴起之后，依然继承这一传统，更注重在山水环境中寻求天理，寂灭人欲，旅游因此也就肩负起引人修炼向善的重要职责。

一、山水比德，旅游向善

仁、义、礼、智、信，是中国古代儒家归纳的五个最基本的道德

伦理规范。所谓仁，指的是要以人为本，对于他人要深具同情与关怀之心；所谓义，指的是为人要公平正义，坚守原则；所谓礼，是以仁为核心的外在行为规范；所谓智，是要明白并善于把握事物发展的基本规律；所谓信，是指须对承诺过的事情负责。汉代董仲舒将五者合而为一，称为"五常"，从此即成为维护中国社会秩序的基本道德准则。

仁是儒家道德伦理的核心概念，也是最普遍的德性标准。"仁者人也""仁者爱人""仁民爱物"等表述不绝于儒家经典中，那么人如何才能养成仁德呢？孔子从自己的实践中明白了成仁的一个途径。孔子有一次登上曲阜东面的蒙山，举目四望，才发现天地竟是如此广阔，远远超过鲁国都城曲阜城内城外的规模；后来又登上直插云霄的泰山，极目远眺，天下无边无涯。他明白了，

泰山"仰观俯察"石刻（牛伟 摄）

原来人在不同的高度，所看到的世界是不一样的，人的胸怀与境界也是不一样的。后来孟子将孔子的登山体验提炼成"孔子登东山而小鲁，登泰山而小天下"（《孟子·尽心上》）。人只有不断攀登，才能升华自己的襟怀与格局。孔子是一位仁者，他登山纵览天下时，自然就会把山的品格与仁人志士联系起来。那么，山有什么品格呢？

　　孔子的学生子张向孔子请教："仁者为何喜欢山呢？"孔子指着泰山说："你看，泰山多高啊！"子张说："这与仁有什么关系呢？"孔子答道："高高的山上，生长着草木，繁殖着鸟兽，提供给人们衣食与多种多样的财富。"子张说："每个人都在做着事情，这不也是有益于他人的吗？"孔子说："为了得到报酬而做事，与从本心出发去做事是不一样的。高山，生产了财物却不认为是私有的，四面八方的人们都可以无偿使用。风云从山中飘出，使天地阴阳协调，成为雨露来润泽万物，万物赖以生长，百姓赖以享用。这就是仁者特别喜欢山的原因啊。"

　　在孔子看来，山不仅形体高大，任风雨侵蚀而岿然不动，山的内蕴更是厚德载物，高尚无私，滋养万民。山既是威严的，又是宽仁的，这不正是仁者的品格吗？故而孔子说：仁者乐山。

山（魏旭东 摄）

　　经过历代儒者的不断诠释，山在传统文化语境中"仁"的形象更为丰满。山是高大稳定的，在千变万化的大自然面前始终巍峨矗立，有着仁者的刚毅和傲骨。山又是广大延绵而包容万物的，

草木花卉、鸟兽昆虫，都可以在山中找到自己的空间，展现自己
的风采。大山仁慈宽容的品格，正是仁者的胸襟。山是高峻伟岸
的，任由万民敬仰而气定神闲，可以激励出人们的奇伟之气与从
容之态。山是大公无私的，顺应天地之道而孕生万物，无求于人，
却慷慨与人，从不求回报。生生不已的天地大德，正是仁者坦诚
博大的胸怀。

　　山有这样美好的品格，水又如何呢？水是人类生命之源，有了水，
万物才有生机与灵气；水是百折不回的象征，不管前面有多少阻碍，
都能一往无前；水有以柔克刚的力量，不管是多厚的石壁，终能水滴
石穿；水有从善如流的胸怀，不管大川还是细流，都能一视同仁，百
涓归海，成就其浩大气象。这就如同智者一样，为了实现目标，可以
克服千难万险，到达理想的彼岸。

水（魏向东　摄）

　　既然山水有这样美好的品格，当然应该成为人们学习的对象。在
《论语·雍也篇》中，孔子就提出了一个重要的命题："知者乐水，
仁者乐山。知者动，仁者静。知者乐，仁者寿。"意思就是，智者

像水一样灵活多变，仁者像山一样坚守稳定；智者好动，仁者好静；智者快乐，仁者长寿。后来人们常用"仁者乐山，智者乐水"来代表孔子的这段话，意思就是：仁厚的人安于义理，仁慈宽容而不易冲动，性情好静，就像山一样稳重不迁；智慧的人通晓事理，反应敏捷而又思想活跃，性情好动，就像水一样长流不息。通过这个论断，将人类的品德赋予了自然山水，使之成为人类伦理道德的化身，同样也就顺理成章地成为人类修身立德、游览学习的重要场域。

将山水比附上人类道德，就是鼓励人们到山水之中去游观，在人们臆想的道德高地接受启发和陶冶，来完善人的道德品格。山水之中的旅游观光，实则是人们树立良好品德的重要途径，是成就仁人君子的修炼大道。这个观念的影响非常深远，不仅在时间上延绵不息，而且对历代旅游发展都起到了重要的推动作用。它为人们在山水之中的游赏行为正了名，催生出人们多种多样的山水实践，诞生了多元丰富的山水文化成果。山水诗、山水画、山水游记等的不断涌现，不仅帮助我们更为清楚地认识了脚下的这片土地，滋养了人心向善的道德传承，而且为中国文化宝库增加了重要的文化典藏，打造出中国这一古老国度传之弥远的友善友好的文化形象。

二、安乐先生，道德楷模

宋代是中国古代文化昌明的时期，儒学同样获得了突破与发展。周敦颐、张载、程颢、程颐、邵雍被尊为"北宋五子"，是宋代新儒学的奠基人。他们的思想成果为南宋朱熹吸收，宋代的理学思想体系于此大备，成为此后古代中国的主流思潮。其中的邵雍，一生行迹与他人有很多的不同。他不仅是理学家，还是数学家、诗人，更是道德高尚的君子，他的学术智慧与为人风骨，非常值得后人学习。晏建怀在 2013 年 9 月的《天津日报》上发表了一篇名为《宋代"白衣卿相"

邵夫子：安贫乐道 两次拒官》的文章，较为全面地介绍了邵雍不平凡的一生。现参考此文，梳理邵雍一生行迹于下。

邵雍（1011—1077年），字尧夫，出生在范阳（今河北涿州），又一说生于林县（今河南林州）。其生活的年代在宋真宗、宋仁宗时期。这是北宋国势蒸蒸日上的时期，也是极为推崇道德文章的时期，读书人受到社会全方位的礼待。邵雍自幼用功读书，十多岁时，随父迁居共城（今河南辉县），为专心向学，在离家不远的苏门山下百源（今称百泉湖）之畔，开辟了专门的读书场所。当时的苏门山，远离红尘闹市，偏于一隅，邵雍幽居于此，闭门谢客，广泛阅读各类图书。正如《宋史·邵雍传》

苏门山百泉

中所说："于书无所不读，始为学，即坚苦刻厉，寒不炉，暑不扇，夜不就席者数年。"他天冷的时候不生炉烤火，天热的时候不挥扇解暑，晚上也不上床睡觉，全身心地沉浸在知识的海洋中，这样的状态持续了数年之久，由此学业大进。

知识积累日渐丰富的邵雍，边学边思，意识到仅仅闭门读书还不足以开广见闻、提升见识，他思索到"昔人尚友于古，而吾独未及四方"，意识到求学过程中不仅要与古人经籍为友，而且要游学天下、游历人间，这样才能世事通明、学问通透。于是邵雍走出家门，上溯黄河，跨越汾水，考察江淮之间的风景人文，周游齐、鲁、宋、郑等古国的故城废址，用脚丈量古人文化的跨度，探索他们思想的源头。经过数年艰苦的游历，邵雍眼界大开，幡然顿悟："道在是矣！"

邵雍游历归来后，在苏门山布衣蔬食，著书立说，虽然生活困顿，但他喜好读书的名声被人们到处传扬。这时的共城县令名叫李之才，是一位满腹经纶的易学大师，平生最喜好培养"读书种子"。据说，宋代易学从宋初的陈抟传至种放，种放传至穆休，穆休再传李之才，源远流长，一脉单传。李之才听说了邵雍的苦读事迹后，专程造访苏门山，与邵雍促膝交谈。邵雍的博学与颖悟，使李之才大感后生可畏，主动提出将易学传授于邵雍。邵雍遂拜在李之才门下，遍习物理、性命之学，钻研《易经》。善学善思的邵雍，不仅尽得李之才真传，而且多有创新之处，写出了《皇极经世》《观物内外篇》《渔樵问对》等一系列学术著作，自创"先天学"，成就了自己的学问体系，对当时和后代的哲学思想，也产生了深远的影响。

洛阳作为北宋的西京，文人云集，学者扎堆，学术研讨的风气非常浓郁，对希望在学术上做出更大贡献的邵雍有着莫大的吸引力。宋仁宗皇祐元年（1049年），邵雍从共城接来双亲，在洛水南岸辟地筑屋，开荒耕种，广交朋友，磋商学术，同时传播自己的学问。作为当时的文化中心，洛阳既有在社会上影响巨大的高官巨宦，也有众多的博学鸿儒。在频繁的学术交流中，邵雍博采众长，充实了自己的学问体系，他的学术思想也由此广泛传播，获得了更多的认可。

邵雍不但学问好，而且德行高。在举家定居洛阳的时候，作为外来户的邵雍一家没有亲朋施以援手，也没有雄厚的资财维持家用，生活相当困顿，一度到了靠自己躬耕田亩、打柴做饭的地步。但邵雍不以贫困为忧，安贫乐道，读书耕种，平和淡定。在与朋友、学生等交流学问时，邵雍从不炫耀自己的高才绝学，而是平等待人，不以一己之见强加于人，谦虚谨慎，具有大家风范。在与社会各阶层人士交往时，无论少长贵贱，他一律以诚相待，整日笑脸迎人，"乐道其善而隐其恶"，总是表扬人家的优点和长处，包容人家的缺点和短处。王安石推行"熙宁变法"时，政令严苛，不少地方层层加码，导致地方不安，许多士大夫也反对新法，有的甚至挂冠而去。尽管邵雍也对新法有自己的看法，但依然反复规劝他那些在州县任职的门生故旧，认为地方官员应严法宽施，"新法固严，能宽一分，则民受一分赐矣"，这才是官员对百姓负责任的态度，而以挂冠去职的方式激烈反对，则于国、于民、于己都不是明智的选择。

邵雍的温柔敦厚、从容旷达，使他赢得了学生们的钦佩，也得到了各界人士的普遍尊敬。富弼、司马光等高官名流退休后，都定居在洛阳。邵雍则是一介白衣儒生，既无权也无钱，双方之间社会身份差别巨大，但这些社会名流都以结交邵雍为荣。平日里，他们经常与邵雍高谈竟日，过从甚密。出于对邵雍的敬佩，他们不但宣传邵雍的学说，而且还合资兴建了一座庄园，供邵雍安心研学。邵雍把庄园命名为"安乐窝"，躬耕陇亩，过上了自给自足的生活，并为自己冠上了"安乐先生"的名号。

洛阳邵雍故里"安乐窝"

邵雍的德行传遍了洛阳城，阖城敬他如师长。每当春秋晴好之日，邵雍常常乘一小车，由书童牵着，兴之所至，随意出游，舒适而惬意。他在《小车行》一诗中记述自己在洛阳随意悠游的生活常态："喜醉岂无千日酒，惜春还有四时花。小车行处人欢喜，满洛城中都似家。"人们一听到邵雍小车的声音，都出门迎候，如果哪家有幸能接到邵雍进入家门，儿童和厮役们都会奔走相告，骄傲地向左邻右舍宣告："我家先生来了！"有的人家甚至装修出专门的房子，等待邵雍有空前来居住。人们日常教育子弟时，常常诫勉子弟："毋为不善，恐邵先生知。"前来洛阳的外地士大夫，不一定会去造访官府，但一定会去拜望邵雍。远道而来的理学家程颢，就在一次拜望邵雍之后，由衷慨叹道："尧夫，内圣外王之学也！"

年轻时的邵雍，也曾有过治国平天下的愿望，希望通过科举投身仕途。但在其通达物理、性命之说后，彻悟人生，一夜之间改变了初衷，从此归隐田园山水，读书著作，安贫乐道，不问仕宦。嘉祐六年（1061年），宋仁宗下诏求贤，要求各地方官广泛察访，举荐人才，西京留守王拱辰举荐了邵雍。因为邵雍的名声传遍天下，宋仁宗早知其名其学，于是立即任命邵雍为将作监主簿。但邵雍并不应诏，坚决辞官不做。当时的退休宰相，也是邵雍好友的富弼，知道邵雍经济拮据，希望邵雍进入官场，做个闲职，通过官员的身份和待遇，来改变家庭的经济状况。富弼掏心掏肺地劝告邵雍："如不欲仕，亦可奉致一闲名目。"通俗来说就是挂个名，可以光吃空饷不履职，一来顺了朝廷纳才招贤之意，二来解决了生活上的后顾之忧，一举两得，何乐而不为？但邵雍性情磊落，哪里肯做这种无功受禄的事，断然拒绝了富弼的好意。

熙宁年间，年轻的宋神宗为图振兴，改良了人才录用政策，除利用科举广收人才外，还要求各地大力荐举隐于民间的真才实学之士，不拘一格地搜集人才，支持新政。邵雍毫无意外地又进入了荐举名单，宋神宗直接任邵雍为秘书省校书郎、颍州团练推官。但绝意仕宦、专心学问的邵雍，同样毫无意外地辞官不任。求贤心切的宋神宗连下三道诏书，要求邵雍接受朝廷的任命。实在推辞不掉的邵雍只得先应承下来，但随后就以疾病缠身为由，坚决不去赴任。他在诗歌《不愿吟》中明白地表达了自己的志向："不愿朝廷命官职，不愿朝廷赐粟帛。唯愿朝廷省徭役，庶几天下少安息。"

熙宁十年（1077年），讲学著作一生、朋友门生遍天下的邵雍，在洛阳的"安乐窝"因病去世，享年67岁。朝廷追赠邵雍为秘书省著作郎，赐谥号"康节"，后封"新安伯"，配享孔庙，尊称"邵子"。

白衣一生的邵雍，被尊称为"子"，说明邵雍不仅在道德文章上广为世人称道，也获得了文化殿堂的至高认可与推崇。

三、格物致知，以游证理

邵雍年少读书所居的苏门山，是河南的一座历史文化名山，众多的先贤在此吟风啸月，他所游历的中原与三晋大地，更是先圣们著书立说的文化圣地。这样的环境对邵雍无疑是具有极大的感染力的，他淡泊名利的纯粹心性、以德感人的通透人生，与其所处的环境当然有着密不可分的关系。

邵雍还是宋代多产的诗人，留下了 1583 首诗作。邵雍诗作的最大特点是，不仅抒情言志，而且阐述哲理，宣扬自己的思想与主张。这种以诗述理的诗歌流派被称为"康节体"，他的诗歌合集《伊川击壤集》广泛传播于东亚文化圈，在日本和朝鲜都曾多次刊刻，现今尚有刊本传世。

早在年少出门游历，在山川河流中寻找人生真理的时候，邵雍看到不同的景物，都会写诗吟咏。在河南看到了恬静的乡村风光，便用淡淡的笔触，写了一首意境隽永的《山村咏怀》：

一去二三里，烟村四五家。亭台六七座，八九十枝花。

这首诗描绘出朴实自然而又兼具朦胧之美的乡村风光。

他迁居洛阳之时，躬耕于洛水南岸，安贫乐道，清夜无事，但见一轮明月高挂天际，月下水波微微荡漾，便写了一首《清夜吟》：

月到天心处，风来水面时。一般清意味，料得少人知。

这首诗写尽了田园生活的风雅，还蕴含着很深的哲理。此诗一

〔明〕丁云鹏《庐山高图》（台北故宫博物院藏）

出，风靡洛阳，城中的高官巨宦富弼、司马光、吕公著等不禁拍案叫绝，纷纷前来拜访，都被邵雍的学识与气度折服，便集资为他在洛阳城中建了"安乐窝"。邵雍由此安居下来，在洛阳专心学问，开业授徒。

这首《清夜吟》，不仅被后人誉为宋朝最美"田园诗"，更重要的是，它代表了邵雍诗的风格，也代表了宋诗中一个重要的流派，即哲理诗，又有人称为"理趣诗"。哲理诗是宋诗的一大成就，最杰出的代表人物是苏轼，大家都很熟悉的《题西林壁》是这类诗作的典范：

> 横看成岭侧成峰，
> 远近高低各不同。
> 不识庐山真面目，
> 只缘身在此山中。

这首诗表面上是写庐山的重峦叠嶂，实际上是从哲理的高度提出了认识事物的原则：要跳出自身的局限，进行全方位的观察，这样才能掌握事物的本质规律。全诗说理而富有韵致，是宋诗"尚理"的最高境界。

宋诗尚理与宋代理学盛行密切相关。邵雍、程颢、程颐、朱熹等理学家，都写了不少诗来宣传自己的思想观点。理学家们的诗作，有些在说理的同时也富有浓郁的诗意，如邵雍所作的《清夜吟》，但更多的诗作则成为宣扬自己观念的哲学讲义。邵雍《伊川击壤集》中的绝大多数诗作，与其说是诗歌，不如说是传播理学的讲稿，如他的《知人吟》：

> 君子知人出于知，小人知人出于私。出于知，则同乎理者谓之是，异乎理者谓之非。出于私，则同乎己者谓之是，异乎己者谓之非。

以诗述理，是宋诗的一大特点。宋人用冷静而理性的眼光，通过对山川河流、日常事物的仔细观察，揭示自然与人类社会的客观"天理"，从一般的社会生活中概括出具有普遍规律的生活真知，从而寻找生命存在的价值与意义。如何去观察世界，便成为独辟蹊径地提炼人们有所感悟却未曾言道的人生哲理的关键所在。对此，朱熹提供了认识世界的成熟方法：格物致知。《现代汉语词典》对此解释为：推究事物的原理法则而总结为理性知识。朱熹在《大学章句》中说："欲致吾之知，在即物而穷其理也。"格物致知就是要即物穷理，意思就是仔细认真地观察事物，贴近对象细细观看，充分全面地洞见事物的本真，并将之上升为理性的认知。

因此，宋人常在游山玩水之中去把握自然中蕴含的天理，提炼人生的真知灼见，将诗的理趣寓于山水之中，以提升自己的思想高度与道德认知，并给他人以思想的启迪。如王安石的"不畏浮云遮望眼，自缘身在最高层"，陆游的"山重水复疑无路，柳暗花明又一村"，都是理趣诗中将诗意与哲理高度融合的杰作。理趣诗的流行，表明宋人的游风更趋于主客异势的冷静观察，就是将山水作为考察的客体，用认真的态度和独立的思考，在山水之游中仔细琢磨蕴含在自然之中的天理，从中获得人生的启迪，提升道德修养。唐诗热情而宋诗冷静，唐人豪迈奔放而宋人理性内敛，唐人壮游天下而宋人关注山川景观的内在之理，两者有着很大的区别。

宋代广泛流行的从自然之中感悟人生之理的旅游风气，与早期儒家所倡导的在山水之中感受道德的力量，其实是一脉相承的。仁山智水的道德感召与山穷水复的天理探求，都是希望通过赋予自然以文化的品格，感知天道，提升修养，存天理，灭人欲，彰显人间伦理与道德规范，从而引导人们的行为止于至善。

旅游向善，山水化人，是中国旅游文化中的优秀传统，也是人们广为信服的旅游伦理，直到今天，依然广泛而深刻地影响着中国人。

第十四章 自然清音，山水审美：旅游创造美好生活

庄子（约前369—前286年），名周，战国时期宋国蒙（今河南商丘东北）人，是战国时期道家学派的代表人物。他的著作《庄子》，开篇之作名为《逍遥游》，文中以大鹏等动物为例，阐释了什么才是绝对自由的逍遥游，就是要对世俗之物无所依凭，不受束缚地畅游于世间，超越世俗的价值观念体系，与自然合而为一，从而达到最大的精神自由。回归自然，不为名物所累，在山水之间充分地释放人性，享受大自然带给人的生命愉悦与审美体验，就成为道家提倡的旅游观。这一观念由于切合人性，所以很有市场，汉代的乐府民歌中就高唱："生年不满百，常怀千岁忧。昼短苦夜长，何不秉烛游？为乐当及时，何能待来兹？"（《古诗十九首》）待到魏晋南北朝时期，伴随着玄学的盛行及分裂混战中生命的朝不保夕，在山水之中恣情放达、无所顾忌地追求自然之美，便成为盛行一时的游风。这大大促进了山水审美的美学思想的发展，其思想结晶到明代便蔚为大观，成为中国旅游文化中一份沉甸甸的美好财富。

一、融于自然，啸傲山林

建安二十五年（220年）十月，魏文帝曹丕逼迫汉献帝刘协禅位，封刘协为山阳公，并为他设立了专门的封邑山阳县（今河南焦作市修武县）。到了曹魏正始（240—249年）年间，忠于帝室的嵇康不满司马氏专权，就避居到山阳县，以苏门山、百泉湖为友。意气相投的一批好友，如阮籍、刘伶、阮咸等人，在政治上也抱着不与司马氏合作的态度，在思想上与嵇康一样，崇尚老庄之学，"越名教而任自然"，希望不受礼法的约束，于是就聚集到嵇康的身边。东晋孙盛《魏氏春秋》记载了这个盛事：嵇康"与陈留阮籍，河内山涛，河内向秀，籍兄子咸，琅邪王戎，沛人刘伶相与友善，游于竹林，号为七贤"。据说嵇康的故居，就在今天河南辉县的鲁庄和山阳村之间。这七个人常常结伴纵情山水，在竹林聚饮，竹林据说就在山阳村南的竹林寺，他们常去喝酒的"黄垆酒肆"，就在今天的鲁庄。

"竹林七贤"以嵇康和阮籍为主要代表，而以刘伶的行为最为狂放。

嵇康（223—262年，或224—263年），字叔夜，谯郡铚县嵇山（今属安徽涡阳）人，生活于魏晋易代之际。《晋书·嵇康传》称其"天质自然，恬静寡欲"，而好游山水。嵇康的游风冲和淡远、意态悠闲，如其在《赠秀才入军》中所言，"目送归鸿，手挥五弦。俯仰自得，游心太玄"，创造出一种前所未见的清虚脱俗的境界。其游心太玄的无言之美，体现了魏晋玄学中"得意忘言"的哲学命题，是魏晋名士们极为推崇并极力效仿的榜样。

与嵇康的悠闲宁静不同，阮籍的游风则更为任性放达。阮籍（210—263年），字嗣宗，陈留尉氏（今河南开封市）人。《晋书》卷四十九《阮籍传》载其为人"傲然独得，任性不羁"，崇尚自然，痴迷山水，经常"登临山水，经日忘归"。他游览的方式很是独特，"率意独驾，不由径路，车迹所穷，辄恸哭而返"，就是没有预定的目的地，随着拉车的老牛任意西东，直到穷途末路，才大哭归家。他曾登广武山，眺望楚汉相争的古战场，说道："时无英雄，使竖子成名。"这让自称为"天子""龙种"的帝王们都很不开心。

魏晋士人多喜饮酒，曹操有"何以解忧，唯有杜康"的名句。"竹林七贤"个个都能饮酒，他们虽然性情不同，但不少人对当政者失望，对世事采取玩世不恭的态度，借酒放纵，以摆脱礼教的束缚。《晋书·刘伶传》记载，刘伶纵酒放达，其妻劝他断酒以养生，他假装答应，让妻子备好酒肉，在神前起誓："天生刘伶，以酒为名。一

［清］俞龄《竹林七贤图》（济南市博物馆藏）

饮一斛，五斗解醒。妇人之言，慎不可听！"说完，将酒肉吃尽，隗然而醉。刘伶追求自由逍遥的生活状态，整日驾着载有美酒的鹿车，毫无目的地四处游荡，边走边饮，让仆人扛着锹跟着，说"死了就把我埋了"，留下了"鹿车荷锸"的佳话。

　　"竹林七贤"在山水之中的恣意而游，既有政治上的不得已，也体现了他们尊崇自然的思想倾向。魏晋交替之时，政治黑暗而险恶，司马氏集团编织政治罗网，使许多人遭受灭顶之灾。不少不满黑暗现实的文人学士，就以崇尚自然的思想来对抗司马氏鼓吹的礼法名教，以玄学作为自己的思想武器。玄学的一个主要意旨就是大道无为，顺其自然，万事万物均要顺其自然之本性，不可强求，自然之性是最可宝贵的。那么，如何才能具有自然之性呢？这就要到大自然中去接受自然的熏陶，接受天地之灵气，吸取山川之精华，使自己像大山一样厚重伟岸，像流水一样生生不息，人性融于自然，自然就是人性，这就是人类精神的最高境界。在这种思想的影响和作用下，人们亲近自然，沉迷山水，是顺理成章的事情。以嵇康、阮籍为首的"竹林七贤"，啸咏于竹林之中，超脱于世俗之上，恣情山水，会意风景，拒绝礼法，放荡不羁，深受时人和后人的推崇，成为魏晋名士风度的典型。

　　自嵇康、阮籍之后，玄游山水就成为名士风度的有机组成部分。嵇康常年在山阳寓居，游遍了周边的山山水水，苏门山、百泉湖更是其经常停留之处。据传，苏门山上有个隐居的高人孙登，时常长啸于山巅之上，一般人只听到随着山风传来的啸声有若鸾凤和鸣，却看不到其人真实的模样，就好像神龙见首不见尾的仙人一样。

　　孙登，字公和，号苏门先生，是当时著名的隐士，居住在山中的土窑里，夏天编草为衣裳，冬天则将头发下垂至腹，过着极为简朴的生活。除了清静无为、无欲无求的思想被世人称道外，孙登还有一个特殊的技能，为时人所仰慕，即孙登善啸。东汉许慎《说文解字》注："啸，吹声也。召南笺曰：啸，蹙口而出声也。"据此理解，

"啸"就是收缩口型、进出气流而发出的声音，也就是我们今天所谓的吹口哨。但魏晋时期的"啸"与当今之吹口哨还是有所不同的，它是当时一种特殊的音乐形式，已有明确的五音规定。它无须依仗其他器具，也不受地点、环境的限定，只要兴之所至，就可凭风而啸，一抒胸中块垒，故而深受魏晋南北朝时期士大夫的喜爱。魏晋士人吟啸成风，也与当时的历史背景有关。

魏晋之际，天下多故，卓荦不凡之士有才任性，常常在大庭广众之下旁若无人地放声长啸。比如阮籍参加司马昭举办的宴会，"箕踞啸歌，酣放自若"，通过啸声，表达了自己复杂的情绪。

阮籍对自己的啸技很是自负，一声长啸，声闻数百步。其时，他听说孙登善啸，便去苏门山拜访孙登。到了山顶，他看到孙登抱着膝盖，坐在山岩之侧，就以一种很傲慢不敬的坐法坐在孙登的对面，滔滔不绝地谈起古往今来。孙登静坐如故，丝毫不作回应。阮籍见状又换了一个话题，聊起了栖神养气之术，孙登依然不理不睬。阮籍觉得十分无趣，就卖弄起自己的啸技，这下孙登终于开了金口，笑着说道："请再长啸一次。"于是阮籍打起精神，撮唇而啸，啸声嘹亮，兴尽方才下山。刚到半山，就听到山顶上传来异响，就好像一个完整的乐队，其声音响彻深林幽谷，阮籍不由大骇，回头一看，原来是孙登正对着他长啸呢。

孙登啸傲山林的地方，在山光水色交相辉映的苏门山。苏门山位于河南省新乡市辉县市百泉镇百泉风景区内，属于太行山的一道支脉，海拔仅有180多米，山脚有一泓清澈见底、喷玉涌金的天然泉湖，即百泉湖。苏门山背依崇山峻岭，俯临碧波清流，满山翠柏，一片葱绿，祠宇亭台，点缀其间，山顶有啸台，是魏晋时孙登隐居长啸处。山腰有建于明成化年间的孔庙，山右角有一周垣重门的院落，是宋代理学家邵雍的故宅和讲学处。

"苏门"原意指割草打柴的人入山之门，渔樵耕读本就是一种隐逸生活的符号，故而苏门山又成为历史上众多名人的隐居和讲学圣地。

除了上面提到的"竹林七贤"、孙登、邵雍外，西周时期主持共和行政的共伯和，辞任归来即隐居于此。秦始皇振长策而御宇内，统一六国，把齐王田建软禁在苏门山中，直至饿死。唐代诗人贾岛、画家吴道子，宋代文学大家苏轼及理学家周敦颐、程颢、程颐，金代诗人元好问，元代耶律楚材、许衡、姚文献，明代唐寅、魏允贞，明末清初的著名学者孙奇逢，清代乾隆皇帝、郑板桥等众多名人，都在苏门山留下了自己的足迹，使得苏门山成了一座文化宝山。目前，在百泉风景区，各类碑刻多达350余块，省级以上重点文物保护单位8处，市级以上45处。苏门山不仅风光绮丽，更是一座历史文化底蕴深厚的文化名山。

二、山水诗画，审美觉醒

由嵇康、阮籍所开创的融于自然、恣意放达的游风，在东晋时期得到了继承与发展。

东晋名臣谢安，起初寓居于会稽，朝廷多次征召，他都辞疾不出，而是高卧东山，与名士高僧一起，出则渔弋山水、游山泛海，入则言咏属文、诗酒赏会。《世说新语·雅量第六》中记载了一则谢安泛舟大海、履险不惊的事迹。有一次，谢安与孙绰等名士一起出海游览，途中风浪突起，游船险状横生。孙绰等人大惊失色，齐要舟子回航。只有谢安镇定如常，吟啸自若。舟子见谢安不发话，就继续摇橹前行。众人越加惊慌，东奔西窜，乱成一团。谢安见状，徐徐说道："如此，将无归！"谢安的镇定，安抚了众人，谢安的气度和胆识，也被人们所认识。后来谢安为相时，前秦百万大军压境，谢安依然保持了他遇险不惊、静以处之的风格，指挥若定，取得了淝水大捷。

东晋时的大名士、大书法家王羲之，也是一位热心山水的游客。他平生最爱江浙一带风韵秀美的青山绿水，游遍了东土的名山胜水。最有名的一次当数兰亭雅集。永和九年（353年）农历三月三日，

王羲之《兰亭集序》（局部）（浙江省绍兴市兰亭景区提供）

"天朗气清，惠风和畅"，王羲之与41位志同道合的官员、名士，聚于"有崇山峻岭，茂林修竹；又有清流激湍，映带左右"的兰亭，饮酒赋诗，流觞曲水，畅叙幽情，大家尽欢而散，王羲之还为后人留下了一篇书法、文采俱佳的旅游散文《兰亭集序》。

南朝以还，山水之游更盛，且更为轻松。游客们无须在游山玩水时去探索自然之理、寻求造化之意，他们只专注于对自然山水的审美体验，更加注重在山水之中释放天性后的愉悦。这一类游风的代表人物有谢灵运和谢朓等。

谢灵运，主要生活于南朝刘宋时期，出身于一等高门陈郡谢氏，18岁时就袭封为康乐公。用"康乐"二字来概括谢灵运的大半生，倒也颇为恰切。谢灵运是南朝时期最有名的游客，是探险旅游的热衷者和旅游器具的发明者。《南史》本传中记载，谢灵运出游，最喜登高，为达到其欣赏美景的目的，甚至不惜"凿山浚湖"。有一次，他从始宁（今浙江绍兴市）南山出发，随游的宾客奴仆有数百人，一路上驱使奴仆伐木开道，直抵临海（今浙江台州市临海市），弄得临海太守以为是山寇出袭，好不惊慌。积累多年游山玩水的心得，谢灵运为游山发明了一种专门的登山木屐，"上山则去其前齿，下山去其后齿"，人们称为"谢公屐"。三百年后，唐代的大诗人李白在登山游览时脚上还是穿着"谢公屐"，他在《梦游天姥吟留别》一诗中这样告诉我们："脚著谢公屐，身登青云梯。半壁见海日，空中闻天鸡。"

谢灵运还是歌颂山川景色的山水诗的开山宗师，他观察景物细致入微，语言精工，明净自然，其名句如"池塘生春草，园柳变鸣禽"，历来为人们所传诵。谢灵运的堂侄谢朓，世称"小谢"，也是著名的山水诗人。他继承和发展了谢灵运精细描摹山水的传统，写出了许多意境优美的名篇佳句。他在《晚登三山还望京邑》诗中描写长江的一江春色是"余霞散成绮，澄江静如练"，在《之宣城郡出新林浦向板桥》诗中描述江水浩浩的壮观景象是"天际识归舟，云中辨江树"，在《游东田》诗中描写钟山之麓宁静秀美的田园风光是"鱼戏新荷动，鸟散余花落"，摹物写情，已到极致，状物传神，使人击节叹赏。谢朓善于写景，善于捕捉景物的动态和色彩，语言清新秀美，意象小巧清丽；谢朓还善于抒情，使情景交融，浑然一体。这是山水诗发展中的重大变化和成就，也是谢朓对山水诗的重大贡献。

除出现新的诗歌体裁——山水诗外，这时还出现了新的艺术画种——山水画。魏晋以来，名士高蹈山林，对大自然的山山水水情有独钟，山水的奇美形象，便成为人们描摹的对象。东晋开山水画风气之先，顾恺之的《庐山图》被称为"山水之祖"。南朝刘宋和梁时，独立成科的山水画种正式确立，出现了一大批专业山水画家，如宗炳、王微、萧贲等。其中萧贲的艺术创作尤为引人注目，《南史》本传中称他的画"咫尺之内，便觉万里为遥"，说明当时山水画在表现远近空间上已取得了成功，这是山水画在表现技法上至关重要的艺术突破。隋唐以后，山水画成为中国画坛的主流，这与魏晋南北朝时期画家的努力是分不开的。

无论是山水诗，还是山水画，都是这一时期文化精英们广泛进行山水游览实践而产生的文化成果。与以前人们看山水的眼光不同，魏晋以来崇尚自然的名士们认为，山水通于人性，人须皈依自然。对自然山水、田园风光理解最为深切的是不为五斗米折腰的五柳先生陶渊明。陶渊明"少无适俗韵，性本爱丘山"，做了三个月的彭泽县令就决意辞官隐居。这种归隐田园的举动，使陶渊明具有了"久在樊笼里，复得返自然"的解放感和自由感。一首流传千古的《归去来兮辞》，将这种重返自然的状态写得至美至妙。诗中道："悦亲戚之情话，乐琴书以消忧。农人告余以春及，将有事于西畴。或命巾车，或棹孤舟。既窈窕以寻壑，亦崎岖而经丘。木欣欣以向荣，泉涓涓而始流。"宁静而充满生机的田野风光，悠闲而温馨可人的农家生活，这种自然的状态，使陶渊明的心灵得到了极大的安慰和满足。

这时人们对山水的游观，不再在意山水的道德功能，而是注重山容水态的自然之美。《世说新语·言语第二》中记了两则事例。一则记载东晋书法家、画家王子敬对山水之美的评价："从山阴道上行，

［明］佚名《会稽山图》（大都会艺术博物馆藏）

山川自相映发，使人应接不暇。若秋冬之际，尤难为怀。"意思是绍兴的会稽山水，山道曲折，山水相映，山重水复之处往往步移景换，使人目不暇接，尤其到秋冬季节，更能触动人的情怀。另一则事例记载画家顾恺之从会稽游玩归来，总结会稽山水的美学特征："千岩竞秀，万壑争流，草木蒙笼其上，若云兴霞蔚。"用言语描摹出了云绕山川的画面感，就好像一幅山水画。由此可见，山水已成为人们的审美对象，人们所在意的也是纯粹的山水之美。这比起"竹林七贤"在山水中领略玄意，追求契合自然之道的游风，自然又有所不同了。

　　这一时期是中国人山水审美意识的觉醒时期，山水本身的美学价值得到了深入的挖掘，并成为吸引人们深入名山大川的精神动力。西晋时期的诗人左思在《招隐》一诗中说："非必丝与竹，山水有清音。"山水本身便有清妙的声音。谢灵运在《游名山志序》中说"夫衣食，人生之所资；山水，性分之所适"，衣食是维持生命之必需，山水则适情悦性，是人性之所好，在人的一生中，与衣食具有同等重要的地位，故而一路所见的"乔木茂竹，缘畛弥阜，横波疏石，侧道飞流"，都是"寓目之美观"。《宋书》卷九十三《隐逸·宗炳传》记山水画家宗炳"好山水，爱远游"，每次游览山水，都往而忘归。他曾"西陟荆、巫，南登衡岳"，老病之后就将自己所游之处全都画下来，在病榻上"卧以游之"，并提出了山水"以形媚道"的山水画创作原则。

　　陶弘景是南朝时期最著名的道教领袖，也是享誉一时的仙游大家。据《南史·隐逸下·陶弘景传》载，陶弘景中年辞官，每遇名山胜水，皆流连徘徊，爱不忍去。陶弘景的《答谢中书书》以白描手法描摹山水，小巧玲珑，文辞清丽，格调清新，仅寥寥68字，就使得一幅山水佳景如在眼前。全文如下：

　　　　山川之美，古来共谈。高峰入云，清流见底。两岸石壁，五色交辉。青林翠竹，四时俱备。晓雾将歇，猿鸟乱鸣；夕日欲颓，沉鳞竞跃。实是欲界之仙都。自康乐以来，未复有能与其奇者。

陶弘景崇尚优游林泉的自由生活，他舍弃在南京城中的荣华富贵，隐居于江苏省镇江市句曲山华阳洞。他曾写了一首《诏问山中何所有赋诗以答》的诗，单道山居生活的好处："山中何所有，岭上多白云。只可自怡悦，不堪持赠君。"自然山水是陶弘景的精神寄托，也是自然之美愉悦人性的最佳所在。

三、孤山寡水难为情，山水相映是佳境

黄山（魏旭东 摄）

千年传承下来的山水美学，在旅游极为兴盛的晚明时期得到了发扬光大。晚明人喜爱山水，除了传统文化赋予山水道德意义与文化品位因素之外，山水本身之美是一个尤为重要的因素。在广泛的山水实践之后，晚明人山水审美更为细致而深入，尤其对山水景观细节的观察与审辨，使得山水审美落到了实处。

以山而言，其形态不同，美的感受也不同。山体高大，岩石陡峭，垂直节理发育，则产生雄、险等美感；山势起伏蜿蜒，植被良好，则产生秀、丽等美感；山环水复，植物葱郁，则产生幽、深等美感；平畴无垠，一望千里，则产生旷、远等美感。比如黄山人汪道昆，在《太函集》卷七十五《游黄山记》中赞美黄山之美首在高大深远，而要领略黄山的

高大美好，需要长出翅膀，飞到高天之上，才能一览黄山的全貌，才会有"大矣云门一阊阖也"的感觉。袁中道则惊叹于山的延绵广大，气象万千，他在《珂雪斋近集·游桃源记》一文中描述武陵山水，眼中能够看到的簇簇山峰，犹如沐浴过新雨一样，"妖倩百出"，千峰万峰，直插云霄，好像一把把锋利的箭头，刺破云海，形成一个个云水微澜，随着风云激荡，变幻出不同的形态，如同各色神兽，在青天之上争奇斗艳。

作为晚明著名的文学家和旅游家，袁宏道、袁中道兄弟在山水审美上卓有建树。袁宏道认为，形成山的各色形态，关键在于山石，所谓山之态在于石。袁宏道在《袁中郎全集·华山记》中论述了山石对铸造山形的重要性：山石就是山的骨架，山土则是山的皮肤，有名的山，都是因为其山石出色，石与土之间的巧妙配合，经由鬼斧神工的天然造化，方才有了或挺拔，或峻削，或幽深，或雄伟的傲然姿态。

一座形态奇伟的山，山石需要占到山的所有构成要素的三分之一以上，而华山之所以能够以险峻著称于世，就是因为华山以石为主，"表里纯骨者，惟华为然"。如果无石有土，就缺少了山的神韵。袁宏道还指出，山石的外形与色泽，是构造山形气韵的关键，他细数了山石的不同毛病："黯而浊，病在色也，块而狞，病在态也。"山石色泽暗浊，形状狞狞，都会影响到山的美感。马之骏进一步指出了山石润泽的问题，他在《妙远堂全集·文列集》记二《采石记》中描述经过水浪冲激之后的山

山石峭立（魏旭东　摄）

石，经过水的浸润，山石之上形成的纹路与色泽，其"涛纹云气"更为圆润饱满，神态可人。

以水而言，其形态更为灵活多变，江河奔腾、潮汐涨落、瀑布深潭，无不给人以灵动飘逸之感。袁中道在《珂雪斋近集·游太和记》一文中曾经细致地描述过水石相激的各种形态，其观察之仔细，文字之精妙，令人赞叹。

大约以石尼水而不得往则汇而成潭，以水间石而不得朋则峙而为屿。石偶诎而水赢则纡徐而容与，水偶诎而石赢则颓叠而吼怒。水之行地也迅，则石之静者反动而转之，为龙、为虎、为象、为兕；石之去地也远，则水之沉者反升而跃之，为花、为蕊、为珠、为雪。以水洗石，

水石相激（魏旭东 摄）

水能予石以色，而能为云、为霞、为砂、为翠，以石捍水，石能予水以声，而能为琴、为瑟、为歌、为呗。石之趼避水而其岩上覆，则水常含雪霰之气，而不胜冷然，石之颅避水而其颠内却，则水常亲曦月之光，而不胜烂然。

这段文字的意思是：山石堵住水流，水就积而成潭，水流绕石回旋就形成小岛，石少水多则呈现出舒缓平静的水面，水少石多则冲石激浪发出吼声；水流迅急，石虽静止却显得动荡不停，变幻出龙、虎、象等形象；石高悬地面，下面的水反而腾身而上穿石而过，水花四溅，

好像花蕊、珍珠和雪花。以水浸润石头，水就能给石以色彩，如同云霞翠砂；以石阻遏水流，石头就能给水以声音，如同琴瑟漫唱；石头下部中空避水，上部遮蔽水流，那么水就如同含有泠泠的雪霜之气，充满清冷之意；石的头部伸出水面而大半入于水中，那么水就常能亲近阳光和月色，展现出灿烂明媚的景象。

　　除形态之美外，青山碧水的色彩美，既增加了景色的纵深感，同时色彩的变幻也增加了景色的韵律感。王祖嫡游嵩山，对此深有感触。他在《师竹堂集·游嵩山少林寺记》一文中指出，随着远观、近观的距离不同，看到的山色也在不断变化："凡山远望如黛，渐近则否，此山去官道里许，而翠微愈浓，令人对之神爽飞越。"距离越远，山色越是深重，距离越近，则满目都是翠绿之色。袁中道是对色彩美感颇有研究的旅游者，他在《珂雪斋近集·灵岩记》一文中，对山东方山灵岩的形态、色泽等各方面进行了综合描述，总结了他对山容水态的审美感受：远望灵岩，此山充溢着"岚彩墨气，浮于天际"，山色

多彩水岸（魏向东　摄）

山色如黛（魏旭东 摄）

最为清灵，犹如天际的一抹淡墨，动人心魄；山谷的形态"侧出横来"，好像正在与人交流，有的坐着说话，有的倚着静听，有的则立着应酬……千姿百变。难不成这座山是众山之中最为颖慧的吗？所以才称之为灵岩山啊！

丰富的山水游览实践，极大地提升了晚明人对山水之美的认识水平。虽然不少旅游者如同李流芳在《檀园集·紫阳洞》一文所说的那样，在"山水胜绝处，每恍惚不自持，强欲捉之，纵之旋去"，找不到恰当的言语来进行准确的描述，但也有不少人用自己的理解，丰富了传统的山水审美思想。袁宏道曾多次评点过各地山水的优劣，他在游天目山后撰写了几篇有关天目山的小品文，在《袁中郎全集》卷九《天目》中就提出了判断山水美丑的标准："凡山深僻者多荒凉，峭削者鲜迂曲，貌古则鲜妍不足，骨大则玲珑绝少，以至山高水乏，石峻毛枯，凡此皆山之病。"意思是深僻之山多有荒凉之气，过分峻峭的山少了迂回曲折之趣，质朴的原生态之山少了人间的生气，山石太过巨大则少了玲珑剔透的感觉，所以山高无水、山石峭立而无植被，都是山的毛病。山水空间搭配不好，比例失调，就会削弱山水的美感："夫山远而缓则乏神，逼而削则乏态。"意思是山体连绵平缓，缺少山峰与山谷的高低搭配，就没有神韵；山势高耸逼人，直上直下，就缺少诱人的神态。

只有山水相映，才会带来和谐的美感，故袁宏道《潇碧堂集·由水溪至水心崖记》一文载其"至新湘溪，众山束水，如不欲去。山容殊闲雅，无刻露态。水至此亦敛怒，波澄黛蓄，递相亲媚，似与游人娱"。新湘溪一带的山，山环水绕，水流山住，山色从容，水波平滑，山水相亲，山重水复，不断给游人展现出不同的友善姿态，这才是天下的佳山水啊！

孤山寡水难为情，山水相映是佳境，山水组合的审美观念，在晚明人中有较大的市场。袁宏道的好友陶望龄在《陶文简公集·游洞庭山记》一文中有着相似的表述："山水以相遇而胜，相敌而奇。"山水相遇，平分秋色，才能互相激发出人间奇景。他以太湖山水为例："以七十二峰之苍翠，矗立于三万六千顷之波涛，遍行天下，惟是有之。"天下的山水之中，太湖广阔浩大，而又有七十二座小岛点缀湖中，犹如点点翠螺，装点出奇诡多变的山光水色。由此出发，袁中道在《珂雪斋近集·游德山记》中进一步提出了构成山水气韵生动的三大要素："大都山以树而妍，以石而苍，以水而活。"萧士玮赞同这个观点，他在《春浮园别集》之《南归日录》中进一步发挥道："大都山之姿态，得树而妍；山之骨格，得石而苍；山之营卫，得水而活。"山有了树就有了生命的鲜妍，山有了石就有了生命的厚重，山有了水就有了生命的灵动。树、石、水是构成山水生动气韵的最重要因素，优美的山水景象，就是这三者和谐共存而营造出来的，缺少其一，其品位都将大受影响。

有了好的山水，还要懂得鉴赏。明末大臣杨嗣昌在《杨文弱先生集·梁山游记》中提出远、近、内、外观山四要之说：距离远的时候观山之大势，距离近的时候观山石之质理、色泽与形态，外要展露其本来面目，内要遮蔽缺陷加以修饰，使之骨格苍劲雄奇而不臃肿，环境清幽又利于观赏。杨嗣昌还提出水上观山与陆上观山的不同：水上看山，船动山动，动中看山，能尽览山之姿容，但顺流而下，船速过快，又无法尽览山之全貌，唯有逆水看山，方能左右逢源。

　　山水审美，是人运用自己的文化观念与美学知识对山水的观照，进入到人们眼中与笔下的山水，都已不再是纯粹的自然山水，而是带有浓浓的人文气息的人化山水。钟惺是继袁宏道兄弟之后名噪一时的文学大家，他在《翠娱阁评选钟伯敬先生合集·蜀中名胜记序》中慧眼独具地指出："山水者，有待而名胜者也，曰事、曰诗、曰文，之三者，山水之眼也。"名人事迹、山川诗文，是自然山水成为人文名胜的关键所在，是使山川景物增加人文光辉的"山水之眼"。山川因人而胜，文化彰显自然，晚明士绅所钟爱的自然山水，其实是一种人化了的山水，是具有文化品格与独特风姿的文化山水。

　　山水具有了文化品格，具有了诗情画意，自然的山水之美其实也是一种文化之美。袁宏道曾游河南辉县的苏门山，在《袁中郎全集》卷一中留下了一篇《游苏门山百泉记》，他不仅感慨于孙登与阮籍的事迹，还被山下幽静碧绿的泉水迷住了，称赞它是"水中之尤物"。此文之后，袁宏道意犹未尽，又续写了几首诗，其中的《登苏门山泛舟百泉》是这样写的："一叶寒塘上，孤云信所如。东亭观美箭，西泗访幽居。静玩涵波羽，幽怜避饵鱼。未容狂阮籍，沉湎污清虚。"这首诗不仅记录了他东亭西泗的苏门游踪，抒发了百泉戏水的山水之乐，还大发思古之幽情，对晋代阮籍的苏门行止发出了自己独到的声音。可见袁宏道眼中的苏门山水，不仅是自然之美，也是文化之美。人化了的山水，具有了灵动的气韵，具有了人文的品格，所以才能引起人们的情感共鸣，也才能吸引更多的人来欣赏。

　　晚明对山水之美的认识，以及出于丰富实践经验而总结出的审美技巧，既是晚明旅游者大量深入人迹罕至的幽僻山林进行旅游观赏的文化成果，又是对中国传统山水审美思想的继承与发展，还是对东方崇尚自然、山水为伴的美好生活方式的最好诠释，同时又加深了人们对中国大地上丰富多样的自然景观以及山川地理格局的了解，是中国文化遗产中一笔宝贵的财富。

第十五章

不畏艰险，求真务实：旅游探索客观真知

　　旅游具有开广见闻、增益知识的作用，这是自古以来就被人们确认的事实。"读万卷书，行万里路"更被中国人认为是提高自己素质与能力的不二法门。通过旅游的方式去认清自己所处的自然世界，把握人类社会发展的客观规律，也是人们一直在努力进行的事情。无论是朱熹提出的格物致知，还是王守仁提倡的知行合一，都要求人们通过自己的观察与实践，更清晰地理解自然界的万事万物，更好地掌握世界运转的规律。在中国古代，几乎代代都有才智杰出之士勇敢地走出自己的舒适圈，通过实地旅游的方式不断扩大认知范围，通过求真务实的态度去丰富人类理解自然的知识体系，步步深入地发现和积累地球运转的科学规律，从而为全球文明的不断发展做出了极大的贡献。

一、水经有注，实证之功

　　旅游是人类亲力亲为地观察世界的探索之路，也是人类纠正谬误、获取真知的实践途径。

　　在人类文明史上，中国古代有很多文化名人被世界广为赞誉，其中一位历史名人，被日本地理学家米仓二郎称为中世纪世界上最伟大的地理学家，曾经担任国际地理学会会长的德国学者李希霍芬（1833—1905 年）则将他的著作定性为世界地理学的先导。那么他是谁呢？又写了哪一本彪炳千秋的科学著作呢？

　　这个人便是北魏时期的郦道元。郦道元（约470—527年），字善长，范阳涿县（今河北涿州市）人。他是中国历史上著名的地理学家、散文家，也是一名性格刚毅、公正严厉的政府官员。郦道元自幼成长于官宦世家，曾祖父郦绍是北魏的兖州监军，祖父郦嵩是北魏的天水太守，父亲郦范官职更大，曾担任尚书右丞，后来又以将军的头衔出任青州刺史。少年郦道元随着父亲到山东赴任，在青州（今山东青州市）居住了很长一段时间。

青州的那段岁月，给郦道元一生以很大的影响。他经常与少年朋友一起外出游玩，尤其喜爱到有山有水的地方。有一次，他们到临朐县游历，观看了泉水和瀑布，当看到奔泻而下的瀑布水流撞击在山石之上激起漫天浪花，伴随着轰然作响的清脆水声，郦道元不禁深深地陶醉其中。这种频繁的山水游历，使郦道元滋生起对山川河流浓厚的兴趣。

郦道元非常喜欢读书，在博览群书的基础上，尤其对记载山川地理的书籍感兴趣。这一兴趣伴随了他的一生，他几乎读遍了所能搜集到的所有有关地理记述的书籍。郦道元还是一个读书认真、治学严谨的人，对书中的各种记载不是一扫而过，而是深入思考，对难以理解的问题从来不肯放过，都要弄得明明白白。广泛的阅读，使他具有了渊博的学识，成为当时有名的学者。

郦道元不是一个迂腐的学者，他深知"尽信书则不如无书"的道理。他在做官之后，走了很多地方，每到一地都会进行实地的地理考察。根据调查的结果以及对大量地理著作的比对和研读，郦道元发现了一个令人无语的事实：当时一些有名的地理著作，都存在多多少少的问题，《山海经》"周而不备"，内容过于芜杂；《尚书·禹贡》《周礼·职方》内容过于简略；《汉书·地理志》则是"简而不周"，记述并不详备；记述天下河流的《水经》虽然订立了以水述地的纲领，但对很多支流没有记载，又不记述河流流经地区的地理人文情况；更多的一些地理著述，基本上不做实地调研，大多是抄袭前人成说，一代一代沿承下来，而根本不管现实情况究竟有无变化。这种书本上的地理学，当然就错误百出、谬误甚多。一个泱泱大国，竟然没有一本对全国地理有全面系统准确记述的著作。郦道元由此立志，要写一部反映全国地理面貌和历史变迁的综合性地理巨著。

北魏孝文帝太和十三年（489年），郦道元的父亲郦范去世，郦道元袭封为永宁伯。孝文帝迁都洛阳后，郦道元出任尚书郎、太傅掾。太和十八年（494年），郦道元跟随孝文帝出巡北方，因执法公正严厉，被提拔为治书侍御史，后外任冀州长史、鲁阳太守、东荆州刺史、河南尹等职。在任期间，他执法严厉，教化乡民，遭到地方豪强和宗室权贵的忌恨。孝昌三年（527年），镇守雍州的齐王萧宝夤意图谋反，汝南王元悦乘机使出借刀杀人之计，拜郦道元为关右慰劳大使，负责监管萧宝夤。萧宝夤惧怕郦道元的威名，下手杀害了郦道元父子。武泰（528年）初年，郦道元被追封为吏部尚书、冀州刺史、安定县男，归葬洛阳。

郦道元宦游踪迹遍及半个中国，今山东、河北、山西、河南、陕西、内蒙古、江苏、安徽、湖北等地都留下了他的足迹。他经常乘工作之便和公余之暇，探访当地的风土人情、山川风物，留意搜集当地有关的地理著作和地图，考察各地河流干道和支流的分布，以及河流流经地区的地理风貌，探其根本，考其源流，然后把自己的见闻与思考，详细地记录下来。日积月累，他掌握了许多有关各地地理情况的原始资料，开始了《水经注》的创作。

《水经》是一部专讲河道水系的地理书，全书共3卷，记载了137条河流，简明地记述了河流的起源和流经的郡县城邑的名称，确定了按照水道记载地方的因水述地的方法，但内容过于简单，还存在不少错误。考察过众多地方河流水系的郦道元，决心以《水经》为蓝本，通过注释的方式，纠正谬误，丰富内容，详细记述每条河流的来龙去脉、沿革变迁，并旁征博引，将其流经地的城邑沿革、名胜古迹、民间传说、山川胜景、风土人情一一附注。如此写成的《水经注》，扩充到40卷，记述河流1252条，是《水经》的10倍；字数达到30余万字，比《水经》原文增加近20倍。故而《水经注》名为注释，实则是一部全新的著作，是公元6世纪前中国最全面系统的综合性地理著作。

《水经注》不仅开创了古代写实地理学的历史，而且在世界地理学发展史上也占有重要的地位。《水经注》的学术价值主要体现在以下几个方面。

《水经注》是一个涉及空间极为广大而又包罗万象的里程碑式的地理学巨著。《水经注》以水道为纲，搜集了各种地理资料，仅引用的历史文献和相关资料就多达437种，其中还有不少已经失传的汉、魏时代的碑刻材料，记载的1000多条水系及其流经的地区，几乎覆盖了全国，有些甚至还延伸到国境之外。郦道元把每条河流流域内的各种自然地理和人文现象，如地质、地貌、土壤、气候、物产、民俗、城邑兴衰、历史古迹甚至神话传说等都加以整理，记入书中。故其所涉及面积之广与内容之宏富是空前的，这为后人研究当时的历史地理环境提供了极大的便利。

《水经注》是一门涉及众多学科知识的百科全书式的专著。郦道元引用了一百多种地理类历史文献，再加上亲自考察所获得的丰富资料，涉及的内容涵括了沿革地理、自然地理、经济地理、城市地理、兵要地理等。以城邑为例，《水经注》记载的城邑与都会近3000个，为历史时期的城市地理研究提供了丰富的素材。《水经注》还记载了水利工程、火山、温泉、古生物化石、石灰岩地貌等相关内容，对于今天的城市规划、水利利用、海岸变迁、地质演进以及历史时期的气候研究等，都有很高的参考价值。

《水经注》不仅是一部具有重大科学价值的地理巨著，也是一部精美生动的山水游记。如卷三十四《江水二》中是这样描写巫峡的：

自三峡七百里中，两岸连山，略无阙处。重岩叠嶂，隐天蔽日，自非亭午夜分，不见曦月。至于夏水襄陵，沿溯阻绝，或王命急宣，有时朝发白帝，暮到江陵，其间千二百里，虽乘奔御风，不以疾也。春冬之时，则素湍绿潭，回清倒影。绝巘多生怪柏，悬泉瀑布，飞漱其间，清荣峻茂，良多趣味。每至晴初霜旦，林寒涧肃，常有高猿长啸，属引凄异，空谷传响，哀转久绝。故渔者歌曰："巴东三峡巫峡长，猿鸣三声泪沾裳。"

这一段脍炙人口的文字，先写了三峡两岸山的连绵高峻，再写江流的奔腾湍急，接着写四时变幻的峡谷景色，最后写哀转悠长的渔者歌谣。全篇文字清丽，画面壮美，令人击节赞叹，过目不忘。在《水经注》中，这类文字比比皆是，显示了郦道元驾驭游记散文的高超能力。无怪乎李白、苏轼等大文豪都对之赞赏有加，并从中得到了不少创作灵感。

三峡水道（魏亦陈 摄）

《水经注》之所以取得如此巨大的成绩，与郦道元宏富的学识、认真的态度和实地调研考证的精神分不开。郦道元每到一个地方，都会根据《水经》中提到的山川河流，跋山涉水，不辞辛劳地进行实地考察。比如他在考察渭水时，听说西周时期姜太公曾经在渭水的支流磻溪钓过鱼，便特地去现场查看了磻溪和当年姜太公住过的石屋，并访问当地的老人，将姜太公钓鱼传说记载到渭水的注中。而在《水经注·谷水注》中，郦道元经过精心踏勘，记载了汉魏太学和石经遗址在洛阳的具体位置，这已为今天的考古发现所证实。郦道元不仅将实地考察时获得的许多新资料载入书中，他还对古书记载中语焉不详或者错误的地方详加考证，提出自己的判断结论。比如原来的地理古籍中对汝河的源头有不同的说法，郦道元正好担任鲁阳郡（今河南鲁山县）太守，就亲自带队考察，翻越崇山峻岭，克服重重险阻，终于在大盂山蒙柏谷找到了汝河的源头。又比如他到山东出差的时候，乘便考察泗水源头，发现泗水原来出自"卞县故城东南，桃墟西北"，从而纠正了《水经》和《汉书·地理志》中的错误。

正是由于郦道元具有科学实证的精神，《水经注》才在全球地理学发展史上占有重要的地位。郦道元巨大的文化贡献，不仅是中国地理学界的骄傲，更是其家乡人民的骄傲。在今天河北省保定市涿州市西道元村中，人们建起了一座占地 800 平方米的郦道元故居。故居坐北朝南，正房塑有郦道元坐像，两侧绘有大型山水人物壁画，室内展有各代歌咏郦道元的诗词，以纪念郦道元不凡的一生与不朽的功绩。

二、踏平坎坷成大道，一路豪歌向天涯

旅游是世界经济文化交流的重要途径，也是人类共享多元文明、提升见识与胸襟的重要手段。

1986 年春节，中国中央电视台首播了根据古典名著《西游记》改编的同名电视剧。每当电视剧的主旋律响起，家家户户都聚在电视机前，欣赏唐僧师徒西天取经的精彩故事。这一收视盛况，一直持续了二十多年，直到今天，不少人依然对其中的故事津津乐道，对电视剧

的主题曲耳熟能详。"踏平坎坷成大道"与"一路豪歌向天涯"，就是这一主题曲中的歌词，它们不仅很好地贴合了电视剧的主题，而且也是中国先人在极为艰难的客观条件下，无惧险阻，不断探索外部世界的极好总结。

《西游记》主要外景拍摄地嵖岈山（驻马店市文化广电和旅游局提供）

　　汉代，丝绸之路开通后，中西方文化交流与经济往来有了相对稳定的通道，经济文化交流的成果在日积月累中丰硕起来。东汉之后，佛法东传，由于当时路程险远艰难，每个入华传法的西来僧侣所携带的佛教经籍都是有限的。每个传法的僧人所修的佛经各不相同，对佛经的理解水平高下不一，经书翻译的质量就呈现出参差不齐的情况。这使得佛法教义异见纷呈，大家伙儿各执己说，你攻我伐，出现了诸多佛教宗派。这一方面体现出佛学兴盛的局面，但另一方面又会使得普通的信徒民众无所适从，对于佛教的传播有着不利的影响。因而一些有志气的僧人信徒，为了佛教的弘法大业，都希望能有真经传入。汉魏以来，不断有中土的僧侣深入西域乃至佛教的起源地印度，寻求佛教的真经真义，前面提到的法显，是其中杰出的代表。唐代同样出了一名可与法显比肩的高僧，这就是被称为唐僧的玄奘大师。

玄奘（602 或 600—664 年），俗姓陈，名祎，洛州缑氏（今河南偃师缑氏镇）人，一生致力于佛学，是唐代著名的佛学大师、旅行家和翻译家。

按照流行的说法，玄奘生有佛性，年轻的时候就对佛学深感兴趣，到佛教兴盛之处广泛游学，从长安到四川，出三峡，下湖北，再北上中原，在河南、河北遍访名师，研讨佛理，极大地增长了自己的见识，提升了佛学素养，回到长安后就成为天下闻名的高僧大德了。

在研习佛学的过程中，经籍残缺、解读不一给玄奘带来了诸多困扰，尤其是其致力研究的"瑜伽"系统的佛学经籍更不齐全。他认识到抱残守缺难以真正通达佛理，好在他在长安寻访到了印度籍的佛教学者波颇密多罗，在共同探讨佛理中晦涩难明之处时，得到了波颇密多罗告知的一则消息，

玄奘像（洛阳博物馆提供）

深通"瑜伽"理论的印度佛教权威戒贤法师，正在印度佛教的最高学府——那烂陀寺讲学。由此，玄奘下定了去印度寻访真经、探求佛义

的决心。玄奘深知到一个遥远而又神秘的国度游学不易，于是便积极地做着各种准备，着重学习了西域和印度的文字，以便与人交流，获知有用的信息。贞观元年（627年，一说贞观三年），玄奘不惜触犯朝廷不得轻易越境的禁令，踏上了西行取经之路。

玄奘从长安出发，经由秦州（今甘肃天水）、兰州、凉州（今甘肃武威）来到玉门关，偷渡边关之时被守边的士兵发现，差点被飞箭射中。守边校尉劝他到敦煌修行，但玄奘坚决不同意，边军只得放行。玄奘一人踏上了"上无飞鸟，下无走兽，复无水草"（《大唐西域记》）的八百里莫贺延碛，五天四夜滴水未进，才走出了流沙地，经伊吾（今新疆哈密）来到高昌（今新疆吐鲁番市高昌区）。高昌国王麴文泰接待了他，并希望他留在高昌，玄奘用绝食的方式予以了最坚决的拒绝。麴文泰甚为感动，不再强求，为玄奘配备了4个徒弟、30匹马和25个仆役，并提供了沿路放行的公文。

玄奘来到龟兹（今新疆库车一带）时恰逢大雪封路，不得已逗留了两个月，才再度上路。翻越冰山时情况越发凶险，在山上找不到宿营的地方，所有人只能躺在冰上休息，挨了7天之后，方才下山。随他而行的人员死了三四成，牲畜也倒毙大半，远行团队受到重创。玄奘再次上路，经过塔什干来到撒马尔罕城。当地居民不信佛教，抓住了玄奘的徒弟想施以火刑，幸亏国王比较明理，制止了这一野蛮行径。进入阿富汗后，玄奘在此停留多日，修习佛经，礼拜圣迹，然后翻越大雪山（今兴都库什山），进入北印度。

北印度的行程也不平静，玄奘多次遭到盗匪抢劫，财物尽失，同行者屡经苦难，绝望号哭。每到此时，玄奘都劝慰众人，鼓励大家提起勇气，继续前行。正当大家沿着恒河前进的时候，又碰上了一伙强盗，强盗看到玄奘的音容气度，认为正是适合祭祀他们信奉的突伽天神的人选，就将玄奘绑在了祭坛之上。忽然之间天地怒号，狂风大作，就连粗壮的树干也被吹折了，强盗大惧，连忙释放了玄奘一行。诸如此类的灾难，玄奘经历得太多，所以后来以他为原型创作的小说《西游记》，才有了唐僧西天取经的"九九八十一难"之说。

玄奘在北印度用三年多的时间，游历了十多个国家，拜访了许多佛寺和名僧，学习和探讨了众多的佛教经典，然后向他的目的地——位于古代中印度的那烂陀寺进发。百岁高僧戒贤法师驻锡于那烂陀寺，玄奘拜入戒贤门下，苦学 5 年，得到了戒贤法师的高度认可，专门为玄奘开讲了《瑜伽论》以及其他佛学经典。经过刻苦的钻研，玄奘成为那烂陀寺中能够解释 50 部以上经籍的 10 位高僧之一。学成之后的玄奘，继续开启游学之旅，到印度半岛上的其他国家拜访和交流。由于其佛学造诣深厚，在五天竺都有了很高的名望，故而戒日王朝的戒日王邀请他参加曲女城大会，并为大会的论主。

曲女城是印度戒日王朝（612—647 年）的都城，地处恒河西岸边，今印度北方邦之根瑙杰 （Kannauj）。曲女城大会是印度佛教界宣扬大乘教义、批驳异端邪说的辩论大会。参加这次大会的，有来自五天竺的 18 位国王、大小乘的高僧与婆罗门共 7000 余人。大会论主玄奘将自己的论点挂在会场之外，接受各方驳难。玄奘对自己深思熟虑后提出的论点十分自信，声称若有一字无理，则斩首相谢。论点高挂 18 天，竟然没有一个人能够发出异论，玄奘的声誉由此传遍了五天竺。此事后来成为中印文化交流史上的美谈。

此后玄奘又游历了东天竺和西天竺的 30 多个国家，几乎跑遍了印度半岛的大部分地区。贞观十八年（644年），玄奘带着搜集来的佛教经籍657部，从印度返国，于次年回到长安。唐太宗命令宰相房玄龄率文武百官出迎，全城军民僧俗丢下手中的工作，拥到道路两侧，狂热地将玄奘迎入城中。玄奘西行，前后历时19年，跋涉约25000公里，历经艰难险阻，屡次濒临绝境，但他不屈不挠，不改初心，以莫大的毅力和勇气，完成了令人难以想象的艰苦行程。其不畏艰险、追求真经的精神，值得后来者学习并铭记。

唐太宗在洛阳接见了回国的玄奘，并要求玄奘将他一路上的见闻记录下来。于是玄奘口述、辩机编录、最终由玄奘亲自校订的《大唐西域记》得以面世。全书共 12 卷，十余万字，是一本记载玄奘西行的游记，描述了沿途各国的山川、地形、城池、关防、道路、物产、气候、风俗民情与政治、经济、文化、历史、地理等情况，是研究南亚史、中亚史、中外关系史、民族史、宗教史、历史地理和语言、哲学、文学、考古学的重要典籍，在国际学术界引起广泛关注。早在 1834 年，德国东方学家克拉勃罗德以《玄奘在中亚与印度的旅行》为题，在柏林地理学会发表了演讲，首次论述了《大唐西域记》在研究中亚和印度历史中的重要地位。特别是这些地区历史记载非常稀少，玄奘的著述使得这些地区的历史不再是一片模糊。19 世纪后期，《大唐西域记》先后出版了法、英译本，日本人堀谦德和足立喜六均有注释，中国则有丁谦《大唐西域记考证》、章巽《大唐西域记》点校本，及董志翘《大唐西域记》译注。不同学者翻译、注释、点校的《大唐西域记》，是研究中国西北地区及印度、尼泊尔、巴基斯坦、孟加拉国、斯里兰卡及中亚等地历史、地理的重要文献，也是中华古老文明对世界文明的杰出贡献。

对于古老的非洲文明，中国人同样是文明交流的参与者与历史的见证者。早在隋唐的时候，海上的新航路就不断被开辟出来。其中的"广州通海夷道"，从广州出发，经过南海、印度洋和波斯湾，通往非洲的东海岸，沿途经过 90 多个国家，是当时世界上最长的国际航路。宋代，特别是南宋时期，由于西北的陆路被封闭，海上的贸易就越发兴盛起来，泉州、广州成为世界上著名的商港，聚集了大量来自阿拉伯等地的商人。海上丝绸之路成为东西方文明交流的主要通道。

来往于波涛汹涌的海路上的中外客商，不仅带来了交易双方都需要的原料与商品，而且加深了不同文明之间的了解。尤其是一些勇于冒险的中外旅行家们，在文明交流的过程中更是做出了不可磨灭的贡献。除大家熟知的马可·波罗外，西方还有从海路来华的著名旅行家，如传教士约万尼·蒙迪科维诺经海路到中国传教 35 年，鄂多立克在亚洲游历 12 年，写下了《鄂多立克游记》；阿拉伯旅行家苏莱曼则将其在中国和印度的游历写成了《苏莱曼游记》；摩洛哥人伊本·白图泰广泛游历了东欧、北非、西亚、中亚等地，又由印度渡海来到了中国泉州，完成了中国旅程后再由海路返回故乡，一生漫游了

南宋南海一号沉船复原模型（黄益军 摄）

29 年，写成了全球闻名的《伊木·白图泰游记》。

文明的交流从来都是双向的。大量的中国商船航行在印度洋上，中国的旅行家也由此海路深入到了南亚、西亚和非洲。其中最杰出的代表，便是元代的汪大渊。

汪大渊（1311—？），字焕章，江西南昌人，他是一位具有一定文化素养的民间商人。元至顺元年（1330 年，又一说为 1328 年），汪大渊因经商来到了泉州，看到了来自西方世界的多种多样的货物，见识了讲着各种语言的外国商人。年仅 20 岁的汪大渊有着年轻人无所畏惧的雄心与勇气，决心到西方去做一些风险极大但利润奇高的远洋贸易。但他本钱有限，置办不起昂贵的海船，就搭乘他人的商船，从泉州出海远航，一路上经过了海南岛、占城、马六甲、爪哇、苏门

答腊、缅甸、印度、波斯，来到了北非的埃及，又从埃及渡过地中海，到了大西洋边上的摩洛哥，造访了著名旅行家伊本·白图泰的故乡，再回至埃及，经由红海到了东非的索马里、莫桑比克，横渡印度洋到斯里兰卡，经苏门答腊、爪哇到达了澳洲大陆，经菲律宾回到他的出发港泉州，前后历时 5 年。至元三年（1337 年，又一说 1334 年）冬，汪大渊开启了自己的第二次海上之旅，历经南洋群岛、印度洋、波斯湾、红海、地中海、东非沿岸和澳大利亚等地，于至元五年（1339 年）回到泉州。

　　第二次远航归来之后，汪大渊着手撰写其海上冒险的经历，写成了《岛夷志略》一书。全书共有 100 条记事，每经一地，都叙述当地的地理形势、风俗民情，更着重记载了经商必知的航路、物产和货物流转等商务信息，故而它既是一本远洋贸易手册，又是一本记载了 14 世纪中叶南洋、印度、西亚和东非等地商业、地理、民俗、文化和航海等方面资料的重要史籍。由于这本书的内容都是他亲身游览时观察所得，因而一经成书，便得到了泉州官方的认可。泉州官方将其内容收在泉州地方志中予以传播，以加深中国人对西方文明、非洲文明的认知。

　　被西方学者美誉为"东方的马可·波罗"的汪大渊，是中国历史上伟大的民间航海旅行家。在没有政府支持的情况下，他以自己的财力支撑了最为遥远的旅程，足迹覆盖了当时世界上最为广阔也最为重要的海上贸易区。其无所畏惧、勇于冒险的精神与亲力亲为、缜密观察的旅行态度，拓展了中国人对外部世界的认知，在中外经济文化交流史上，留下了浓墨重彩的一笔。苏州大学历史系沈福伟教授在其著作《中国与非洲文化交流研究》中肯定了汪大渊，指出："丰富的航海经验、渊博的地理知识、热忱而又诚挚的商业活动，使他成为直到近代以前，中国历史上足迹最广的伟大的海上旅行家。"

三、科考探险，获取真知

帮助人类客观地认识世界，把握自然与人类社会发展规律，是旅游的重大使命，也是旅游的内在价值。

在高举知行合一的阳明心学大旗的晚明社会，崇尚个性，追求实学，一时蔚成风气。人们纷纷走出书斋，在对自然的感悟中体味人生，在对人世的考察中求取真知。晚明时期的旅游者们，不仅流连于一般人常见常去的名山胜水，而且喜欢到人迹罕至的深山大泽，甚至是蛮貊刚启的地区，在旅游探险的过程中一览奇异的风光。更有一些出类拔萃的人物，如徐霞客和王士性用自己敏锐的双眼，观察自然，记录自然，思考人生，描述社会，从而产生了《徐霞客游记》和《广志绎》这样伟大的著作。虽然就大多数人而言，达不到徐、王两位的思想高度与学术深度，但他们在艰难险绝的环境中所迸发出的勇于探险的精神，依然值得后来者学习。

明代对边疆地区的开发与经营，大大扩张了人们的活动范围，为旅游提供了新的空间，也为明代人认识更为广大的天下提供了条件。明代在西南地区推进"改土归流"的政策，在部分地区推进流官治理，中原上人大量南来，杨慎、王守仁等名臣硕儒在此设学收徒，传播文化，王士性、谢肇淛等均在云贵地区留下了探访的足迹。大量商旅入滇营商，开发丰富的矿产资源，商品交流的频繁，使更多的人加深了对云贵风光的了解。

云贵地区僻处西南，其山水风光一直包裹着神秘的面纱，中原士人知之甚少。明代对西南的开发，使西南的奇山异水进入了晚明士绅的眼帘，其独特的旅游价值被人们不断深入地认识，从而加快了西南地区与中原王朝的文化一体化进程。曾在西南为官的谢肇淛在《辰州诸洞记》一文中记录道："自此以往，文明丕振，水腻山光，必有探奇采真之士，杖屦相接而至者。"意思就是，由于华夏文明的大规模进入，西南的青山秀水，必然会为大量前来游山玩水的文人墨客所认识，并通过他们的文化阐释，成为中华文明的重要组成部分。果不其然，不仅谢肇淛自己将西南山水定性为"洞壑甲天下"，游遍五岳的陈第也在《游粤西记》一文中宣称："粤西山川奇秀，甲于天下。"

桂林山水（魏旭东 摄）

　　胡应麟在《少室山房集》卷八十二《王生四游草序》一文中记载了山人王象的事迹。胡应麟与王象相识在嘉靖末年，作为前辈，胡应麟不仅教王象写诗，还不断鼓励他努力进取。受到激励的王象辞别胡应麟，游学天下，以拓宽自己的视野，提升自己的学识，从此一别30年，杳无音讯。万历二十五年（1597年）夏，王象突然拜访胡应麟，胡应麟问起他30年来的踪迹，王象乃拿出自己的诗集，回答道：自从辞别先生之后，到南京拜访了不少富有学识的前辈，然后北走燕赵，寻访了荆轲在易水之滨的悲歌之地，又南渡长江，聆听了舜帝及其二妃的传说，再经由巫峡、瞿塘，饱览长江上的峡道风光，在峨眉山顶俯瞰川蜀大地，进入云南之后穷览昆明的碧鸡金马之胜，并走出国门，足迹直达缅甸，沿途的所有感慨，都记录在诗歌之中。王象此游，不仅将大明境内的西南之地踏遍，而且走出了国门，游览了缅甸的风光，并将其行游之作刻以颁世，使西南山水为更多的人所熟悉，在华夏的文化典籍中，增加了西南山水的分量。

正是在越来越多的晚明旅游者对西南山水不断加深认知的基础上，才有了徐霞客对西南山水的科考探险之旅。徐霞客在西南的科考旅游，为人类认识多种多样的自然环境做出了杰出的贡献，奠定了他大旅游家与大地理学家的崇高地位。

徐霞客（1587—1641年），名弘祖，字振之，南直隶江阴（今属江苏）人。徐霞客自幼喜好看奇书，对古今地理书籍尤为感兴趣，对"问奇于名山大川"的旅游生活特别向往。自 22 岁起，在母亲的鼓励下，他就踏上了畅游天下的旅程。此后 30 多年中，他的足迹东抵浙江普陀，西达云南腾冲，北到天津盘山，南至广东罗浮，遍及大半个中国。

徐霞客像（魏向东 摄）

徐霞客一生的旅游事业，大抵上可以分成两个阶段。第一个阶段，从万历三十五年（1607 年）到崇祯八年（1635 年），其旅游的对象与其他旅游者没有大的分别，是以五岳为代表的名山胜水；第二个阶段从崇祯九年（1636 年）到崇祯十三年（1640 年），远游西南，是他旅游生涯中最为出彩的时期，也是他为人类知识体系的不断完备做出杰出贡献的时期。在这长达 4 年的野外旅游考察中，他更加深入广泛地探索自然界的奥秘，研究自然界的运转规律，他的旅游由此便从一般的游览观光上升为科学考察的科研之旅了。

　　与大明内地相比，西南地区的经济文化发展水平相对滞后，支持旅游正常开展的各种要素更不健全。徐霞客的野外考察十分艰苦，尤其是在人迹罕至的荒山野岭，晚上他只能倚靠着潮湿的柴草入睡，饿了只能以山上的野果充饥，以简陋的工具攀登绝壁，以自扎的火把深入幽深的洞穴，用自己的双脚丈量西南的崇山峻岭。据他自己统计，他的野外考察旅程，两次遇盗，四次绝粮，好几次陷入了绝境，其艰苦卓绝，非一般人所能忍受。即便在如此困苦的情况下，徐霞客依然百折不回，决不退缩，用过于常人的毅力，坚持着自己的科学考察。每到晚上，四周野兽嗥叫，他则点起松枝，在火把的照明下记录自己的考察所得，从不间断，如此才留下了一部光照千秋的《徐霞客游记》。

　　约 60 万字的《徐霞客游记》，是徐霞客 30 多年旅游生涯与科学考察的全程记录，是他潜心探索和研究大自然奥秘的系统总结。徐霞客在仔细品鉴与记载各地风光的同时，秉持科学的精神，对地形地貌、植物分布、人文景观等进行了多方面的考察，尤其是关于西南地区的考察记录与专题论述，对石灰岩溶蚀地貌的记载与思考，具有极高的科学价值。

危峰分峙（魏向东 摄）

　　徐霞客是中国系统考察和研究岩溶地貌的第一人，也是世界上研究岩溶地貌的先驱者。在《徐霞客游记》中，徐霞客系统描述了西南地区广泛分布的岩溶地貌，科学论断了岩溶地貌的分布范围，记录了"危峰分峙"、美丽如画的山水景观，并对不同地区岩溶地貌的景观特点与区域分异做了充分的揭示，对不同地貌的发育形态及其成因做出了较为正确的解释。他还多次深入地底的溶洞，对溶洞的方位、分布、形状、结构、特征进行了详细的描述，开创了"洞穴学"研究的先河。可以说《徐霞客游记》是世界上第一部详细描述和研究岩溶地貌的重要文献，为地质、地理等学科的发展做出了重大贡献。

溶洞奇景（魏向东　摄）

与一般的地理书籍不同，《徐霞客游记》不是书斋的产物，而是野外考察的第一手资料。其内容更偏重于记述自然地理现象，并分析其内在因素与客观规律。如在河流水文的观察和分析方面，徐霞客通过实地考察，得出了河床坡度大小与河流距海远近有关的结论；关于河流对沿岸水土的侵蚀作用，徐霞客不仅做了详尽的记录，而且所推出的结论同样具有较强的科学性。徐霞客对一些特殊的自然地理现象十分敏感，比如对云南腾冲的火山、硫黄矿和温泉花了较多的笔墨，记录了火山岩的形态、硫黄矿的喷发以及蒸汽喷泉的壮观，活灵活现，令人向往。徐霞客记录的这些自然地理现象，至今依然是腾冲最有吸引力的旅游资源。

《徐霞客游记》的价值是多方面的，除了丰富的自然地理内容外，他对动植物分布、自然物候、水道源流、农业和手工业地理、交通运输地理、民族分布、民俗地理、宗教信仰等内容多有著述，尤其是对西南地区的记录，弥补了此前华夏文献中对该地区的记录相对稀少的缺憾，为西南地区的进一步开发提供了历史的依据与现实的可能。

徐霞客的科考探险之旅，不仅为人类科学体系的不断健全做出了贡献，而且对旅游本身来说意义重大。通过徐霞客的实践，旅游不再仅仅是提升道德修养、开阔胸襟眼界的工具，不再仅仅是回归自然、释放人性的渠道，不再仅仅是寄情遣兴、啸月吟风的活动，不再仅仅是沉醉自然之美、愉悦身心抒发情怀的途径，更是发现自然规律、探索世界奥秘的科学发现之旅。旅游不是在浪费时光，其本身即具有重大的价值。我国台湾学者龚鹏程在《游的精神文化史论》中精辟地指出："到了徐霞客时，游已从不得已的、异常的、感伤的状态，转变成了对新世界的探索；也从以游来实现人生价值，变成了游本身就是价值。"

后记

　　2021 年三四月间，中原大地传媒股份有限公司重点出版工程办公室的杨秦予副主任，通过苏州大学出版社陈长荣总编找到我，请我参与"中华文脉：从中原到中国"丛书的创作工作。杨秦予副主任告知：该丛书是河南省委宣传部主导并资助、中原出版传媒集团承担的大型出版项目，希望在系统梳理中原文化、黄河文化和中华文化发展脉络的基础上，通过面向市场的现代阐释，使中华民族的优秀传统文化深入人心，成为新时代社会发展条件下强化民族文化自信的中国好书。在杨秦予副主任全面系统地介绍了丛书的目标定位与写作方案后，我对该丛书有了较为全面的了解，同时对中原出版传媒集团的这一大手笔也倍感钦佩。

　　在这个包罗万象的大型文化丛书出版计划中，行旅文化是其中的一个分册。杨副主任希望我能承担这本书的写作任务。我深感自己学力有限，见识不足，深恐辜负所托，累及该浩大工程，反复请辞，最后有感于她热情认真的工作态度与坚持不懈的耐心开解，方才确定了双方的合作意向。为了促成本书尽快进入创作状态，她付出了大量的心血，代我填写了选题论证书，并在深思熟虑之后，对本书的编写大纲与内容组织提出了建设性的意见。她的敬业精神深深感动了我。

　　我此前科研工作的重心即是中国旅游文化。由于出身历史学科，我对中国古代旅游的发生与发展有着浓厚的兴趣，倾注了大量的精力加以研究。2001 年出版的《中国风俗通史·魏晋南北朝卷》一书中，我曾开立专章，探讨这一时期旅游的兴盛景象。后来到复旦大学师从周振鹤教授专攻历史文化地理的博士学位，就将明代的旅游地理列为博士论文的研究方向，研究成果《晚明旅游地理研究》于 2011 年由天津古籍出版社出版。同时，我在苏州大学旅游系开设了"中国古代旅游""中国旅游文化"的选修课，多年的教学经历，使我产生了不少独有心得与独立思考。在这些知识积累的基础上，我提出了行旅文化的写作提纲，经与杨副主任反复研究与深入探讨，最终拟定了全书的结构框架。在此向杨副主任的无私付出，致以深深的谢意。

　　全书分为三篇。第一篇为《行路难》，共有五章，主要介绍中国古代以中原地区为主的道路交通、服务设施与相关的交通规章与习俗，并通过对离别诗词的分析，提炼出爱国恋家的家国精神，为河南旅游的主题口号"老家河南"提供了别具一格的历史解读。第二篇为《行路客》，亦有五章，在全面叙述中国旅游发生发展的历史进程之后，就古代不同阶层的旅游者群体及其行为特征予以深入剖析，就历朝历代的旅游发展特点进行了总结提炼，指出古代的旅游主要是精英阶层的旅游，虽然在旅游文化上不断有新内容出现，但毕竟具有较大的历史局限性；惠及全民的大众旅游，直到人民当家作主的新中国时期，才成为大部分公民幸福生活的重要组成部分。第三篇为《游之道》，最后五章在条分缕析中国古人的旅游动机之后，对中国古人旅游的场域、旅游涵育真善美做了专门的系统研究，从而回答了为什么旅游、到哪儿旅游、旅游的重大作用等问题。同时通过对九州、五岳等文化事象的深入探讨，论述了中国人的天下观，对中华文明统一大空间的铸造与成形，提出了自己的理解。本书希望通过对旅游基础设施、旅游者群体、不同时期旅游发展的各自特点以及旅游相关观念的系统梳理，让读者对中国旅游文化层累叠加、日臻丰富的历史进程有所认识，对中华文明五方一体的统一文化空间及其丰富内容有所把握。这些研究成果虽然还不够深入，但毕竟与其他相关的旅游文化研究著作有所不同，能够提供给读者一个认识中国优秀旅游文化的不同视角。

这本书的写作过程也历经波折。最初考虑到网络时代读者的阅读习惯，我邀请了相对年轻的潘长宏同志一起创作。潘长宏同志是苏州大学旅游系的毕业生，担任扬州江海职业技术学院旅游学院院长。由于新冠肺炎疫情反复肆虐，学校防疫工作事情多、压力大，作为学院领导的潘长宏同志没有时间与精力继续参加本书的写作，主动要求退出，但还是提供了本书序言的初稿与部分参考资料。经此一番延宕，与出版社合同约定的交稿日期将近，我乃于2022年7月开始集中精力、全神贯注地通宵写作，方于9月初步完成了全书的写作任务。

中原大地传媒股份有限公司对本书的出版工作很重视，相关领导多次指示要保证质量，文字要准确且流畅，图片要精美而丰富，以提高读者的阅读体验。而在本书写作期间，恰逢新冠肺炎疫情肆虐，外出采集图片多有不便，只能发动亲友和我的学生们，利用各种机会和关系，广为征集图片。感谢摄影爱好者、我的老弟魏旭东，我的女儿魏亦陈和我的大学同学、江苏省教育厅的刘克明，为本书提供了不少精美照片。我的学生王赵云、王佳敏、王翊安和邓勇勇等，为我组织了部分图片资源，福建泉州的黄益军、浙江台州的倪玉屏、山东青岛的孟川专门到相关博物馆实地采风，苏州市杨宗兴、牛伟、马雪琴、周仁德、邵炎，浙江省绍兴市林荣和兰亭景区，湖南省南岳区周翔宇，北京市何涛，山东省泰安市三泗道长，湖北省十堰市王越，陕西省西安市刘家鑫，山西省大同市罗奕筱也提供了一些实景照片。

感谢复旦大学历史地理研究中心徐建平研究员在原文校核等方面提供的帮助与支持。感谢河南省文化和旅游厅、郑州市文化广电和旅游局、驻马店市文化广电和旅游局、洛阳博物馆、驻马店市博物馆、禹州市委组织部、南阳市博物馆、秦始皇帝陵博物院等相关单位和个人，为本书提供了部分精美图片。感谢河南电子音像出版社刘会敏、敖敬华编辑，为本书逐字审读、反复核对、精心编校。

魏向东

2023 年 3 月 18 日于苏州紫石斋